DE L'INSTRUCTION PUBLIQUE.

IMPRIMERIE DE BÉTHUNE ET PLON,
36, Rue de Vaugirard.

DE L'INSTRUCTION PUBLIQUE.

I.

ÉLÉMENTAIRE, GÉNÉRALE, NATIONALE.

II.

COMPLÉMENTAIRE, SPÉCIALE, PROFESSIONNELLE.

PAR

M. ÉMILE DE GIRARDIN,

MEMBRE DE LA CHAMBRE DES DÉPUTÉS.

> Celui-là qui est maître de l'éducation
> peut changer la face du monde.
> LEIBNITZ.

Réimpression.

PARIS.
A. DESREZ, ÉDITEUR DU PANTHÉON LITTÉRAIRE,
11, rue Saint-Georges.

1838.

NÉCESSITÉ

DE

METTRE EN HARMONIE L'INSTRUCTION PUBLIQUE

ET

LA CONSTITUTION POLITIQUE DES PEUPLES.

> « La société offre l'image de ce chaos si bien défini par ces paroles : Chaque chose n'y est point à sa place, et il n'y a pas une place pour chaque chose. »
> (*Du Gouvernement de la France*, par M. Guizot.)

Les gouvernements qui se sont succédé en France depuis trente années n'ont pas accordé à l'instruction publique une importance égale à l'influence qu'elle exerce sur le caractère d'une nation.

A cette cause peut-être l'histoire attribuera-t-elle leur instabilité.

Les meilleures institutions, lorsque l'instruction d'un peuple n'est pas assez profonde, assez générale pour en développer le germe, ne sont que des éléments de perturbation jetés dans la société, car elles créent des besoins qu'elles ne peuvent satisfaire; elles prodiguent les droits et les devoirs; elles affaiblissent les gouvernements, qui à force de multiplier les lois se mettent dans l'impossibilité de les appliquer; elles concentrent à l'excès, dans quelques têtes ardentes à les recueillir, les idées qu'une population tout entière doit insensiblement absorber. Ces idées fermentent, font explosion faute d'issue ; c'est ainsi que les institutions qui produisent plus de forces qu'elles ne peuvent utilement en employer périssent par l'excédant qu'il leur faut comprimer.

C'est le danger auquel s'expose tout gouvernement dont la pensée première n'est pas de mettre en harmonie l'instruction et la constitution d'un peuple.

Aux constitutions comme aux édifices, il faut un sol ferme et nivelé.

L'instruction donne un niveau aux intelligences, un sol aux idées.

L'ignorance d'un peuple, quelqu'épaisse qu'elle soit, est une surface sans consistance ; un préjugé en désuétude l'ébranle en tombant ; une idée nouvelle qui surgit l'émeut autant qu'une commotion volcanique.

L'instruction des peuples met en danger les gouvernements absolus ; leur ignorance, au contraire, met en péril les gouvernements représentatifs, car les débats parlementaires, pour révéler aux masses l'étendue de leurs droits, n'attendent pas qu'elles puissent les exercer avec discernement.

Et, dès qu'un peuple connaît ses droits, il n'y a plus qu'un moyen de le gouverner, c'est de l'instruire.

Ce qu'il faut donc à tout gouvernement représentatif qui prend naissance dans l'élection, c'est un vaste système d'enseignement général, gradué, spécial, professionnel, qui porte la lumière au sein de l'obscurité des masses, qui remplace toutes les démarcations arbitraires, qui assigne à chaque classe son rang, à chaque homme sa place.

Tout gouvernement fondé sur le double principe de l'égalité des droits civils et de l'élection sera toujours anarchique et chancelant, si un système d'instruction qui lui soit propre — ne régénère l'esprit public faussé, abâtardi par la routine des temps, — ne dissipe l'encombrement des prétentions que suscite le principe mal interprété de l'égalité civile prise pour l'égalité sociale, — n'établit la hiérarchie des intelligences, — ne fournit pas enfin un contingent d'hommes éclairés, suffisant pour recruter l'administration municipale, le jury, l'électorat, l'éligibilité.

Qui veut fermement le gouvernement représentatif veut le régime municipal. — Qui veut le régime municipal veut l'élection. — Mais, là où les électeurs ne sont pas juges éclairés des choix qu'ils font, l'élection n'exerce plus son droit, l'intrigue l'usurpe, la centralisation paralyse le régime municipal, si bien qu'enfin, sous l'empire des formes parlementaires, ce sont le monopole et l'ignorance qui font les lois.

La France ne produira de ministres capables de la gouverner qu'alors que l'instruction généralement répandue aura si largement fondé cette hiérarchie des intelligences, que chaque unité municipale, chaque unité électorale, possèderont et des administrateurs au niveau des besoins sociaux qu'ils devront satisfaire, et des mandataires en état de faire coordonner avec l'intérêt général les intérêts spéciaux de localité ou d'industrie qu'ils seront appelés à représenter.

Le mal de notre époque, le voici :

L'ignorance générale perpétue la centralisation administrative et la rend nécessaire ; leur union fait leur force.

Cette force est telle qu'il n'y a pas d'hommes d'état capables de la vaincre, s'ils ne commencent par l'affaiblir en la divisant, c'est-à-dire en combattant l'ignorance générale par un meilleur système d'instruction publique.

Toute attaque prématurée contre la centralisation sera vaine ou dangereuse ; car, en admettant même qu'on parvînt à détruire les traditions du monopole, l'ignorance de la grande majorité des contribuables est telle qu'il serait impossible d'y substituer l'administration municipale.

Mais, par l'instruction publique telle que notre esprit la conçoit, nous n'entendons pas l'instruction primaire avec une faible dotation annuelle (1),

---

(1) L'enseignement primaire, en y comprenant les fonds généraux, les centimes facultatifs et additionnels des conseils généraux, les frais des écoles normales et des inspecteurs, figuré en 1835 au budget de l'instruction publique pour une somme de cinq millions cinq cent quarante mille francs qui se répartissent ainsi :

Encouragements à l'instruction primaire (fonds généraux).	1,600,000 fr.
Centimes additionnels, qui doivent être votés par les conseils généraux.	3,000,000
Portion des centimes facultatifs.	500,000
Ecoles normales primaires.	200,000
Inspecteurs (traitements).	140,000
Frais de tournée.	100,000
	5,540,000

nous n'entendons pas l'instruction universitaire sans but, sans spécialité, sans application, étrangère aux idées du siècle et aux intérêts du pays.

Que produit l'instruction primaire avec une dotation annuelle insuffisante? — Le déclassement de la population, — l'appauvrissement de l'agriculture, — l'encombrement de l'industrie, — l'agglomération d'une masse flottante d'hommes turbulents, assiégeant les avenues du pouvoir, déconsidérant le gouvernement qui se sert d'eux, et s'insurgeant contre celui qui les repousse.

Un homme qui sait lire et écrire quelque peu est encore, dans les communes, un être privilégié qui possède de fait une supériorité qu'on ne saurait lui contester; il est rare qu'il n'abuse pas du très-peu qu'il sait pour faire supposer aux connaissances élémentaires qu'il possède toute l'étendue dont elles manquent ; aussi, généralement, exerce-t-il et cumule-t-il les fonctions de secrétaire et de conseiller des familles, d'avocat et de notaire de village; ce qui ne contribue pas peu à accroître le nombre des procès.

L'expérience démontre que, lorsque l'instruction élémentaire est le privilége de quelques-uns et non l'obligation de tous, elle ne fait que des victimes.

Un enfant, par exception, a-t-il appris à lire et à écrire; dès qu'il possède cet avantage sur son père, il conclut que la profession paternelle est incompatible avec le savoir; la vanité l'abuse sur sa vocation et lui fait abandonner la commune pour la ville ; de bon cultivateur qu'il eût été, en état de substituer avec discernement quelques procédés perfectionnés à des pratiques erronées, il va, selon que ses parents peuvent faire à son avenir plus ou moins de sacrifices, augmenter le nombre des artisans sans ouvrage, ou grossir la foule des hommes qui, peu soucieux que les professions industrielles ou libérales soient encombrées, tandis que la terre manque d'intelligences et de bras, attendent la destinée qu'ils convoitent de la révolution qui bouleversera leur pays.

Voilà, sans amplification, ce que produit l'instruction élémentaire inégalement et parcimonieusement départie ; voilà pourquoi nous voudrions que la loi fît d'une instruction convenue une obligation commune, afin que, dans un temps prévu, savoir lire et écrire cessât d'être un PRIVILÉGE SOCIAL, et que ne savoir pas lire et écrire devînt une INCAPACITÉ POLITIQUE.

Quelles chambres législatives refuseraient au gouvernement l'allocation qu'il demanderait en faveur de l'enseignement élémentaire, quelque élevée qu'elle soit, lorsque l'exactitude des assertions qui suivent leur aurait été démontrée par l'examen approfondi des faits ?

Sans instruction élémentaire ou primaire, généralement répandue,

— Les formes représentatives agitent tous les intérêts, les font tous ennemis les uns des autres, et n'en satisfont aucun.

— La centralisation est incompatible avec le régime municipal ; elle ne peut supporter le débat parlementaire ;

— La décentralisation est impossible, faute d'une hiérarchie d'intelligences ;

— La réforme de notre industrie agricole est une utopie hors d'état de lutter contre la routine ;

— Chaque progrès de l'industrie manufacturière est un pas fait en avant vers sa ruine ;

Cela s'explique :

L'industrie agricole restant stationnaire, n'augmentant pas le nombre des consommateurs, ne diminuant pas le prix des matières premières, l'industrie manufacturière s'encombre de ses produits ; elle insurge contre le gouvernement les prolétaires sans travail, dont elle augmente chaque année le nombre.

Enfin, sans instruction élémentaire généralement répandue,

— La superstition, dans les époques de transition, fait faire de rapides progrès à l'incrédulité, et l'incrédulité à la démoralisation d'une nation ; car toute société qui remet en doute l'existence de Dieu met la sienne en question.

Sans moralité publique, que deviennent l'institution du jury, le droit d'élire ? quelles garanties de sa bonne foi peut donner le mandataire élu ?

Dans les classes abruties, l'intempérance est un excès né de la privation, les meilleurs conseils répétés n'en détruiront pas l'habitude, tant qu'une meilleure administration municipale ne fera pas pénétrer l'aisance dans ces classes, tant qu'une bonne instruction élémentaire ne sera point considérée comme le premier devoir de tout citoyen jaloux de l'exercice de ses droits.

Ces considérations sont de premier ordre; elles appellent toute l'attention du gouvernement.

L'ignorance met la liberté en péril.

La rouille qui ronge le fer d'une machine exerce sur lui une action moins destructrice que l'ignorance populaire sur les engrenages du système représentatif. Comment veut-on qu'il fonctionne quand toute sa force est employée à vaincre la résistance?

En France, disons-le hautement, les instituteurs de la jeunesse n'occupent pas, dans la hiérarchie administrative et sociale, la place que leur assigne l'importance de leur mission.

De là l'une des plus graves difficultés que rencontre l'établissement de l'ordre moral.

C'est moins par des lois, presque toujours exclusivement motivées sur des circonstances passagères et sur des intérêts mobiles, que les mœurs d'un peuple s'améliorent, que par une instruction convenablement appropriée à la constitution qui le régit ou doit le régir; cette affirmation d'une vérité absolue reçoit encore une application plus directe lorsqu'il s'agit d'un pays qui, de la forme monarchique absolue, passe révolutionnairement au régime monarchique représentatif.

Un gouvernement qui se transforme ne se fonde,

ne se consolide, ne se perpétue que par un système d'instruction publique mis en harmonie avec ses principes fondamentaux ; ainsi, dans un gouvernement représentatif, dont la base est l'élection populaire, tout doit tendre essentiellement à préparer la jeunesse, par des études spéciales, à l'exercice des droits qu'elle est appelée à exercer, et à la pratique des devoirs que l'intérêt commun et communal lui imposera.

Dans un gouvernement représentatif, l'instruction publique dans tous ses degrés, et quelle que soit la diversité des noms qu'on lui donne, doit être essentiellement parlementaire. Inculquer aux générations, dès leur berceau, l'amour et le respect de la constitution fondamentale, et les former à l'habitude de la parole, voilà quel en devrait être le caractère distinctif.

Chez un peuple dont le code prescrit l'égalité des partages de succession, et tend conséquemment à la division indéfinie des fortunes les plus compactes, chez un peuple dont l'esprit en est venu à ce point de ne plus admettre aucune idée de priviléges héréditaires, l'instruction publique ne doit plus rester ce qu'elle était à l'époque où les fortunes étaient substituées, les carrières obligées, les vocations contraintes, où certaines classes étaient privilégiées à l'exclusion des autres ; l'instruction doit alors cesser d'être uniforme pour devenir aussi variée que la diversité des professions ; elle doit cesser d'être *classique* pour devenir professionnelle;

car, plus les fortunes se diviseront, plus l'obligation de spécialiser l'instruction deviendra rigoureuse.

L'époque n'est pas éloignée, où, sous peine de voir dépérir l'instruction publique et renaître l'ignorance dans les classes moyennes, il faudra abaisser le prix que coûte l'acquisition de l'instruction publique ; l'instruction classique d'un enfant est une dépense variable de 10 à 20,000 francs au moins, dépense qui déjà ne représente plus son équivalent, car les carrières qu'ouvrait autrefois l'instruction universitaire sont maintenant obstruées, et, quant au petit commerce et aux arts manuels, il n'y a pas de doute que, pour y prospérer et assurer le bien-être d'une famille, un capital sagement économisé de 10 à 20,000 fr. ne soit plus utile que le diplôme dispendieusement acquis de bachelier-ès-lettres.

EXPÉDITIVE et ÉCONOMIQUE, PROFESSIONNELLE et PARLEMENTAIRE, telle doit être désormais l'instruction publique en France, pour s'accorder avec nos institutions nouvelles; telle elle doit être si l'on veut prévenir l'alternative menaçante de révolutions périodiques ou de régimes oppressifs.

Ce qui est nécessaire à la consolidation du gouvernement représentatif en France, ce n'est pas absolument une nouvelle réforme électorale : avant de demander à l'arbre de porter des fruits, il faut attendre qu'il ait poussé des racines. Les racines de l'arbre représentatif ce sont le régime municipal et l'éducation parlementaire; quand elles auront pénétré profondément le sol populaire, alors les fruits pourront être des droits politiques accordés à tous les contribuables sans autres conditions pour les exercer que de justifier légalement de vingt-cinq ans d'âge et de l'instruction nécessaire à leur accomplissement. Alors on pourra dire qu'à l'instruction populaire la raison publique devra son triomphe, et l'intrigue électorale sa chute.

A notre sens, ce qui manque principalement à la consolidation du gouvernement représentatif en France, c'est un corps de quarante mille instituteurs mieux instruits et mieux payés; un clergé mieux enseigné, plus respectable et plus respecté; une concordance mieux établie entre l'enseignement public, le régime municipal et le gouvernement représentatif; enfin des rapports mieux combinés entre l'église, l'école et la municipalité.

Défaut d'instruction générale et élémentaire parmi les classes inférieures et laborieuses, défaut d'instruction spéciale et politique parmi les classes supérieures, telles sont, en résumé selon nous, les deux causes capitales de l'instabilité des gouvernements en France.

INSTRUCTION PUBLIQUE,

ÉLÉMENTAIRE, GÉNÉRALE, NATIONALE,

(GÉNÉRALITÉS — UNIFORMITÉ.)

> Versez l'instruction sur la tête du peuple, vous lui devez ce baptême.
> LHERMINIER.

« On ne saurait ajourner l'éducation de la jeunesse, comme on ajourne l'achèvement ou les embellissements d'un édifice monumental.

» Le gouvernement doit à toutes les classes de la nation, aux citoyens de tous les états, l'instruction portée au moins à ce degré où chacun peut gérer ses intérêts les plus ordinaires, et acquérir dès l'enfance, par quelques brèves études, que les lectures fortifieront et développeront plus tard, ces principes de sagesse qui ne parlent pas moins au cœur qu'à l'esprit, qui dirigent avec sûreté dans les difficultés de la vie, et qui consolent, dans le malheur, par une céleste résignation.

» Une génération nombreuse parvient chaque année à l'âge où le gouvernement doit commencer à lui offrir le bienfait de l'instruction ; mais une multitude de jeunes hommes a manqué à le recevoir. Elle ne ressort que trop de ces longues lacunes qui viennent d'être signalées dans l'enseignement. Ainsi, c'est à la fois au présent qu'il faut satisfaire, et l'arriéré qu'il faut dédommager. QUE NOTRE VOTE SOIT ASSEZ GÉNÉREUX pour que les adultes comme les enfants y trouvent des moyens de solide et suffisante instruction, pour que les leçons préparent, par des idées simples sur nos arts les plus usuels, et par une certaine rectitude de la main et de l'œil, à l'exercice de toutes les professions.

» En France, l'intervention de la puissance publique est indispensable aux succès de l'instruction primaire : l'esprit d'association n'y suffirait jamais. Si, en Angleterre, il a produit des succès merveilleux, c'est parce qu'il a pour aiguillon et pour aliment la propagation des idées religieuses, et que les sectes prennent pour instruments de leurs luttes continuelles les écoles qu'elles fondent et les livres qu'elles répandent à profusion. » GILLON, *Député*.

Rapport, fait au nom de la commission des finances, sur le budget du ministère de l'instruction publique (session 1833).

Les obstacles que toute loi sur l'instruction élémentaire ou primaire rencontrera dans son application sont de deux natures :

Matériels et moraux.

Les obstacles matériels sont :

L'isolement d'un grand nombre de hameaux ;— leur éloignement de la commune, siége de l'école.

Le mauvais état et entretien des chemins vicinaux, qui, la moitié de l'année, ne permettent pas aux enfants de venir à l'école, précisément à l'époque où la saison rigoureuse et la suspension des travaux les rendent moins utiles à leurs parents ;

Les neiges, qui couvrent une assez grande étendue de la France pendant plusieurs mois ;

La rétribution à payer, toujours trop élevée, quelque modique qu'elle soit, en raison de la condition peu aisée du plus grand nombre, et du peu de cas que font les parents de l'instruction donnée à leurs enfants ;

Le défaut de méthodes expéditives : les méthodes en vigueur privant trop long-temps les familles de l'avantage qu'elles tirent du concours des enfants, dès l'age de sept ans;

En l'absence de mesures coërcitives, le manque de primes d'encouragement distribuées :

1° Aux parents qui envoient soigneusement leurs enfants aux écoles;

2° Aux enfants qui se distinguent par leur aptitude et leur assiduité;

Enfin l'insuffisance du nombre des maisons d'école et d'instituteurs, particulièrement de ceux non résidant dans les communes, lesquels séjournent temporairement dans les hameaux et les parcourent successivement.

Les obstacles moraux sont :

L'apathie des parents qui, n'ayant pu apprécier par eux-mêmes l'avantage de l'instruction, la considèrent comme un moyen de désunion des familles, et craignent que leurs enfants, lorsqu'ils seront plus instruits qu'eux, ne les dédaignent ou ne s'écartent des errements qu'ils suivent;

L'état de dépendance des instituteurs et leur condition misérable, qui les déconsidèrent aux yeux des habitants d'une commune, et s'opposent à ce qu'ils y acquièrent l'influence qui devrait les placer au premier rang, entre le maire et le curé;

L'opposition que, dans beaucoup de communes, les instituteurs rencontrent de la part des curés, qui tous ne comprennent pas que l'influence qu'ils possèdent peut encore s'augmenter, — que le respect qu'ils inspirent aux personnes les plus pieuses peut aussi s'étendre aux personnes qui le seraient le moins, — que la route dans laquelle ils s'égarent est sans issue, — que leur saint ministère les appelle à travailler les premiers à l'émancipation intellectuelle des masses, à l'amélioration de leur sort, — que marcher d'un pas ferme dans la voie du progrès, c'est suivre les traces du Christ, qui renversa l'idolâtrie, abolit l'esclavage, et fonda sur leurs ruines la religion qui proclame tous les hommes frères;

L'indifférence et la parcimonie d'un grand nombre de maires et de conseillers municipaux, à qui il est difficile de faire comprendre que la fondation d'une école ou le traitement d'un instituteur vaillent une allocation de la commune ;

Enfin l'opinion, malheureusement trop fondée et trop généralement répandue, que les fonctions d'instituteur ne sauraient jamais être une profession, puisqu'elles ne suffisent point pour faire subsister ceux qui les exercent, d'où il suit qu'on ne se résigne à prendre cette carrière qu'en désespoir de toute autre, et que ce sont les moins capables qui la choisissent.

Ces obstacles ne sont pas de ceux qu'on peut vaincre en les abordant timidement : il faut, — hommes de résolution, — aller à leur rencontre par la voie la plus courte, réunir toutes ses forces, engager énergiquement l'action et traiter en ennemi ce qui résistera.

Veut-on que le gouvernement représentatif soit autre chose qu'un despotisme légal, — que le régime municipal crée des mœurs parlementaires, — que l'instituteur, le maire et le curé concourent également ensemble à la moralisation des masses, — que l'agriculture et l'industrie se prêtent des forces mutuelles, — que l'impôt soit acquitté par les contribuables sans leur faire éprouver aussi vivement le regret d'argent donné sans équivalent reçu; — veut-on enfin que l'instruction nécessaire au développement de l'intelligence humaine soit considérée comme une obligation de la société envers tout homme qui naît et vit, en compensation des devoirs qu'elle lui impose et en garantie des droits qu'elle lui donne;

Alors il faut :

I. *Assimiler, quant au traitement, l'instituteur au ministre du culte; faire de l'instruction élémentaire une dette de l'État;*

II. *Déterminer les divers objets et degrés dont l'instruction élémentaire devra se composer;*

III. *Encourager sans relâche le perfectionnement de toutes les méthodes expéditives;*

IV. *Priver de l'exercice de ses droits politiques tout contribuable âgé de moins de vingt ans, qui ne pourra pas justifier en 1,84. qu'il sait lire et écrire;*

Attribuer, de droit, à partir de la même année 1,84., *les premiers numéros, dans le tirage du recrutement, aux hommes ne sachant ni lire ni écrire;*

V. *Encourager l'organisation de conférences régulières entre les instituteurs pour l'amélioration des méthodes et la propagation des livres utiles;*

VI. *Substituer à l'idée de la formation des deux Comités incompétents institués par la loi du* 28 *juin* 1833, *la création d'une hiérarchie d'instituteurs,* 1° COMMUNAUX, 2° CANTONNAUX, 3° ARRONDISSEMENTAUX, 4° DÉPARTEMENTAUX;

VII. *Établir dans chaque commune une école de filles, ou au moins, à défaut d'école spéciale, une classe distincte;*

VIII. *Encourager les associations ayant pour but la publication à bas prix de bons livres et de journaux élémentaires.*

Nous avons conseillé d'affronter hardiment les obstacles que rencontre l'instruction élémentaire, nous donnerons l'exemple en abordant nous-mêmes les moyens d'application des idées que nous venons de présenter.

I.

Assimiler, quant au traitement, l'instituteur au ministre du culte, faire de l'instruction élémentaire une dette de l'État.

Les chambres législatives, lorsqu'un ministre éclairé leur aura fait comprendre toutes les questions sociales que soulève celle de l'instruction élémentaire, ne refuseront pas l'allocation nécessaire pour qu'une école soit fondée dans chaque commune, — une classe ouverte dans chaque hameau, — pour que l'admission en soit gratuite et commune à tous, comme l'entrée de l'église, — pour qu'enfin l'État accorde aux instituteurs un traitement égal à celui qu'il paie aux ministres du culte, selon l'importance des villes et communes.

Ainsi tout instituteur aurait, dans cette hypothèse, un traitement assuré dont le minimun serait 750 fr.; ce traitement ne saurait être moindre, car, s'il suffit à peine au prêtre, qui vit seul, exempt de charges domestiques; à plus forte raison ne pourrait-il suffire à toutes les nécessités de la famille, souvent nombreuse, de l'instituteur. Son casuel se composerait de la pension des élèves à qui les parents désireraient qu'une instruction supérieure ou particulière fût donnée; ce serait une prime qui l'engagerait à étendre le cercle de ses propres études.

Tout instituteur serait tenu de former et d'entretenir autant d'élèves-maîtres que la commune où il exercerait compterait de hameaux dans sa dépendance, afin que, durant toute la saison mauvaise, chaque hameau eût son élève-maître et sa classe.

Ayant un avenir honorable et assuré, les sujets alors ne manqueraient plus pour former des élèves-maîtres, parmi lesquels se recruteraient les instituteurs; toutefois après une année de séjour des élèves-maîtres dans une école normale, afin que la pratique et la théorie se prêtent un mutuel appui.

En conséquence de ces dispositions, l'instruction élémentaire serait déclarée en principe gratuite pour tous, selon les termes de la loi du 13 septembre 1791 (1). Elle recevrait l'un de ces trois noms — ÉLÉMENTAIRE, — GÉNÉRALE, — NATIONALE.

On choisirait entre ces trois dénominations.

La réalisation large et féconde de ces vœux serait une dépense annuelle de 32,000,000 de francs environ (2).

---

(1) « Il sera créé et organisé une instruction publique commune à tous les citoyens, gratuite à l'égard des parties d'enseignement indispensables pour tous les hommes, et dont les établissements seront distribués graduellement dans un rapport combiné avec la division du royaume. » (*Loi du 13 septembre 1791.*)

(2) Il y avait en France au 1er janv. 1834, 37,187 communes,—37,187 instituteurs primaires à 750 fr.   27,881,250 fr.
Instituteurs des villes. Allocation supplémentaire.   119,750
Livres élémentaires, tableaux, renouvellement annuel; — moyenne par école, 100 fr.   3,720,000
Encouragements pour la formation d'une salle d'asile par commune ou quartier de ville.   180,000
                                                                                                  ―――――
                                                                                                  32,000,000

La construction et l'entretien des maisons d'école seraient à la charge des communes.

Celles qui seraient riches, n'ayant plus que cette dépense à supporter, s'empresseraient sans doute de se distinguer par des maisons d'école vastes, spacieuses, convenablement et sainement situées.

Il serait facile d'y pourvoir sans augmenter les charges des contribuables, en réduisant d'autant le chiffre du budget de l'armée.

La nation française n'en serait pas moins forte ; car sa force ne réside point dans quelques mille soldats armés de plus ou de moins, mais dans son esprit public, dont un premier élan pourrait mobiliser douze cent mille gardes nationaux.

Mais, sans l'instruction élémentaire, qui seule peut organiser le régime municipal, que devient cette force ? — Un poids impossible à soulever.

Si l'on suppose que la gravité des circonstances ou la profondeur des abus ne permettent point de réduire le budget de la guerre en faveur de celui de l'instruction élémentaire, il y aurait un second moyen qui consisterait à appliquer à la dotation de l'instruction élémentaire, au lieu de les annuler, une portion des rentes rachetées par l'amortissement.

Quelle destination plus productive pourraient recevoir ces fonds dont notre crédit public est maintenant assez fort pour se passer? L'augmentation de la richesse d'une nation est toujours en raison du développement de ses facultés intellectuelles.

L'intelligence, conduite au secours de la force, peut doubler en dix ans les produits du sol et les revenus de l'Etat, et tout en laissant subsister les charges publiques telles qu'elles existent, les réduire cependant par le fait dans une proportion au moins quadruple ; car assurément 40 sont plus faciles à payer avec 100, que 20 avec 50.

L'instruction du peuple et le crédit de l'État se lient donc étroitement ; leur union fait le bien-être général que nous définissons ainsi : — l'intelligence dans le travail, — la rapidité dans la circulation des capitaux, — le parfait entretien de toutes les voies de communication, — l'ordre, la prévoyance et l'économie dans l'administration du pays; — enfin, la plus exacte et la plus large répartition de la richesse publique.

Les chambres législatives préféreront-elles des demi-mesures dont tout député dans son arrondissement a pu reconnaître l'insuffisance, les préféreront-elles aux idées que nous exprimons? N'est-ce pas le moins que l'instruction élémentaire soit donnée aux contribuables qui paient un budget de plus d'un milliard?

L'instruction élémentaire ne peut justifier sa nécessité et sa dépense qu'en élevant son niveau. Si elle se borne, comme maintenant encore, à apprendre aux enfants à lire et écrire très-imparfaitement, l'instituteur n'est qu'un abus, qu'un acte blessant de défiance commis à l'égard du curé dont il relève, qu'un élément de discorde introduit dans la commune, qu'une charge onéreuse portée au budget municipal ; car ce qu'il enseigne, le curé le pourrait enseigner sans double emploi de dépense ; pourquoi donc alors un instituteur? Qu'on le supprime, qu'on affranchisse les communes d'un fardeau sans utilité, si leur agriculture et leur industrie n'en doivent pas profiter, si la supériorité de l'instituteur et l'étendue de ses connaissances n'en font pas un homme à part, un agent direct de la civilisation, un agent digne d'elle!

Tel que nous le concevons, l'instituteur, élevé au rang de fonctionnaire public, de ministre de l'enfance, de roi de l'avenir, après avoir instruit les mères de ce qu'elles doivent d'abord apprendre à leurs fils, surveillé la salle d'asile, pénétré de tous les points de l'enseignement l'enfant commis à sa vigilance, initierait l'adulte au mécanisme du corps social, lui montrerait la place qu'il y occupe, l'action qu'il y porte, ce qu'il en reçoit, ce qu'il lui doit rendre; il lui expliquerait sur quelles principales maximes s'appuie la législation rurale, — dont l'ignorance cause un litige permanent dans les campagnes, — et quels sont les linéaments fondamentaux de la justice qui se lient par tant de rapports avec les obligations du chef de famille, du citoyen, du garde national, de l'électeur, du conseiller municipal et du juré.

Cet infatigable zélateur du travail et de la charité, dirigé par un gouvernement prévoyant et éclairé, détournerait le laboureur de l'industrialisme vers lequel il tend, victime d'un préjugé funeste qu'il importe d'extirper : — la déconsidération de la culture; — il saurait réprimer, dans sa sphère, ce déclassement de la population, dont le prolétariat et la misère dans les grandes villes attestent les déplorables effets. En voulant fonder des écoles communales uniquement pour apprendre à lire, écrire et chiffrer, on s'est mépris; on a envisagé comme étant le but ce qui n'était que le moyen; on a étrangement méconnu la véritable destination de l'instruction élémentaire; on n'a pas compris que l'application immédiate de l'enseignement doit être la production; c'est là son but : — la lecture, l'écriture, le calcul et le dessin ne sont que les moyens de l'atteindre.

On n'a pas reconnu que tout large développement du bien-être matériel ne peut s'obtenir que par l'agriculture; que toute industrie qui s'élève en dehors des forces agricoles est pour les existences attachées à sa prospérité d'autant plus périlleuse qu'elle est plus florissante, chaque nouvel effet étant un pas vers sa perte; que, séparés, ces deux agents de l'économie sociale seront condamnés à languir jusqu'à ce que leur premier moteur, — l'instruction, — leur imprime un mouvement de croissance et d'assimilation réciproques.

Mais comment faire équilibrer l'industrie avec l'agriculture, source intarissable des produits, premier fondement de la richesse publique, si dans chaque localité, au milieu des classes laborieuses, il ne s'élève un homme qui leur enseigne; — à exprimer la pensée au moyen des lettres, les nombres au moyen des chiffres, qui ouvre l'esprit du laboureur à l'observation, au raisonnement, l'habitue à tenir un compte journalier des dépenses, des recettes, des ventes, des achats; à comparer l'état des frais à celui des produits, pour qu'il reconnaisse les procédés préférables dans chaque nature de sol, qu'il sache quelles sont les opérations le plus ou moins productives, les dépenses et les économies profitables à son exploitation.

A une époque où l'industrie subit toute une transformation, où la précision et l'économie des machines tendent de toutes parts à se substituer à la force et à l'intelligence individuelle, où il est urgent d'imprimer aux classes ouvrières une nouvelle instruction, sans laquelle, à chaque perfectionnement de leur art ou métier, elles seraient exposées à manquer de travail, qui leur donnera spécialement ces notions usuelles de mécanique, de physique et de chimie, dont tout progrès tend à rendre l'usage plus indispensable? qui les préparera, par une rectitude particulière de la main et de l'œil, à l'exercice de diverses professions? qui leur inculquera ces principes d'hygiène, ces notions physiologiques propres à réformer une foule d'erreurs traditionnelles, de préjugés et d'habitudes funestes, sinon l'instituteur?

Mais l'instituteur ne sera à la hauteur de sa mission, il ne sera un agent utile, il ne méritera le traitement que nous demandons qu'on lui accorde, que lorsqu'il résumera en lui toutes les connaissances nécessaires au parfait développement de l'intelligence des classes agricoles et industrielles; qu'alors que son enseignement sera complémentaire de leurs besoins et leur évitera la nécessité d'aller dans les villes chercher un supplément d'instruction.

Aussi la loi du 28 juin 1833 n'a-t-elle pas, à notre avis, conçu l'avenir qu'elle pouvait enfanter; elle n'a pas prévu qu'après une révolution, un gouvernement nouveau, une dynastie nouvelle, n'avaient jamais qu'une existence probable de quinze années au plus, lorsque l'instruction du peuple sagement dirigée ne servait pas de lien aux générations qui se renouvellent; elle n'a pas compris que l'instruction est à l'homme ce que la charrue est à la terre, — une préparation nécessaire; et que c'est moins la semence qui produit les abondantes récoltes, que l'instruction qui développe l'intelligence du cultivateur, et féconde ses travaux.

Pour cela, encore une fois, que faut-il? des instituteurs à la hauteur de leur mission, des instituteurs revêtus de la considération publique, ce qu'un caractère et un esprit distingués n'obtiennent que bien difficilement, quand une industrie prospère, une profession productive, ou des fonctions publiques honorablement rétribuées ne les font pas valoir; des instituteurs enfin qui occupent dans la hiérarchie sociale la place à laquelle leur donne droit une mission, à nos yeux, non moins pénible, non moins utile, non moins importante, non moins honorable que celle de juge ou d'avocat du Roi.

II.

Déterminer les divers objets et degrés dont l'instruction élémentaire devra se composer.

« Pour juger ce qu'il convient d'enseigner à des élèves, on doit examiner d'abord à quelle destination il s'agit de les rendre propres. En procédant ainsi, on juge bientôt que, pour les classes laborieuses, il faut des connaissances très-simples ; qu'une instruction étendue, variée, enleverait des hommes à l'agriculture et à l'industrie, loin d'en former pour elles. »

De cette opinion judicieuse d'un membre de l'Académie française, de M. Droz, nous tirerons cette conclusion, que, si l'enseignement élémentaire doit se borner à des notions usuelles et immédiatement applicables, il n'en est pas ainsi de l'instruction de l'instituteur, qui doit être assez étendue, assez variée pour qu'autant que possible les enfants d'une commune n'aient pas besoin d'aller chercher une instruction complémentaire dans les villes, dont le séjour a le grave inconvénient de changer leurs idées par les nouvelles habitudes qu'elles leur font prendre.

La loi présentée aux Chambres (loi du 28 juin 1833) divise l'instruction primaire en deux degrés:

1er degré, instruction primaire élémentaire :

> Instruction morale et religieuse ;
> Lecture ;
> Écriture ;
> Éléments de la langue française ;
> Calcul ;
> Système légal des poids et mesures.

2e degré, instruction primaire supérieure :

> 1er degré ci-dessus ;
> Dessin linéaire ;
> Arpentage ;
> Géométrie pratique ;
> Notions des sciences physiques et d'histoire naturelle ;
> Le chant ;
> Éléments d'histoire et de géographie nationales et étrangères.

Voici, selon nous, les additions et les transpositions qu'il nous paraîtrait utile d'y faire ; nous les avons indiquées en *italique*.

Instruction élémentaire :

1er DEGRÉ,
{ Instruction morale et religieuse ;
  Art de lire et d'écrire correctement ;
  Chant ;
  Calcul et système légal des poids et mesures.

2ᵉ DEGRÉ.
{ *Écriture sous dictée;* — *analyses;* — *art de s'exprimer facilement;*
Tenue des livres de commerce;
Dessin linéaire;
Notions d'arpentage et de géométrie pratique;
Notions de géographie;
Notions d'agriculture et d'économie domestique;
Notions de mécanique industrielle (force et résistance des divers matériaux de construction);
Notions de chimie;
Notions de physique et d'histoire naturelle;
Notions de physiologie et d'hygiène;
Notions de droit civil et public.

INSTRUCTION MORALE ET RELIGIEUSE.

Il ne faut pas confondre l'instruction et l'éducation : ce sont deux expressions qui ont une valeur différente. L'éducation de l'enfance ne saurait être exactement définie; ce n'est point un art, c'est l'ensemble, le choix et la succession des soins physiques, des préceptes moraux et des exemples dont l'enfant est entouré dès son berceau; c'est d'abord le lait qui le nourrit, c'est ensuite la culture qu'il reçoit au sein de sa famille, c'est encore le développement de toutes les facultés dont le germe a été déposé en lui; c'est enfin le choix de la société au milieu de laquelle il doit grandir; si l'enfant est mal élevé par ses parents, l'instituteur le plus habile perdra son temps à corriger de mauvais penchants, à réprimer des appétits sur-excités, à détruire péniblement, enfin, les inclinations vicieuses, que les parents auront encouragées eux-mêmes sans s'en apercevoir peut-être ; l'éducation se compose surtout des premières impressions reçues, des premières habitudes prises ; la bonne ou la mauvaise éducation dépend de causes si multipliées ! Les principales sont : la conformation et la constitution physiques qu'on a reçues en venant au monde ; le plus ou moins d'obstacles que rencontre la croissance de l'enfant ; l'amour plus ou moins éclairé de ses parents, particulièrement celui de sa mère.

On a fait de volumineux ouvrages sur l'éducation, et nous sommes obligé de renfermer l'expression de notre pensée dans quelques lignes ; disons donc que le mot d'éducation devrait se proposer pour sujet, moins les enfants que leurs parents, et que lorsqu'il s'agit d'écoles et d'instituteurs le mot d'éducation n'est propre qu'à éveiller des idées fausses et qu'à faire naître des exigences impossibles à satisfaire.

Toutefois nous ne serons pas absolu, et nous conviendrons qu'il est une sorte d'éducation que l'enfant peut recevoir de l'instituteur ; mais les moyens en sont limités, ces moyens sont :

Un bon choix de lectures ;

Un système d'émulation et de *pénalité* judicieusement conçu et justement observé ; point de punitions décourageantes qui endurcissent le caractère, qui flétrissent le cœur, qui disposent l'enfant à la haine de l'étude ; car ce qu'il importe avant tout, c'est de lui faire aimer le travail, source de toute moralité publique et privée.

Nous conviendrons également que si l'instituteur

est homme de bonnes mœurs, s'il est doué d'un caractère patient, juste, bienveillant, s'il aime l'enfance, s'il sait prendre part à toutes ses occupations, s'identifier en quelque sorte avec elle, la traiter constamment avec confiance, franchise et bonté, c'est-à-dire avec les sentiments et les manières que l'on veut que possède l'enfant, s'il sait établir dans son école une attrayante variété de travaux intellectuels et manuels qui se servent de délassements les uns aux autres ; sans aucun doute, les enfants confiés à ses soins s'en ressentiront toute leur vie ; mais celui-là fera de l'éducation, comme on peut faire de la prose, sans le savoir ; beaucoup de bons exemples et peu de préceptes, en effet c'est bien là la meilleure éducation, mais peut-on, doit-on raisonnablement l'attendre d'instituteurs payés 200 francs par an? Avec des instituteurs si mal rétribués, à peine s'il sera possible de faire *de l'instruction*, mais jamais on ne fera de l'*éducation* ; cependant les soins à donner à l'enfance sont la première condition de la moralité, de l'indépendance et de la richesse des nations!

Quant à l'éducation religieuse, nous pensons qu'au temps où nous vivons, avec les préventions qui existent contre l'esprit envahisseur qu'on suppose au clergé, elle doit être distraite des fonctions de l'instituteur ; la liberté des cultes ayant été reconnue constitutionnellement, il en résulte l'obligation de laisser aux pasteurs de chaque communion le soin d'initier les enfants à la croyance de leurs pères.

CHANT.

Le chant, selon nous, appartient plutôt au premier qu'au second degré, car l'enfant doit y être préparé dès sa première enfance ; c'est en effet ce qu'on a soin de faire dans les salles d'asile.

Le *chant* est moins une connaissance à donner aux élèves qu'un moyen dont le maître doit se servir. Les Allemands en ont tiré le meilleur parti : le chant s'empare fortement des affections morales du cœur ; il développe les organes de la voix et le sens de l'ouïe ; il porte au recueillement; il exerce enfin sur les sens des élèves une influence dont l'étude profite, et qu'il ne faut donc pas dédaigner (1).

(1) M. Vehrli qui, à l'institut d'Hofwill, est chargé de diriger l'école rurale, attache une très-grande importance à cette branche de l'éducation. Lorsque le chant, dit-il, est consacré à l'expression des sentiments religieux et patriotiques, il s'empare fortement des affections morales du cœur. Aussi se hâte-t-il d'en enseigner les premiers principes à ses élèves. Ensuite il compose pour eux des airs faciles, et lorsqu'ils ont acquis une certaine habileté, on les conduit en plein air où ils chantent des hymnes. Un instituteur allemand, Th. Kolling, devenu célèbre parce que, sorti des derniers rangs de la société, il travailla avec beaucoup de persévérance à perfectionner la théorie et la pratique de l'enseignement, ne manque également pas d'observer que, chargé de l'éducation des pauvres dans la ville de Zerbst, un de ses soins fut de leur apprendre le chant. Enfin dans le duché de Darmstadt, qui est l'une des parties de l'Allemagne où les écoles primaires sont les meilleures, l'ordonnance qui règle leur organisation porte en termes formels que le chant sera l'un des objets obligatoires de l'enseignement. En France, d'importantes considérations en faveur du chant ont été publiées par les disciples de Saint-Simon et par ceux de Fourier.

ÉCRITURE SOUS DICTÉE. — ANALYSES. — ART DE PARLER FACILEMENT.

L'écriture sous dictée nous a paru devoir être recommandée; l'application qu'elle exige de la part de l'élève tire son intelligence de la routine à laquelle il s'habitue, quand on ne l'exerce qu'à copier. C'est en outre un des meilleurs moyens de développer le sens de l'ouïe et d'apprendre l'orthographe. En choisissant, par exemple, avec discernement pour sujets de dictée ceux des articles fondamentaux de notre droit public et du Code civil, qu'il est le plus désirable de connaître, insensiblement les élèves apprendraient les devoirs qu'ils ont à remplir envers l'État, envers la société, envers leur famille, et les droits qu'ils peuvent être appelés à exercer un jour, s'ils se préparent d'assez bonne heure à se rendre dignes d'être élus.

Les analyses sont l'épreuve à laquelle on devra soumettre les élèves, comme un moyen de reconnaître si leur intelligence fonctionne aussi bien que leur mémoire.

L'art de parler facilement, d'exprimer nettement ce que l'on a bien conçu, est une habitude importante à contracter dans tout gouvernement municipal et parlementaire; en interrogeant souvent les élèves avec méthode et patience, ils arriveront à vaincre sans efforts leur timidité; ils corrigeront en eux toutes les difficultés de l'organe de la parole;

ils acquerront l'habitude de bien lire et de parler facilement en public; cet exercice est l'un des meilleurs pour le développement de l'intelligence.

TENUE DES LIVRES DE COMMERCE SIMPLIFIÉE.

Cette étude n'offre point de grandes difficultés ; c'est une connaissance utile à toutes les classes, utile tous les jours, et qui peut avoir sur les habitudes d'ordre et de prévoyance une influence telle que nous n'avons pas dû l'omettre. — Quelques leçons suffisent pour en faire comprendre le mécanisme aux élèves à qui l'on pourra le rendre familier, en leur donnant pour exemple d'écritures un modèle de comptabilité. La variété de cette transcription, titres, réglures, chiffres, leur formera la main et le goût en excitant leur application. — Ce qui plaît à apprendre est toujours ce qu'il y a de plus facile à enseigner.

Généraliser l'habitude de l'ordre, c'est généraliser le bien-être, assurer l'indépendance de l'homme, développer en lui le sentiment de sa dignité, faciliter enfin le bon accord des ménages et la bonne éducation des enfants.

NOTIONS D'AGRICULTURE ET D'ÉCONOMIE DOMESTIQUE.

La France possède cinquante-trois millions d'hectares de superficie, dont vingt-deux millions huit cent dix-huit mille sont en terres labourables ; à peine cependant un tiers de la population mange-t-il du pain lorsque quatre millions d'hectares de terre bien cultivée, semée en froment (1), suffiraient pour nourrir sainement et substantiellement ses trente-trois millions d'habitants !

La culture du sol occupe à elle seule les quatre-cinquièmes de la population ; à la fois elle fournit le plus grand nombre de producteurs et le plus grand nombre de consommateurs ; elle est le premier élément de la richesse nationale et le principal aliment des revenus publics ; elle est la plus vaste carrière, la plus sûre profession !

Rien cependant n'est fait en vue de l'instruction des fils de cultivateurs, comme si, dans toutes les branches d'industrie, l'instruction n'était pas la source la plus abondante de tous les progrès.

A notre sens, le gouvernement français ne saurait s'occuper assez activement d'étendre le goût de l'agriculture ; il ne saurait le développer de trop bonne heure ; plus il y a tendance générale et manifeste à abandonner le sol pour l'industrie en

---

(1) Un hectare de terre fertile bien cultivé et semé en froment produit facilement 22 hectolitres, pesant 1694 kilogrammes ; la consommation moyenne par individu peut être annuellement évaluée à 197 kilogrammes de froment.

raison de l'élévation de ses salaires, ou bien pour les professions libérales en raison des satisfactions qu'y cherche la vanité, plus il y a tendance à préférer le séjour des villes à celui des communes rurales, plus il importe de la détourner et de la combattre par de bons ouvrages mis de bonne heure entre les mains de l'enfance,—qui lui donnent à la fois et le désir de rester dans la condition qui l'aura vue naître, et celui de l'améliorer ;—qui lui apprennent de bonne heure ce qu'a de précaire l'industrie, ce qu'ont de dangereux prestiges les professions libérales, ce que le luxe des grandes villes peut couvrir d'horribles misères ;—qui lui impriment enfin profondément le double sentiment de la conservation et du progrès : car l'horreur des innovations les plus sages, le mépris des perfectionnements les plus judicieux, forment généralement la foi agricole des cultivateurs, et l'instruction seule pourra la changer.

Le vœu que nous exprimons est le même que celui dont Chassiron présentait, le 6 floréal an 10, au Tribunat, les moyens de réalisation, en ces termes :

« Je demande qu'un des premiers livres qui sera dans les mains des enfants des campagnes leur donne des connaissances agricoles, je ne dirai pas utiles, mais indispensables. Quelques gravures en bois fixeraient leur attention à la tête de chaque leçon ; des estampes de dix centimes de valeur, placées sur les murs des écoles, représenteraient la meilleure charrue, les herses les plus convenables, un arbre fruitier bien taillé, une bonne ruche.

» Ainsi ils s'instruiraient en s'amusant, et l'on sait que de tous nos sens la vue est celui à qui nous devons nos connaissances les plus multipliées, les plus utiles, les plus ineffaçables. »

NOTIONS DE MÉCANIQUE INDUSTRIELLE.

S'il est juste de considérer l'instruction élémentaire à la fois comme un capital et comme un instrument perfectionné de travail mis aux mains des classes laborieuses, on ne contestera pas l'utilité d'y comprendre des notions de mécanique industrielle ; on s'étonnera seulement qu'une pareille omission ait pu être commise.

NOTIONS DE CHIMIE.

Les notions de chimie n'exigeant pas un effort d'entendement plus grand que les notions de physique, et donnant lieu à des applications plus utiles et plus usuelles, nous leur avons donné la priorité sur les notions de physique et d'histoire naturelle.

NOTIONS DE PHYSIOLOGIE ET D'HYGIÈNE.

Ces notions, comme réforme d'une foule d'erreurs, d'habitudes vicieuses, pratiquées généralement au sein des familles, nous ont paru devoir être un complément indispensable de *l'instruction primaire* à laquelle le nom de *supérieure* a été donné par la loi.

L'étude élémentaire de la physiologie (connaissance de la structure intérieure de l'homme) est un des plus sûrs moyens de prévenir les excès, en ce qu'elle fait toucher du doigt les lésions qu'ils produisent sur le mécanisme humain.

NOTIONS DE DROIT CIVIL ET PUBLIC.

Il ne saurait être indifférent d'élever les enfants dans la connaissance et le respect de la forme du gouvernement établi ; c'est le moyen le plus sûr de lui faire prendre racine et de le consolider. Il importe que de bonne heure ils sachent quels sont les devoirs qu'ils auront à remplir, quels sont les droits qu'ils auront à exercer ; alors ils s'y attacheront, alors l'instruction viendra en aide au temps, alors peut-être les gouvernements cesseront-ils d'avoir une durée inférieure à celle d'une génération ?

De bons traités distribués aux élèves à leur sortie des écoles, par des sociétés bienfaisantes, des petits cours faits par des hommes animés de l'esprit d'ordre et de progrès, achèveront ce qu'exigera de plus l'instruction de la population des villes et des campagnes.

———

Ce qui précède étant fait, ainsi qu'il est dit, il restera à rechercher quels peuvent être les travaux manuels susceptibles de remplacer les jeux d'enfants, considérant moins ces travaux sous le point de vue du produit, que comme — une introduction nécessaire à la pratique de la vie, — un développement salutaire des forces physiques et intellectuelles, — enfin une substitution avantageuse de travaux utiles et profitables à des exercices gymnastiques sans but.

III.

Encourager sans relâche le perfectionnement de toutes les méthodes expéditives.

Le perfectionnement des méthodes expéditives est peut-être un point plus important encore à la propagation rapide de l'instruction élémentaire, que l'admission gratuite dans les écoles.

Dans les campagnes, le temps est ce que le cultivateur a le moins à sa disposition, ses enfants sont sa richesse; dès l'âge de SEPT ANS, il utilise leur concours.

Il ne faut donc rien négliger, rien dédaigner.

Voici, selon nous, ce qu'il serait utile de faire :

Fonder à Paris, sous la surveillance du gouvernement ou d'une association, une ou plusieurs écoles gratuites, dont l'objet spécial serait de faire concourir entre elles toutes les méthodes nouvelles, afin de constater par leurs résultats celles qui seraient plus ou moins expéditives.

Cette école, en supposant qu'on n'en établît qu'une, n'admettrait que des enfants de cinq à neuf ans.

Il y aurait deux classes par jour ; — la première, de huit heures à midi pour les garçons ; la seconde, de une heure à cinq pour les filles.

L'école se composerait d'un assez grand nombre

de salles, pour que tout professeur ou démonstrateur d'une méthode nouvelle pût avoir immédiatement la libre disposition d'une salle et d'une classe sur sa demande motivée.

Chaque salle porterait le nom du professeur qui l'occuperait.

Des concours publics entre toutes les classes auraient lieu tous les trois mois. — Un journal serait spécialement chargé d'en rendre compte, afin de constater la différence progressive entre chaque méthode.

Tout professeur qui atteindrait dans le délai fixé le résultat prescrit, serait de droit directeur d'une école normale, destinée à former des propagateurs de sa méthode.

Il serait utile en outre d'établir deux fois par année un concours public entre les classes de filles et celles de garçons, afin de constater si la faculté qu'on suppose aux filles d'apprendre plus rapidement que les garçons est démontrée par un assez grand nombre de résultats pour acquérir l'autorité d'un fait comparé.

Le problème que toute méthode aurait à résoudre, serait celui-ci :

« APPRENDRE EN DEUX ANNÉES A DES ÉLÈVES DE
» CINQ A NEUF ANS, EN NE LEUR DEMANDANT QUE
» QUATRE HEURES AU PLUS DE PRÉSENCE A L'ÉCOLE
» PAR JOUR, CE QUE COMPREND LE PREMIER DEGRÉ
» DE L'INSTRUCTION ÉLÉMENTAIRE. » (Voir p. 36.)

Ce problème, publiquement, authentiquement

résolu, les plus grandes difficultés que rencontre l'instruction élémentaire seraient vaincues.

Alors un cultivateur ne serait plus privé du concours de ses enfants que pendant l'âge où il n'en peut encore tirer un grand produit, c'est-à-dire à peu près de six à huit ans.

Il n'en serait privé que QUATRE HEURES PAR JOUR.

Si l'on suppose qu'il soit père d'un garçon et d'une fille, il ne serait jamais privé à la fois du concours des deux.

Tel serait l'avantage de la formation de deux classes ; l'une, par exemple, de huit heures à midi, où il enverrait son fils ; — l'autre de une à cinq heures, où sa fille viendrait aussitôt que le frère, de retour au logis, pourrait la remplacer dans les fonctions domestiques qu'elle aurait quittées.

Ces détails, qui paraîtront menus, ont plus d'importance qu'on ne le suppose, quand il s'agit de l'application d'une loi qui rencontre tant d'éléments d'opposition dans les mœurs et dans les localités.

L'établissement d'une *école normale primaire* par département est une pensée assurément digne d'éloge ; mais pour qu'elle porte tous ses fruits, trois choses sont nécessaires :

— La première, c'est qu'il se présente des instituteurs en assez grand nombre pour que l'établissement de quatre-vingt-six écoles normales ne soit pas seulement une obligation légale, une charge nouvelle imposée aux départements, sans avantages pour eux, ce qui aura certainement lieu si une large allocation, telle que celle que nous proposons, ne fait de l'instruction élémentaire une vérité, et de l'état d'instituteur public une carrière honorable.

— La seconde chose, c'est que dans toute école normale primaire, il ne soit enseigné que par les méthodes les plus expéditives reconnues telles, au concours dont il a été parlé dans le précédent paragraphe.

— La troisième chose enfin, c'est qu'il soit annexé à toute école normale primaire d'instituteurs, une école d'enfants, afin que les instituteurs puissent, par la pratique, vérifier eux-mêmes les avantages des méthodes qui leur auront été enseignées par la théorie.

IV.

Priver de l'exercice de ses droits politiques tout contribuable âgé de moins de vingt ans, qui ne pourra justifier en 1,84. qu'il sait lire et écrire.

Attribuer de droit, à partir de la même année, les premiers numéros dans le tirage du recrutement aux hommes ne sachant ni lire ni écrire, par disposition additionnelle à la loi du 21 mars 1832.

Contre les mesures coercitives, on objecte qu'elles seraient un attentat à la liberté individuelle.

L'électeur qui n'est point juge éclairé des choix qu'il fait, le conseiller municipal qui délibère sans savoir épeler les lettres de son nom, ne commettent-ils point d'attentats à l'ordre public, ne mettent-ils pas en péril le gouvernement représentatif?

Une nation qui, sur trente-trois millions d'habitants, en compte à peine un trentième sachant lire, est une nation que l'on peut réputer encore dans l'enfance. — Croit-on qu'un enfant à qui ses parents laisseraient le libre arbitre de vivre sans effort dans son ignorance, ou de surmonter les difficultés de l'étude, hésitât? — Si l'autorité paternelle ne le contraignait pas, qu'apprendrait-il?

Que le gouvernement se montre paternel, on ne l'accusera pas d'être arbitraire!

4.

En Allemagne, l'instruction est donnée sous la direction du gouvernement, les parents sont tenus sous des peines correctionnelles, d'envoyer à l'école leurs enfants, dès qu'ils ont atteint l'âge de six ans.

En France même, il existe une disposition positive et non abrogée, de la loi du 29 frimaire an 2, ainsi formulée :

« *Les pères et mères, tuteurs et curateurs sont tenus d'envoyer leurs enfants ou pupilles aux écoles de première instruction.*

» *Les pères et mères, tuteurs ou curateurs qui auront négligé de faire inscrire leurs enfants ou pupilles, seront* punis *pour la première fois d'une amende égale au quart de leurs contributions, et pour la deuxième, suspendus de leurs droits civiques pendant* 10 *ans.*

» *Ceux des jeunes gens qui, à l'âge de* 20 *ans accomplis, n'auront pas appris une science, un art ou métier utile à la société, seront privés pendant* 10 *ans du droit de citoyen. — La même peine aura lieu contre les pères, tuteurs et curateurs convaincus d'avoir contribué à cette infraction de la loi.* »

La même loi mettait à la charge des communes les frais d'enseignement, montant annuellement par chaque élève à 20 fr. pour l'instituteur, et 15 fr. pour l'institutrice.

V.

Encourager l'organisation de conférences régulières entre les instituteurs pour l'amélioration des méthodes et la propagation des livres utiles.

L'utilité de ce vœu exprimé par M. Cousin ressort d'elle-même; nous ne pouvons que le partager. — C'est appliquer à l'étude de l'enseignement la méthode de l'enseignement mutuel.

Sagement réglées, régulièrement suivies, des conférences périodiques entre les instituteurs d'un département ne peuvent manquer de porter d'heureux fruits; elles ont l'avantage de les faire sortir de l'isolement fâcheux où ils restent dans les communes rurales, d'établir entre eux des liens de bienveillance et d'information réciproques, de dissiper l'engourdissement de leur esprit, de développer en eux le principe fécond de l'émulation; l'échange des idées les multiplie; par la comparaison judicieuse des méthodes différentes, s'acquiert une connaissance plus approfondie que ne donnerait peut-être pas l'adoption successive de chacune d'elles. Pour ces motifs, les conférences régulières entre les instituteurs doivent donc être encouragées, n'eussent-elles que cet avantage de leur éviter souvent des tentatives infructueuses qui les feraient renoncer à l'exercice de leur raison pour rentrer dans le sillon de la routine; et par ce dernier mot, ce que nous entendons, c'est la préférence donnée sans examen, non par la prudence, mais par la paresse, à l'expérience des autres sur sa propre intelligence. La routine, c'est la superstition sans la foi; tout ce qui contribue à la détruire est bon.

VI.

Substituer à l'idée de la formation des deux Comités incompétents institués par les articles 17, 18 et 19 de la loi sur l'instruction primaire du 28 juin 1833, la création d'une hiérarchie d'instituteurs : 1º Communaux, 2º Cantonnaux, 3º Arrondissementaux, 4º Départementaux.

. A notre avis, toute surveillance exercée par des hommes sans autorité, c'est-à-dire confiée à des contrôleurs sans expérience et sans spécialité, quelque bien intentionnés qu'on les puisse supposer, risquera toujours d'être généralement plus nuisible qu'utile ; si elle ne se borne pas à être inefficace et purement nominale, si elle ne dégénère pas en tracasserie décourageante et funeste, ce sera l'exception. En France, les fonctions gratuites, les mandats publics s'acceptent avec un empressement trompeur ; on les considère, non comme une nécessité d'entreprendre de laborieuses études, et d'acquérir des connaissances spéciales, mais au contraire comme un titre qui les confère par cela seul qu'il les suppose. Cela est un mal, un mal profond dont la vanité et la paresse, presque toujours étroitement unies, sont solidairement coupables. De là tant de maires incapables, tant de conseillers municipaux ineptes, tant de lois fécondes en principe et stériles dans la pratique.

Le *comité communal* et le *comité d'arrondissement*, créés par la loi, ont précisément ce grave inconvénient d'être généralement composés de membres sans compétence ni spécialité, appelés à inspecter des méthodes qui leur sont inconnues, à contrôler des matières qu'ils ignorent, à prononcer sur le mérite d'un instituteur qui, si peu qu'il sache, en sait plus que ceux qui le louent ou le critiquent ; aussi, de leur part, l'éloge et la censure sont-ils généralement impuissants.

La force réelle d'une théorie se mesure dans l'application. Ne nous arrêtons pas au texte ; jugeons les faits. De deux comités institués par la loi, en est-il un d'effectif ? N'habitant point les lieux, le *comité d'arrondissement* ne peut voir par lui-même. On sait que l'intérêt s'affaiblit autant que s'accroît la distance. Chaque membre a ses affaires domestiques à traiter ; il y vaquera, se reposant pour sa part de surveillance sur le zèle d'un collègue, lequel, la plupart du temps, se déchargera de tout souci sur l'activité du secrétaire, souvent habitué à composer à lui seul toute l'assemblée, à bâcler le procès-verbal de la séance, et à le faire ensuite signer par qui de droit, dans un tranquille moment de loisir, sans qu'on le lise.

Quant au *comité communal*, son inspection peut aisément s'exercer sur le maître, les élèves et les bâtiments de l'école. Agent immédiat, il semble d'abord devoir être efficace ; mais on oublie que son unique action c'est la plainte, et que, dans près de trente mille communes, ce stimulant ne saurait être tenté, parce que le comité tombe lui-même sous la dépendance de l'instituteur. En effet, après une rupture, qui ferait les lettres, réglerait les comptes, dresserait les actes de l'état civil, se placerait au lutrin le dimanche, et même, à la rigueur, qui rédigerait la plainte au comité d'arrondissement? — Le curé? oh! il ne voudra pas se brouiller avec son sonneur de cloches, son donneur d'eau bénite, son chantre, son sacristain, et il fermera les yeux.

Condamnés par la plus simple prévoyance, ces deux comités le sont donc également par l'expérience.

La première condition d'un contrôle efficace, c'est la hiérarchie, c'est-à-dire la supériorité dans la spécialité; voilà pourquoi nous eussions préféré que la loi instituât quatre degrés d'instituteurs, et fît contrôler les moins instruits par de plus capables; la perspective d'un avancement graduel est nécessaire dans toute organisation judicieuse, d'abord pour reconnaître ceux qui se font distinguer par leur aptitude et leur activité, ensuite pour entretenir l'émulation et récompenser le travail et la bonne conduite. Il est à regretter que la loi ait négligé ce puissant mobile de discipline, d'ordre et de progrès. On paraît avoir en France une si grande frayeur de toute hiérarchie, qu'on lui préfère l'organisation laborieuse du désordre moral et matériel; et c'est justice à rendre à notre époque que de reconnaître qu'elle y réussit en proportion de ses efforts.

Nous ne tenterons pas de développer ici l'idée hiérarchique que nous avons présentée en une seule ligne ; cela n'aurait pas d'utilité présente; nous nous bornerons à dire que cette idée se lie à un ordre de vues arrêtées sur une nouvelle organisation des quatre unités — communale, — cantonnale, — arrondissementale, — départementale, — organisation ayant au moins l'avantage de se mettre en rapport avec les besoins impérieux du commerce, et avec la nécessité de rendre les voies de communication plus faciles et les moyens de transport plus rapides et plus économiques.

Telle que nous l'avons conçue, cette organisation a pour principes l'unité et la hiérarchie, et pour conséquence la simplification ; elle laisse à la centralisation tous ses avantages, et la dégage de tous ses abus.

En ce qui concerne la matière spéciale que nous traitons, cette organisation résoudrait les principales difficultés que les progrès rencontrent dans l'instruction publique.

VII.

Établir dans chaque commune une école de filles, ou au moins, à défaut d'école spéciale, une classe distincte.

Tout projet de loi en faveur de l'instruction élémentaire qui néglige l'organisation des écoles de filles ou qui ne l'établit que comme secondaire n'atteint pas le but qu'il se propose.

Chaque jeune fille qu'on instruit devient, aussitôt qu'elle est mère, le *moniteur* de sa famille.

Il n'y a pas d'exemple d'une mère sachant lire et écrire, dont les enfants ne savent ni lire ni écrire. Si des circonstances font qu'il soit impossible à une mère de se priver de ses enfants pour les envoyer à l'école, quels que soient ses soins et ses travaux, elle saura toujours trouver le temps nécessaire pour leur apprendre ce qu'elle pourra elle-même leur enseigner.

Si depuis trente années, l'instruction des jeunes filles avait été l'objet de l'attention que nous réclamons pour elles, on pourrait à cette heure parcourir toute la France sans trouver un seul enfant au-dessous de quinze ans ne sachant ni lire ni écrire.

Il n'en est pas ainsi des pères de famille pris dans les classes laborieuses des villes et des campagnes;

lorsqu'ils ne possèdent aucune notion élémentaire, ils se montrent généralement peu soucieux que leurs enfants les acquièrent ; lorsqu'ils savent lire et écrire, on les voit rarement se donner la peine d'instruire eux-mêmes leurs enfants, ou seulement de les interroger au retour de l'école.

L'instruction d'un père de famille ne profite souvent qu'à lui seul, celle d'une mère de famille au contraire est toujours reproductive dans la personne de ses enfants.

Instruire les filles, c'est ouvrir une école au sein de chaque famille ; ouvrez-leur donc une école ou au moins une classe dans chaque commune.

Qu'il nous soit permis aussi de dire ici en quelques mots notre opinion sur l'instruction à donner aux femmes.

La question de l'instruction qu'il convient de donner aux femmes se réduit, selon nous, à des termes très-simples, bien qu'à notre avis ce soit peut-être l'une des plus importantes questions morales et politiques du siècle et de la société dans lesquels nous vivons.

Commençons d'abord par déclarer qu'en France, toute tentative *d'émancipation de la femme ou des femmes* ne saurait jamais être sérieuse, le ridicule lui sera toujours un insurmontable obstacle ; de fait, les lois françaises, en harmonie avec la nature et à la hauteur de la civilisation, n'asservissent point les femmes, elles les respectent et les protégent.

La condition légale des femmes n'appelle donc point de réformes importantes; il n'en est point ainsi de leur éducation sociale, trop négligée d'un gouvernement qui s'est attribué la direction de l'instruction publique.

Dans l'éducation des femmes, c'est moins encore le bonheur de leur existence que l'utilité de leur mission qu'il faut considérer : dans toutes les descriptions et les dissertations, la femme n'apparaît jamais qu'en second ordre : de là l'imperfection de l'éducation qu'elle reçoit, quelque poétique que soit le nom qu'on lui donne de « *douce compagne de l'homme*, etc. »

Considérée sous ce point de vue plus pastoral que social, l'instruction superficielle des femmes s'explique; il n'est pas nécessaire, en effet, que leur instruction soit plus profonde, si leur destinée doit se borner à cette condition accessoire et passive.

Mais si à l'idylle du poète vous substituez la pensée du législateur, si vous délaissez le passé pour l'avenir, si à la place de l'épouse vous ne voyez plus que la mère, les rôles aussitôt changeront : — à la femme appartiendra le premier, — à l'homme le second ; dans ce dernier vos yeux ne verront plus que le fils élevé par sa mère.

C'est alors que l'instruction des femmes vous paraîtra incomplète et superficielle, entièrement contraire au but qu'elle devrait se proposer ; c'est alors qu'involontairement votre esprit se surprendra faisant justice de ces lieux communs qui étiolent les sociétés, tels que ceux-ci : « *La femme est faite pour plaire et pour aimer*... *La femme douce moitié de l'homme*..... *Compagne de sa vie*... *etc.;* » c'est alors que votre esprit s'empressera de reconnaître que, des deux conditions de la femme, celle de mère est la première, que celle d'épouse n'est que la seconde ; la maternité est sa vocation, elle élève la femme au-dessus de l'homme ; le mariage n'est qu'une fonction qui met au contraire la femme dans la dépendance de l'homme.

Pour déterminer judicieusement quelle est l'éducation et l'instruction que doivent recevoir les femmes, il importe donc, avant et par-dessus tout, de se rendre un compte rigoureusement exact de la mission que leur préparent les tendances de la société.

Les femmes portent l'avenir des sociétés dans leur sein ; jamais il n'y aura de progrès rapides et réels que ceux qui leur seront dus.

L'amélioration du sort des classes populaires et leur moralisation se lient étroitement à l'amélioration de l'instruction des femmes ; l'une ne sera possible qu'après que l'autre aura été réalisée.

Sans renouveler la discussion de l'action réciproque des mœurs et des lois, disons, pour trancher la question indécise, qu'aux mères de famille plus qu'aux lois, il appartient d'exercer une salutaire influence sur les mœurs du peuple et les progrès de la raison humaine.

Former des mères dignes de ce nom, capables d'exercer avec discernement cette première des fonctions sociales, tel doit être le but de l'instruction des filles; former des épouses qui soient des compagnes douces, agréables et fidèles, sera tout naturellement le résultat de la bonne éducation puisée au sein de la famille; cette éducation sera d'autant meilleure qu'elle sera plus commune, qu'elle aura pour rudiment des exemples plus souvent que des préceptes; sans y avoir été systématiquement préparée, soyez assuré que la fille sera toujours bonne épouse si l'éducation d'une bonne mère l'a faite à son image.

Considérée sous ce point de vue tout maternel, quelle est l'instruction qu'il convient de donner aux filles? quelles connaissances leur faudra-t-il acquérir?

A toutes les questions qui peuvent être faites, nous répondrons par une seule ligne qui renferme tout notre programme de l'éducation des filles :

« IL FAUT APPRENDRE AUX FEMMES CE QU'ELLES DOIVENT PLUS TARD ENSEIGNER AUX ENFANTS QUI NAÎTRONT D'ELLES. »

En d'autres termes :

Il faut donner aux filles et aux garçons, *nés dans la même condition*, la même instruction, afin que dans l'avenir les filles devenues mères accomplissent ce que l'Université ne fait qu'à demi, dispendieusement et révolutionnairement, et qu'ainsi soient assurées et l'éducation et l'instruction des enfants, sans nuire au bien-être de la famille et sans troubler la hiérarchie sociale telle que la comportent l'égalité civile et la liberté politique.

VIII.

Encourager les associations ayant pour but la publication à bas prix de bons livres et de journaux élémentaires.

Il serait à désirer que tous les hommes éclairés qui sentent le besoin, dans l'intérêt de l'ordre et des progrès, de s'occuper sérieusement de l'instruction nationale, formassent une association par département, dont le but serait : — de surveiller tous les enfants à leur sortie de l'école, afin qu'abandonnés à eux-mêmes ils ne soient pas exposés au risque d'oublier ce qu'ils auraient appris ; — de publier de bons livres ; — de les mettre gratuitement entre les mains des enfants à leur sortie de l'école, avec faculté, après avoir lu ces volumes, de les échanger contre de nouveaux.

Pour cela, il suffirait que l'association centrale du département eût successivement un délégué par ville et commune, chargé de l'échange et du renouvellement des volumes. — Le nombre des livres envoyés au délégué serait en raison de la population de la ville ou de la commune. — Avec un bon système d'échange et de circulation, 5 ou 6,000 volumes de roulement par département suffiraient pour entretenir tous les mois les communes et les villes de livres nouveaux.

Puisque la masse de la population, en état de majorité, ne sait pas lire, ce n'est donc que par l'enfance que l'émancipation intellectuelle peut s'opérer.

A l'instruction de l'enfance et de la jeunesse, que le présent fasse enfin tous les sacrifices qu'exige l'avenir. — Que l'État sème l'instruction, la nation récoltera morale, richesses et libertés.

Le champ à semer est vaste, — que la semence soit abondante.

L'Annuaire des longitudes de 1833 établit que, depuis 1817 jusqu'en 1830, il est né en France 6,982,000 garçons et 6,563,500 filles; c'est donc, en conséquence, 10 à 12 millions d'enfants de trois à seize ans qu'il serait encore temps d'instruire, c'est-à-dire plus d'un tiers de la population; mais il ne faudrait pas perdre un temps précieux, afin qu'au moins dans dix ans la France puisse commencer à compter, et sur un noyau d'hommes en état d'exercer avec discernement leurs droits politiques, et sur un assez grand nombre de jeunes mères capables de former elles-mêmes l'intelligence de leurs enfants.

II.

INSTRUCTION PUBLIQUE,

COMPLÉMENTAIRE, SPÉCIALE, PROFESSIONNELLE.

(SPÉCIALITÉS — VARIÉTÉ.)

> L'éducation secondaire est trop pareille pour tout le monde. Il faut, j'en conviens, des établissements d'une autre nature, où les classes diverses de la société puissent trouver un aliment intellectuel qui convienne à leur vie, à leur destinée.
>
> Guizot, *Chambre des députés*, 1835.

« Les établissements d'éducation, tels qu'ils sont organisés dans notre pays, ont pour objet principal, et à peu près exclusif, de faire entrer les enfants dans une série d'études grammaticales et littéraires, dont les langues anciennes sont la base. Aussi n'existe-t-il plus, pour un enfant, après qu'il a appris à lire, écrire et compter, ni école, ni collége, si sa destination sociale, sa position de famille, ses goûts, lui rendent inutile ou impossible la connaissance du grec ou du latin.

» Qu'arrive-t-il de là ?

» C'est, d'une part, que beaucoup de jeunes intelligences, laissées sans culture, sont abandonnées à tous les hasards des événements ; c'est, d'autre part, qu'une multitude d'éducations classiques se poursuivent et s'achèvent sans bons résultats : inutiles à beaucoup, parce qu'ils y assistent, durant longues années, sans les comprendre ; perdues pour d'autres, parce qu'ils entrent dans des professions où rien ne leur en rappellera les souvenirs ; décevantes et funestes pour ceux qu'une demi-science jette hors des professions laborieuses où ils trouveraient à vivre utilement, et qui, ne sachant ni travailler de leurs mains, ni combiner fortement des idées, embarrassent la société, la surchargent de médiocrités, et la placent dans la cruelle situation de ne savoir comment disposer ni d'assez d'emplois, ni d'assez d'argent pour satisfaire tant de prétentions affamées.

» Cet état de choses est le produit de notre ancienne organisation sociale, dont il reste encore parmi nous tant de vestiges. »

CH. RENOUARD, *député.*

Rapport fait au nom de la commission nommée par la Chambre des députés, sur le projet de loi touchant l'instruction primaire.
(Session de 1833.)

L'instruction universitaire se compose de deux degrés :

    1° Enseignement secondaire ;
    2° Enseignement supérieur.

Avant d'exprimer aucune opinion, avant de hasarder aucune critique sur les divers degrés d'enseignements dont se compose l'instruction universitaire, nous avons cru devoir réunir tous les documents et renseignements officiels, d'une part, afin qu'ils puissent servir de guide aux familles qui les voudront consulter ; d'autre part, afin qu'ils permissent de connaître exactement et d'apprécier justement ce que dans l'ordre de nos idées l'enseignement universitaire offre de ressources et celles qu'il laisse encore à désirer à l'esprit de ceux qui voudraient que l'instruction qu'un père ou qu'une mère donne à ses enfants représentât toujours certainement l'intérêt des capitaux qu'elle a coûtés, et qu'elle fût toujours l'apprentissage d'une profession ; car, dans une société bien organisée, *les hommes de loisir* ne doivent pas plus être tolérés que les mendiants. Tout citoyen doit contribuer pour sa part à la prospérité ou à la gloire de son pays ; il ne saurait plus y avoir de parasites sociaux.

I.

ENSEIGNEMENT SECONDAIRE.

L'enseignement secondaire comprend les études adoptées dans les colléges et dans les institutions et pensions dont les élèves suivent les cours des colléges.

Les colléges sont *royaux* ou *communaux*.

En outre, des institutions particulières qui, pendant de longues années, se seront distinguées aussi bien par la direction religieuse et morale imprimée à l'éducation, que par la force et la solidité des études, peuvent être converties par le conseil royal en *colléges de plein exercice*. A ce titre, ces établissements, qui peuvent demeurer la propriété de simples particuliers, jouissent des priviléges accordés aux colléges royaux ou communaux.

COLLÉGES ROYAUX ET COMMUNAUX.

Les colléges royaux sont au nombre de quarante-un :

Ils sont établis dans les villes suivantes (1) :

Amiens.	Avignon.	Bourges.
Angers.	Besançon.	Caen.
Auch.	Bordeaux.	Cahors.

(1) Les colléges royaux sont divisés en trois classes dans les départements. Ceux de Paris forment une classe particulière.

Clermont.　　Montpellier.　　Rennes.
Dijon.　　　　Moulins.　　　　Reims.
Douai.　　　　Nancy.　　　　　Rhodez.
Grenoble.　　　Nantes.　　　　　Rouen.
Le Puy.　　　　Nîmes.　　　　　Strasbourg.
Limoges.　　　Orléans.　　　　Toulouse.
Lyon.　　　　　Pau.　　　　　　Tournon.
Marseille.　　　Poitiers.　　　　Tours.
Metz.　　　　　Pontivy.　　　　Versailles.

On compte à Paris cinq colléges royaux (1). 5.
Les colléges communaux sont au nombre de 316.
Ils sont établis dans les villes suivantes :

Académie d'Aix.

Aix.　　　　　Calvi.　　　　　Manosque.
Ajaccio.　　　　Digne.　　　　　Seyne.
Arles.　　　　　Draguignan.　　Sisteron.
Barcelonnette.　Grasse.　　　　Tarascon.
Bastia.　　　　Lorgues.　　　　Toulon.

Académie d'Amiens.

Abbeville.　　　Compiègne.　　　Soissons.
Beauvais.　　　Laon.　　　　　　Vervins.
Château-Thierry.　Péronne.
Clermont.　　　Saint-Quentin.

Académie d'Angers.

Beaufort.　　　Craon.　　　　　Le Mans.
Beaugé.　　　　Doué.　　　　　Mayenne.
Château-Gontier.　Ernée.　　　　Mamers.
Château-du-Loir.　Eron.　　　　Sablé.
Chollet.　　　　Laval.　　　　　Saint-Calais.
Courdemanche.　La Suze.　　　　Saumur.

Académie de Besançon.

Arbois.　　　　Lure.　　　　　Saint-Amour.
Beaume.　　　　Luxeuil.　　　　Saint-Claude.
Dôle.　　　　　Montbéliard.　　Salins.
Gray.　　　　　Poligny.　　　　Vésoul.
Lons-le-Saulnier.　Pontarlier.

(1) On compte en outre à Paris deux colléges dits colléges de plein exercice.

(72)

Académie de Bordeaux.

Angoulême. | La Réole. | Périgueux.
Bergerac. | La Rochefoucauld. | Sarlat.
Confolens. | Libourne. |

Académie de Bourges.

Châteauroux. | Lachâtre. | Saint-Benoist-du-
Clamecy. | Nevers. | Sault.
Cosnes. | Saint-Amand. | Sancerre.
Issoudun. | | Varzy.

Académie de Caen.

Alençon. | Domfront. | Saint-Lô.
Argentan. | Falaise. | Seez.
Avranche. | Lisieux. | Valognes.
Bayeux. | Mortain. | Vire.
Cherbourg. | Saint-Hilaire-du- |
Coutances. | Harcouët. |

Académie de Cahors.

Agen. | Figeac. | Martel.
Aiguillon. | Lectoure. | Mezin.
Condom. | Marmande. | Villeneuve-d'Agen.

Académie de Clermont.

Ambert. | Gannat. | Riom.
Aurillac. | Issoire. | Saint-Flour.
Billom. | Mauriac. | Thiers.
Brioude. | Montluçon. |

Académie de Dijon.

Arnay-le-Duc. | Châtillon. | Saint-Dizier.
Autun. | Chaumont. | Saulieu.
Auxonne. | Cluny. | Sémur.
Beaune. | Langres. | Seurre.
Bourmont. | Louhans. | Tournus.
Châlons-sur-Saône. | Mâcon. | Wassy.
Charolles. | Paray. |

Académie de Douai.

Aire. | Boulogne. | Le Quesnoy.
Armentières. | Cambrai. | Lille.
Arras. | Cassel. | Maubeuge.
Avesnes. | Cateau. | Saint-Amand.
Bailleul. | Condé. | Saint-Omer.
Bapaume. | Dunkerque. | Turcoing.
Bergues. | Estaire. | Valenciennes.
Béthune. | Hazebrouck. |

Académie de Grenoble.

Briançon.	Montélimart.	Valence.
Embrun.	Pont-de-Beauvoisin.	Vienne.
Gap.	Romans.	

Académie de Limoges.

Brive.	Magnac-Laval.	Tulle.
Eymontiers.	Saint-Junien.	Ussel.
Gueret.	Treignac.	Uzerche.

Académie de Lyon.

Bourg.	Roanne.	Saint-Etienne.
Nantua.	Saint-Chamond.	Villefranche.

Académie de Metz.

Charleville.	Sédan.	Thionville.
Rethel.	Sarreguemines.	

Académie de Montpellier.

Bedarieux.	Clermont.	Pezénas.
Beziers.	Espalion.	Saint-Afrique.
Carcassonne.	Lodève.	Saint-Geniez.
Castelnaudary.	Milhaud.	Villefranche.
Ceret.	Perpignan.	

Académie de Nancy.

Bar-le-Duc.	Lunéville.	Saint-Dié.
Commercy.	Mirecourt.	Saint-Mihiel.
Dieuze.	Neuf-Château.	Toul.
Epinal.	Pont-à-Mousson.	Verdun.
Etain.	Remiremont.	

Académie de Nîmes.

Alais.	Carpentras.	Pertuis.
Apt.	Le Vigan.	Uzès.
Aubenas.	Mende.	
Bagnols.	Orange.	

Académie d'Orléans.

Blois.	Loches.	Romorantin.
Chinon.	Montargis.	

Académie de Paris.

Auxerre.	Chartres.	Etampes.
Avallon.	Chateaudun.	Joigny.
Châlons-sur-Marne.	Epernay.	Meaux.

Melun. | Pontoise. | Tonnerre.
Nemours. | Provins. | Vitry-le-Français.
Nogent-le-Rotrou. | Sainte-Menehould.
Noyon. | Sens.

Académie de Pau.

Aire. | Mont-de-Marsan. | Tarbes.
Argelès. | Orthez. | Vic-Bigorre.
Bagnères. | Saint-Sever.

Académie de Poitiers.

Bourbon-Vendée. | Loudun. | Saintes.
Châtellerault. | Luçon. | Saint-Jean-d'An-
Civray. | Melle. | gely.
Fontenay. | Niort. | Saint-Maixent.
La Rochelle. | Rochefort. | Thouars.

Académie de Rennes.

Ancenis. | Lamballe. | Quimper.
Auray. | Lannion | Saint-Brieux.
Dinan. | Landerneau. | Saint-Pol-de-Léon.
Dol. | Lorient. | Saint-Servan.
Fougères. | Paimbeuf. | Vannes.
Guingamp. | Ploermel. | Vitré.
Josselin. | Quimperlé.

Académie de Rouen.

Aumale. | Eu. | Le Havre.
Bernay. | Evreux. | Montivilliers.
Dieppe. | Gisors. | Vernon.

Académie de Strasbourg.

Altkirch. | Haguenau. | Saverne.
Belfort. | Mulhausen. | Schelestad.
Bouxvilier. | Oberney. | Thann.
Colmar. | Rouffach. | Vissembourg.

Académie de Toulouse.

Alby. | Gaillac. | Pamiers.
Castel-Sarrasin. | Moissac. | Saint-Gaudens.
Foix. | Montauban. | Saint-Girons.

PENSIONS QUI DOIVENT ÊTRE PAYÉES PAR LES PARENTS.

Les sommes qui doivent être payées par les élèves sont différentes, suivant les différentes classes des colléges royaux.

Le prix de la pension des élèves pour les colléges royaux de Paris est fixé à 1000 fr. Les frais de livres et dépenses d'études sont compris dans cette somme.

La rétribution due à l'Université est de 45 fr. qui se paient en sus de la pension.

Dans les départements, le prix de la pension des élèves est fixé à 750 fr. dans les colléges royaux de première classe, à 650 fr. dans ceux de seconde classe, à 600 fr. dans les colléges de troisième classe. Indépendamment du prix réglé pour la pension, les élèves paient annuellement une somme de 50 fr. pour tous frais de livres et dépenses d'études.

TROUSSEAU. *Colléges royaux de Paris.* Deux habits de drap d'Elbeuf, bleu de roi, avec les boutons du collége.

Deux gilets du même drap.

Deux gilets d'été.

Deux pantalons de drap d'Elbeuf, bleu de roi.

Trois pantalons d'été.

Deux chapeaux ronds.

Trois paires de souliers.

Deux paires de draps de 16 mètres 65 centim. (14 aunes) chacune, en toile de cretonne, de 1 mètre 10 centimètres de largeur (trois quarts et demi) ; deux draps auront chacun 8 mètres 92 centimètres, les deux autres 7 mètres 73 centimètres.

Douze serviettes en toile de cretonne, de 1 mètre 8 centimètres (40 pouces).

Douze chemises en toile de cretonne.

Douze caleçons.

Dix-huit mouchoirs de poche de 67 centimètres (25 pouces).

Dix cravates doubles en percale, de 80 centimètres (30 pouces).

Douze paires de bas de coton bleu mélangé.

Six bonnets de coton doubles.

Deux brosses, l'une à peigne, l'autre à habits.

Deux peignes, un d'ivoire et un de corne, et un sac pour les contenir.

Marque du linge et première garniture des bas.

Un couvert et un gobelet d'argent, marques du nom et du numéro de l'élève.

Une table de nuit.

Le prix de chaque trousseau est fixé, savoir : pour la première taille à 600 fr., pour la deuxième à 537, et pour la troisième à 350 (1).

Tout élève, en entrant au collége, doit déposer :

1° Son acte de naissance ;

2° Son extrait de baptême, s'il n'a pas fait sa première communion ou n'a pas été confirmé ;

3° Un certificat de vaccine ;

4° Un certificat de bonne conduite du chef de l'établissement auquel il aurait précédemment appartenu.

TROUSSEAU. *Colléges royaux des départements.* Le trousseau des élèves internes admis dans les colléges royaux des départements devra être composé des objets ci-après désignés :

Deux fracs ou habits bourgeois de drap bleu de roi, doublés de même, avec boutons jaunes, en entier de métal, portant deux branches de laurier ; autour, en légende, les mots : *Collége royal de* (le nom de la ville où est le collége royal) ;

Deux gilets de même étoffe que les habits ;

Deux pantalons *idem* ;

Quatre caleçons ;

Deux chapeaux ronds ;

Deux paires de draps de lit de 14 mètres chacune, en toile de cretonne ou autre toile de fil de même qualité ;

Dix serviettes en toile ;

(1) Les trousseaux seront constamment entretenus en bon état et au complet, et devront être ainsi rendus, lorsque les élèves quitteront le collége ou seront transférés dans un autre établissement.

A la sortie définitive de l'élève, les draps et les serviettes faisant partie de son trousseau appartiendront à l'infirmerie ; mais si l'élève n'a fait qu'un court séjour dans l'établissement, ces objets pourront lui être restitués sur une décision de S. Ex. le grand-maître de l'Université, en sa qualité de recteur de l'académie de Paris.

Si l'élève passe dans un autre collége royal, le trousseau lui sera rendu avec les draps et serviettes.

Douze chemises *idem*, dont six à la taille de l'élève et six plus grandes;

Douze mouchoirs *idem*;

Huit cravates, dont quatre de mousseline ou de percale, doubles, et quatre de soie noire;

Douze paires de bas de coton;

Quatre serre-tête en toile, ou quatre bonnets de coton doubles;

Une brosse à peigne et une brosse à habits;

Deux peignes, un d'ivoire, un de corne, et un sac pour les contenir;

Trois paires de souliers;

Un couvert et un gobelet d'argent, marqués au nom de l'élève;

Marque des effets et première garniture des bas;

Toutes les étoffes, toiles et mousselines employées dans les trousseaux devront être de manufactures françaises.

PENSIONS AUX FRAIS DU GOUVERNEMENT.

BOURSES ROYALES.

Les pensions aux frais du gouvernement, assignées à chaque collège royal à pensionnat, sont fixées à trente. Ces trente pensions sont réparties ainsi qu'il suit:

Pensions entières.....	10 élèves.	10 pensions.
Trois quarts de pension.	10	7 1/2
Demi-pensions......	25	12 1/2
Total des élèves....	45 —Des pensions.	30 »

Les bourses royales sont données à des enfants dont les parents sont domiciliés dans l'arrondissement de l'académie à laquelle appartient le collège où ces enfants doivent être placés. Les exceptions qui pourraient être faites à cette disposition, notamment en faveur de fils de militaires qui n'ont point de résidence fixe, ne pourront jamais excéder le quart du nombre total des pensions affectées à chaque collège.

Les places d'élèves du gouvernement (ordonnance royale du 28 août 1827) ne sont accordées qu'à des enfants âgés de neuf ans accomplis, et qui n'en ont pas plus de douze (sauf l'exception portée par l'ordonnance du 16 novembre 1821, en faveur de ceux qui seraient depuis leur douzième année pensionnaires ou externes dans un des colléges de l'Université).

Les candidats doivent savoir lire et écrire, et connaître les éléments des grammaires française et latine. Ils ne peuvent obtenir en premier lieu que des demi-bourses. Les trois quarts de bourse et les bourses entières ne sont accordés qu'à titre de promotion successive à ceux des élèves qui se sont le plus distingués par leur bonne conduite et par leurs progrès.

BOURSES COMMUNALES.

Un certain nombre de villes sont autorisés à entretenir des bourses dans leurs colléges. Les dispositions de la loi qui régissent les fondations de bourses dans les colléges royaux sont exécutées, en ce qui touche les fondations de même genre, dans les colléges communaux.

DISPOSITIONS GÉNÉRALES.

A l'appui des demandes de bourses les parents doivent produire :

1º L'acte de naissance dûment légalisé, constatant que l'enfant pour lequel on fait la demande est âgé de neuf à douze ans ; et, s'il a passé cet âge, un certificat attestant qu'il était avant douze ans, et qu'il est encore pensionnaire ou externe dans un collége royal ou communal ;

2º La promesse de payer la demi-pension qui sera laissée à la charge des parents, en cas de nomination, et de fournir le trousseau, dont les frais s'élèvent à environ 500 francs.

DE L'ENSEIGNEMENT DANS LES COLLÉGES ROYAUX.

L'instruction primaire est exceptée du cours d'études des colléges : en conséquence, on n'y reçoit que des élèves sachant lire et écrire. Le cours d'études des colléges embrasse, après l'instruction primaire, toutes les connaissances nécessaires pour préparer les jeunes gens à entrer dans les cinq facultés de théologie, — de droit, de médecine, — des sciences, — des lettres.

DE L'OBJET DE L'ENSEIGNEMENT DANS CHAQUE CLASSE.

Instruction religieuse.

Dans les deux classes élémentaires, on fait apprendre aux élèves, la première année, l'histoire de l'ancien Testament; la seconde année, l'histoire du nouveau. De plus, ils apprennent par cœur le catéchisme du diocèse, que l'aumônier leur fait répéter une fois par semaine.

Les élèves de sixième, de cinquième, de quatrième et de troisième, reçoivent le jeudi matin, avant la messe, des instructions sur le catéchisme, accompagnées de développements proportionnés à leur âge.

Dans les classes de seconde et de rhétorique, et dans les deux classes de philosophie, la leçon du catéchisme est remplacée par une conférence sur la religion, qui a lieu, tous les dimanches, pour les quatre classes réunies.

Les élèves de toutes les classes apprennent chaque jour quelques versets de l'Écriture sainte, en français, en latin ou en grec.

Ils apprennent en outre, le samedi matin, l'évangile du dimanche suivant, savoir :

En français dans les classes élémentaires ;

En latin dans les classes de sixième, de cinquième, de quatrième et de troisième ;

En grec dans les classes supérieures.

Enseignement élémentaire.

L'enseignement élémentaire, outre l'histoire sainte, comprend la grammaire française, la grammaire latine, la géographie, l'arithmétique et l'écriture.

Enseignement des lettres.

L'enseignement des lettres comprend essentiellement les lettres latines, grecques et françaises ; on y joint la géographie, l'histoire tant ancienne que moderne, la mythologie, une connaissance suffisante des antiquités grecques et romaines, et les premières notions des sciences naturelles.

L'enseignement des lettres, dans chaque classe, est réglé comme il suit :

Classe de sixième.

Le professeur explique le matin, ou le *Selectæ è profanis* ou le *De Viris illustribus urbis Romæ*. Les leçons du soir sont consacrées à l'explication des Fables de Phèdre comparées avec celles de La Fontaine, et à la géographie ancienne, dont la connaissance est indispensable pour l'intelligence des auteurs, et qu'on a soin de comparer avec la géographie moderne.

Les thèmes donnés aux élèves sont relatifs à la mythologie.

Les élèves continuent de recevoir des leçons d'écriture et d'arithmétique.

Classe de cinquième.

Le professeur explique le matin un choix de Justin et de Cornelius Nepos. Les leçons du soir sont consacrées à l'explication d'un choix des Lettres familières de Cicéron, et aux éléments de la langue grecque, qu'on enseigne d'après la méthode indiquée ci-dessus pour la langue latine. Dans la seconde partie de l'année, on explique les Fables d'Ésope.

L'étude de l'histoire ancienne appartient à cette classe.

Les élèves continuent, comme dans la classe précédente, de recevoir des leçons d'écriture et d'arithmétique.

Les élèves commencent et continuent dans les deux classes suivantes, l'étude des langues vivantes dont le choix est déterminé pour chaque collége.

Classe de quatrième.

Le professeur explique, dans les classes du matin, un choix de Quinte-Curce et de Tite-Live, les traités *de Amicitiâ et de Senectute*; un choix des Dialogues de Lucien et la Cyropédie de Xénophon : dans les classes du soir, un choix de poésies latines, tirées des Bucoliques et des Géorgiques de Virgile et des Métamorphoses d'Ovide.

L'étude de l'histoire romaine appartient à cette classe.

Les leçons de dessin, soit linéaire, soit de la figure, commencent dans cette classe, et continuent dans toutes les autres.

Classe de troisième.

Le professeur explique, dans les classes du matin, un choix de Salluste et de Tacite, un choix de moralistes latins, un choix de moralistes grecs ; dans les classes du soir, un choix de l'Énéide et de l'Iliade.

L'étude de l'histoire du moyen-âge appartient à cette classe.

On continue à exercer les élèves sur la versification latine, et on leur fait apprendre par cœur un choix de poètes français analogues aux poésies latines qui ont été expliquées.

Classe de seconde.

Le professeur explique, dans les classes du matin, un choix des Harangues de Cicéron, et un choix de l'Iliade ; dans les classes du soir, un choix d'Horace et de l'Énéide.

L'étude de l'histoire moderne proprement dite appartient à cette classe.

En enseignant l'histoire moderne et l'histoire du moyen-âge, le professeur s'attache particulièrement à l'histoire de France.

On commence, dans cette classe, à préparer les élèves à la rhétorique, en leur faisant connaître les figures, et en les exerçant à composer des narrations en latin et en français. Les devoirs qu'on leur donne le mardi et le samedi, entre les deux classes, sont des narrations.

Classe de rhétorique.

Le professeur explique, dans les classes du matin, le *Conciones e veteribus historicis excerptæ*, un choix des Oraisons de Cicéron, et un choix des Harangues de Démosthènes ; dans les classes du soir, un choix du *Conciones poeticæ*, et un choix des poètes tragiques grecs.

Dans les premiers mois, le professeur enseigne les préceptes de l'éloquence et les règles de tous les genres d'écrire.

Il fait apprendre par cœur aux élèves des morceaux choisis d'orateurs et de poètes dramatiques français.

Enseignement des sciences.

L'enseignement des sciences remplit les deux dernières années du cours d'études. Il comprend la philosophie, les mathématiques et les sciences physiques.

Classe de philosophie, 1re année.

L'enseignement de cette année comprend : 1° les deux premières parties de la philosophie, savoir : la logique et la métaphysique ; 2° les mathématiques élémentaires, savoir : l'arithmétique complète, la géométrie, la trigonométrie rectiligne et les premières notions de l'algèbre.

Classe de philosophie, 2e année.

L'enseignement de cette année comprend : 1° la dernière partie de la philosophie, savoir : le cours de morale et du droit de la nature et des gens ; 2° la partie des mathématiques qui comprend la statique, les éléments de l'algèbre et l'application de l'algèbre à la géométrie ; 3° les sciences physiques, savoir : la physique proprement dite, la chimie et les éléments de l'astronomie physique.

DE L'ENSEIGNEMENT DANS LES COLLÉGES COMMUNAUX.

Le degré de l'enseignement dans chaque collége communal est réglé par le conseil royal de l'instruction publique, en raison des besoins et des ressources des diverses localités, et particulièrement en proportion des sacrifices permanents que les villes s'imposent pour l'établissement et le soutien de leurs colléges.

Selon les divers degrés d'instruction qui sont déterminés dans chacun de ces établissements, on applique les dispositions suivantes des statuts, sur l'enseignement des colléges.

Les deux années de grammaire seront consacrées à l'étude du français et du latin. On commencera l'étude du grec dans la seconde année.

Les élèves y apprendront aussi l'histoire sainte.

Il leur sera donné des leçons de mythologie.

Dans les deux années d'humanités, les élèves continueront d'étudier les langues grecque, latine et française. Ils expliqueront les principaux auteurs classiques sous deux professeurs, qui feront chacun trois heures de leçon par jour.

Les professeurs d'humanités feront aussi connaître à leurs élèves les meilleurs auteurs français, et dirigeront leurs lectures de manière à leur donner les principales notions de l'histoire. Il y aura, pour cet effet, dans les classes, des cartes géographiques et des tables chronologiques.

Les élèves commenceront les mathématiques en même temps que les humanités.

Il n'y aura qu'un seul professeur de mathématiques pour les deux années: il enseignera aux élèves de la première année d'humanités l'arithmétique et les commencements de la géométrie.

Dans la seconde année, il terminera le cours de la géométrie, et il enseignera l'algèbre jusqu'aux équations de second degré inclusivement.

Le professeur de rhétorique enseignera à ses élèves les règles de tous les genres d'écrire, leur en fera voir les plus beaux exemples dans les auteurs anciens et modernes, et les exercera à la composition en latin et en français.

LIVRES CLASSIQUES.

Les leçons de tous genres, dans les colléges royaux ou communaux, se font d'après les livres prescrits par le conseil de l'Université, qui, chaque année, arrête le catalogue des ouvrages qui seront employés pendant l'année scolaire, dans l'Académie de Paris et dans les autres Académies du royaume.

Voici le catalogue des livres arrêtés pour l'année scolaire 1834-1835 :

Sixième. — Évangiles des dimanches en latin. — Grammaire française, latine et grecque (une de celles dont l'usage est autorisé par l'Université.) — Dictionnaires (un de ceux dont l'usage est autorisé par l'Université.) — Selectæ è profanis. — Cornelius Nepos. — Fables d'Esope. — Une des géographies élémentaires dont l'usage est autorisé par l'Université. — Mœurs des Israélites et des Chrétiens. — Précis de l'histoire ancienne, approuvé par l'Université.

Cinquième. — Novum Testamentum (Actes des Apôtres). — Grammaires et dictionnaires (comme en sixième). — Dictionnaire grec (un de ceux dont l'usage est autorisé par l'Université). — Racines grecques. — Selectæ è profanis. — Justin. — Phædri fabulæ. — Extrait des Dialogues des morts de Lucien. — Le Coq, *editio expurgata*. — Élien. — Isocrate à Démonique. — Une des géographies dont l'usage est autorisé par l'Université. — Précis de l'histoire ancienne, approuvé par l'Université. — Télémaque.

Quatrième. — Novum Testamentum (texte grec). — Grammaires et dictionnaires (comme ci-dessus). — Gradus ad Parnassum. — Une des prosodies latines dont l'usage est autorisé par l'Université. — Racines grecques. — Cicéron *(de Senectute* et *de Amicitiâ)*. — Quinte-Curce. — Commentaires de César. — Virgile. — Cyropédie, ou traités moraux de Xénophon. — Vies de Plutarque ou d'Hérodien. — Précis de l'histoire romaine, approuvé par l'Université. — Morceaux choisis de Fénélon. — Vie de Charles XII.

Troisième. — Novum Testamentum græcum (Évangile selon saint Luc). — Traité de versification latine de M. Quicherat. — Salluste. — Cicéron (les Catilinaires). — Virgile. — Plutarque (Traités de morale). — Homère. — Précis de l'histoire du moyen âge, approuvé par l'Université. — Siècle de Louis XIV, de Voltaire. — Petit Carême de Massillon. — Morceaux choisis de Buffon. — Boileau.

Seconde. — Novum Testamentum græcum. — Tite-Live (*Res memorabiles*). — Cicéron (*de Officiis*, et Discours). — Tacite. — Virgile. — Horace (les odes). — Philippiques de Démosthènes. — Platon (l'Apologie, ou le Menexène, ou le premier Alcibiade). — Homère. — Une tragédie de Sophocle ou d'Euripide. — Le discours pour

Eutrope, de saint Jean-Chrysostôme. — Précis de l'histoire moderne, approuvé par l'Université. — J.-B. Rousseau. — Grandeur et Décadence des Romains. — Histoire universelle de Bossuet.

RHÉTORIQUE. — *Classes du matin.* — Novum Testamentum græcum (Actes des Apôtres). — Traité de rhétorique (un de ceux dont l'usage est autorisé par l'Université). — Conciones (ex latinis scriptoribus excerptæ). — Cicéron (Discours, et Brutus, *seu de claris oratoribus).* — Tacite. — Démosthènes (Discours de la couronne). — Conciones græcæ. — Oraisons funèbres de Bossuet et de Fléchier. — Caractères de La Bruyère.

Classes du soir. — Horace. — Virgile. — Lucain (édition abrégée de M. Naudet). — Homère. — Pindare. — Une tragédie de Sophocle ou d'Euripide. — Théâtre classique (Athalie, Esther, Polyeucte, le Misanthrope). — Boileau. — La Henriade.

Philosophie. — Il n'existe aucun ouvrage qui ait paru au conseil de l'Université pouvoir être proposé comme un traité méthodique, élémentaire et complet de toutes les parties de la philosophie : il se borne, quant à présent, à recommander aux professeurs de philosophie de se pénétrer de ce qu'il y a de meilleur dans les ouvrages suivants :

Parmi les anciens. — Les Dialogues de Platon. — Les Analytiques d'Aristote. — Les Traités philosophiques de Cicéron.

Parmi les modernes. — Le livre De Augmentis scientiarum, et le Novum Organum de Bacon. — La Méthode de Descartes, ses Méditations. — Le chapitre de Pascal sur la manière de prouver la vérité et de l'exposer aux hommes. — La Logique de Port-Royal. — L'Essai sur l'entendement humain, de Locke. — Les nouveaux Essais sur l'entendement humain, de Leibnitz ; sa Théodicée. — Recherche de la vérité, par Mallebranche ; ses Entretiens métaphysiques. — De l'existence de Dieu, par Fénélon. — De l'existence de Dieu, par Clarke. — La Logique de Wolf. — L'Introduction à la philosophie, de s'Gravesende. — Principes du droit naturel, par Burlamaqui. — Traité des systèmes, l'Art de penser, la Logique de Condillac. — Lettres d'Euler à une princesse d'Allemagne. — Essai analytique sur les facultés de l'âme, par Charles Bonnet.

PROGRAMME DES COURS SPÉCIAUX ÉTABLIS DANS LE COLLÉGE ROYAL DE NANCY.

Des cours spéciaux sont établis dans ce collége en faveur des élèves qui, après avoir subi les premières années des cours actuels, veulent se livrer au commerce, aux divers arts industriels, ou à une profession quelconque pour laquelle l'étude approfondie des langues anciennes n'est pas indispensable (1).

L'enseignement se divise en deux années :

Première année.

Français. — Le professeur enseigne les principes raisonnés de la grammaire générale et de la langue française ; il exerce les élèves à des compositions telles qu'analyses, lettres, rapports, narrations, etc.

Mathématiques (2). — Arithmétique, application aux opérations commerciales, tenue de livres en partie simple et en partie double, éléments de géométrie, trigonométrie avec des applications, arpentage.

Physique. — Les élèves suivront cette année les cours de physique et de chimie.

Histoire naturelle. — Éléments de botanique et de zoologie.

Allemand. — Éléments de la grammaire allemande, explication et traduction des divers auteurs. Les élèves seront exercés à parler et à écrire cette langue.

Histoire. — Cours d'histoire moderne, histoire de France.

Géographie commerciale. — On s'attache à faire connaître dans ce cours les productions, les débouchés des différentes parties du globe, enfin la statistique commerciale des principaux pays.

Écriture perfectionnée, dessin, lavis des plans, etc.

Deuxième année.

Français. — Cours de rhétorique française, histoire abrégée de la littérature, composition, etc.

---

(1) Les conditions d'admission sont les mêmes que pour les élèves du collége royal. Les élèves admis à ces cours paient une rétribution spéciale, fixée sur la proposition du conseil académique, et qui est destinée à faire face aux traitements des professeurs et aux autres frais de l'école.

(2) Après la première année de mathématiques, les élèves sont aptes à se présenter aux examens pour le grade d'élèves de seconde classe de la marine.

Philosophie. — Les élèves de l'école spéciale auront la faculté de suivre, en tout ou en partie, le cours de philosophie qui a lieu pour les élèves du collége royal. On y joint un cours élémentaire sur les principes généraux du droit.

Mathématiques (1). — Géométrie, éléments d'algèbre, de statique, de mécanique appliquée aux machines, et de géométrie descriptive.

Physique et chimie. — Application de la physique et de la chimie aux arts et métiers.

Le professeur termine son cours en faisant visiter à ses élèves les principaux établissements de la ville de Nancy et des environs ; il fait lever par ses élèves le plan des machines les plus importantes qu'on y rencontre.

Histoire naturelle. — Éléments de minéralogie, de physiologie végétale ; notions générales d'agriculture.

Allemand. — Continuation et complément du cours précédent.

Histoire et géographie. — Complément des cours précédents.

Écriture, dessin, perspective.

---

(1) Les élèves verront cette année au-delà des matières exigées pour l'admission à l'école militaire.

II.
ENSEIGNEMENT SUPÉRIEUR.

L'enseignement supérieur comprend les Facultés.

Il y a cinq Facultés, savoir :

Les Facultés de théologie.

Les Facultés de droit.

Les Facultés de médecine.

Les Facultés des sciences mathématiques et physiques.

Les Facultés des lettres.

Les Facultés de théologie sont établies : à Paris, à Aix, à Bordeaux, à Lyon, à Rouen, à Strasbourg (pour les protestants de la confession d'Augsbourg), à Montauban (pour les protestants de la confession helvétique).

Les Facultés de droit sont établies : à Paris, à Aix, Caen, Dijon, Grenoble, Poitiers, Rennes, Strasbourg, Toulouse.

Les Facultés de médecine sont établies : à Paris, à Montpellier et Strasbourg. Il y a, en outre, seize écoles secondaires de médecine (voir plus loin : *Facultés de médecine*).

Les Facultés des sciences sont établies : à Paris, à Caen, Dijon, Grenoble, Lyon, Montpellier, Strasbourg, Toulouse.

Les Facultés des lettres sont établies : à Paris, à Besançon, Caen, Dijon, Strasbourg, Toulouse.

Les Facultés confèrent les grades de bachelier, de licencié et de docteur.

FACULTÉS DE THÉOLOGIE.

OBJETS DE L'ENSEIGNEMENT.

Les cours suivants sont ouverts à la Faculté de théologie de Paris.

Dogme.
Morale.
Écriture sainte.
Histoire et discipline ecclésiastique.
Éloquence sacrée.

DES GRADES DANS LA FACULTÉ.

BACCALAURÉAT (1). Pour être admis au baccalauréat en théologie, il faut : 1° être âgé de vingt ans accomplis ; 2° être bachelier ès lettres ; 3° avoir fait un cours de trois ans dans la Faculté de théologie ; 4° avoir soutenu une thèse publique d'une manière satisfaisante pour le conseil de la Faculté.

LICENCE (2). L'examen pour la licence en théologie sera le même que celui qui est exigé pour l'obtention du certificat d'aptitude au saint ministère. Avant de subir cet examen, que le candidat termine en soutenant deux thèses publiques, il doit justifier de son titre de bachelier en théologie.

---

(1) Nul ne pourra être nommé curé de chef-lieu de canton, s'il n'est pourvu du grade de bachelier en théologie, ou s'il n'a rempli pendant dix ans les fonctions de curé ou de desservant.

Les élèves des séminaires situés hors des chefs-lieux des Facultés de théologie, seront admis à subir les épreuves du grade de bachelier en théologie, sur la présentation d'un certificat constatant qu'ils ont étudié pendant trois ans dans un séminaire.

(2) Nul ne pourra être nommé archevêque ou évêque, vicaire-général, dignitaire ou membre de chapitre, curé dans une ville chef-lieu de département ou d'arrondissement, s'il n'a obtenu le grade de licencié en théologie, ou s'il n'a rempli pendant quinze ans les fonctions de curé ou de desservant.

Doctorat (1). Pour obtenir le grade de docteur en théologie, le candidat doit : 1° composer deux dissertations sur des sujets de théologie, de morale ou de critique sacrée ; 2° soutenir publiquement une thèse générale ; 3° faire une leçon publique sur chacune des sciences enseignées dans la Faculté de théologie.

FACULTÉ DE THÉOLOGIE PROTESTANTE DE STRASBOURG.

L'enseignement de cette Faculté comprend six chaires : *Dogme*, *Morale Évangélique*, *Exégèse*, *Éloquence Sacrée*, *Histoire Ecclésiastique*, *Dogmes de la confession helvétique*.

ADMISSION DES ÉLÈVES.

Chaque élève qui se présente à l'admission doit être muni : 1° d'un certificat constatant son âge, le lieu et le temps de ses études préparatoires, ses dispositions, ses progrès et sa conduite ; 2° d'une délibération du consistoire de son ressort faisant foi qu'il est inscrit sur le rôle des futurs candidats du saint ministère de ce consistoire.

Le conseil de la Faculté autorise ou refuse l'admission.

DES ÉTUDES.

Le stade théologique se compose de douze inscriptions prises de trois mois en trois mois.

Les études théologiques devront se faire dans l'ordre suivant :

1° Pendant la première année, les élèves fréquenteront les cours d'introduction à l'Ancien ou au Nouveau-Testament, d'encyclopédie et de méthodologie théologiques, d'archéologie sacrée et d'exégèse.

Ils pourront y joindre l'étude du dogme et de l'histoire ecclésiastique, si ces cours prenaient leur commencement à l'époque de leur admission.

2° Pendant la deuxième année, ils continueront l'étude de l'exégèse ; ils commenceront ou poursuivront celle du dogme et

---

(1) Le grade de docteur en théologie sera nécessaire pour être professeur, adjoint ou suppléant dans une Faculté de théologie.

de l'histoire ecclésiastique, en y ajoutant les leçons de morale évangélique et d'apologétique.

3° La troisième année sera particulièrement consacrée à la théologique pratique, à l'homilétique, à la catéchétique, au droit ecclésiastique protestant et à des exercices de prédication.

4° Les cours d'exégèse seront suivis pendant tout le temps des études théologiques.

La connaissance de la langue et de la littérature allemandes devenant de plus en plus nécessaires au théologien, les élèves doivent justifier qu'ils la possèdent avant leur admission aux grades.

DES EXAMENS.

Les examens se divisent en examens semestriels et en examens pour obtention de grades.

Les élèves doivent se présenter régulièrement aux épreuves qui ont lieu de six mois en six mois.

Pour être admis aux examens du grade de bachelier, le candidat doit avoir fait trois années de théologie, et être muni de certificats d'assiduité de chacun des professeurs; six mois auparavant, il soumet à la Faculté le sujet de la thèse qu'il se propose de présenter.

Les grands examens ont lieu dans la dernière quinzaine de l'année académique. Les aspirants présentent leur demande au secrétaire un mois auparavant.

Les épreuves s'étendent sur :

1° L'exégèse de l'Ancien et du Nouveau-Testament;

2° Le dogme;

3° La morale évangélique;

4° L'histoire ecclésiastique;

5° Les articles organiques des églises protestantes.

En outre, le candidat est tenu :

1° A soutenir une thèse en langue latine ou française;

2° A prononcer, en assemblée des professeurs, des pasteurs de la ville et des élèves, deux sermons composés sur un texte prescrit quinze jours d'avance;

3° A faire une catéchisation en présence des professeurs et pasteurs de la ville.

FACULTÉ DE THÉOLOGIE PROTESTANTE DE MONTAUBAN.

La Faculté de théologie protestante établie à Montauban pour la confession helvétique, comprend six chaires, trois de théologie proprement dite, et trois préparatoires aux cours de théologie.

Les trois premières sont des chaires *de Morale Evangélique, de Dogme, d'Histoire Ecclésiastique.* Les trois autres sont des chaires *de Philosophie, d'Hébreu, de Haute Latinité et de Grec.*

ADMISSION AUX ÉTUDES PRÉPARATOIRES.

Les jeunes gens qui désireront d'être admis aux cours de belles-lettres et de philosophie préparatoires à ceux de théologie, seront examinés à leur entrée à la Faculté par trois professeurs, pour décider s'ils sont aptes à commencer leurs études de philosophie, ou s'ils doivent être soumis pendant plus ou moins de temps aux exercices préparatoires.

On ne devient étudiant en philosophie qu'après s'être montré suffisamment fort dans les études préparatoires, dans un examen spécialement destiné à cette admission, et elle ne peut être accordée qu'aux élèves qui auront accompli leur quinzième année.

ADMISSION AUX COURS DE THÉOLOGIE.

L'âge requis pour l'admission aux cours de théologie est fixé à dix-huit ans accomplis. Les élèves doivent justifier, en entrant en théologie, de leur connaissance de la langue hébraïque et d'un diplôme de bachelier ès lettres.

Les élèves en théologie continuent à suivre, jusqu'au terme de leurs études, les leçons relatives à l'interprétation du Nouveau-Testament du grec en latin.

EXAMENS.

Outre les examens annuels, les étudiants qui ont terminé leur troisième année de théologie pourront subir les grands examens nécessaires pour obtenir *le grade d'aptitude au ministère évangélique.* Ces grands examens commenceront par ceux de philosophie rationnelle, de grec et d'hébreu. Les candidats liront ensuite une dissertation dont l'objet sera de développer un point de théologie ou de critique sacrée. Ils seront ensuite examinés successivement sur la théologie, l'histoire ecclésiastique et l'exégèse, la morale évangélique et l'éloquence de la chaire. Ces épreuves seront terminées par la composition et la récitation d'un sermon et d'un discours.

Lorsque le candidat aura obtenu le certificat d'aptitude, il pourra se présenter, lorsqu'il aura atteint l'âge voulu par la loi, devant une réunion de pasteurs, pour obtenir d'eux la consécration au ministère évangélique.

FACULTÉS DE DROIT.

CONDITIONS D'ADMISSION.

Toute personne désirant obtenir les grades de bachelier, de licencié, ou de docteur en droit, ou même simplement un certificat d'aptitude aux fonctions d'avoué, doit se faire inscrire comme étudiant dans l'une des Facultés de droit de France et suivre les cours pendant le temps déterminé par les lois et les réglements.

Les élèves ne sont admis à prendre leur première inscription, qu'en déposant 1° l'acte de naissance constatant qu'ils ont au moins seize ans accomplis ; 2° un diplôme de bachelier ès lettres ; 3° le consentement de leur père ou tuteur.

La totalité des sommes à payer pour la licence est de 750 fr.

Savoir : 12 Inscriptions à 15 fr. . . . . . 180 fr. ⎫
        2 Examens à 60 . . . . . . 120 ⎪
        1 Diplôme de bachelier. . . . 50 ⎬ 750 fr.
        2 Examens à 90 fr. . . . . . . 180 ⎪
        La thèse . . . . 120 ⎪
        Diplôme de licencié. . . . . 80 ⎭

Les aspirants au titre de docteur auront en outre à payer pour leur quatrième année d'étude, la somme de 460 fr.

Savoir : 4 Inscriptions à 15 fr. . . . . . . 60 fr. ⎫
        2 Examens à 90 . . . . 180 ⎬ 460 fr.
        La thèse. . . . . 120 ⎪
        Diplôme de docteur. . . . . . 100 ⎭

Les aspirants au certificat de *capacité* (1), c'est à dire d'aptitude aux fonctions d'avoués, suivent pendant une année seulement le cours de code civil et de procédure civile ; ils ont à payer une somme totale de 150 fr.

Savoir : 4 Inscriptions à 15 fr. . . . . . 60 fr.
L'examen . . . . 50 } 150 fr.
Certificat de capacité. 40

Les objets de l'enseignement dans la Faculté de droit de Paris sont :

Les Instituts de Justinien.
Le Code civil.
La Législation criminelle et Code de procédure civile et criminelle.
Les Pandectes.
Le Code de Commerce (2).
Le Droit administratif (3).
L'Histoire du Droit (4).
Le Droit des gens (5).

(1) Un certificat suffit à ceux qui se destinent à la profession d'*avoué*.

La loi sur le notariat n'exige point l'étude dans les Facultés, ni de diplômes délivrés par l'Université ; elle se contente, sous le rapport de l'instruction, d'un certain temps de travail dans une étude de notaire, et d'un certificat de capacité délivré par la chambre des notaires du ressort où l'aspirant devra exercer. Mais, dans un projet de loi préparé déjà depuis long-temps, le diplôme de licencié est exigé pour les fonctions de notaire dans les grandes villes, celui de bachelier pour les villes de deuxième classe, et un certificat de capacité pour les autres localités.

(2) Une chaire de *Droit commercial* est établie dans les Facultés de droit de Caën, de Poitiers, de Rennes, de Dijon, d'Aix, de Grenoble, de Strasbourg.

(3) Une chaire de *Droit administratif* est établie dans la Faculté de droit de Poitiers.

(4) Une chaire de l'*Histoire du droit* est établie dans la Faculté de Toulouse.

(5) Une chaire du *Droit des gens* est établie dans la Faculté de Strasbourg.

Le Droit constitutionnel français.

Les études sont divisées en trois années.

Cours de première année. — Institutes de Justinien, Code civil.

Cours de seconde année. — Code civil, Législation criminelle, Code de procédure civile et criminelle, Pandectes.

Cours de troisième année. — Code civil, Code de commerce, Droit administratif.

Cours spéciaux pour le doctorat. — Histoire du Droit, Droit des gens, Droit constitutionnel français.

EXAMENS, — GRADES.

BACCALAURÉAT. — Les étudiants qui aspirent au grade de bachelier doivent faire deux années d'études. A la fin de la première année, ils sont admis à un premier examen ; après la deuxième année, ils sont admis à un second examen, après lequel il leur est délivré un diplôme de bachelier.

LICENCE (1). — Les bacheliers en droit qui aspirent au diplôme de licencié doivent faire une troisième année d'études, après laquelle ils sont admis aux deux examens pour la licence ; le droit administratif fait partie du quatrième examen. Lorsque le résultat des examens est favorable aux aspirants, ils soutiennent la thèse, ou acte public, et ils obtiennent le diplôme de licencié.

DOCTORAT (2). — Les licenciés qui aspirent au doctorat sont obligés de suivre les cours pendant une quatrième année. Ils ont encore à subir deux autres examens et un acte public. Le droit des gens, l'histoire du droit et le droit constitutionnel rentrent dans les objets du deuxième examen qu'ils subissent : la thèse embrasse toutes les matières de l'enseignement du droit, de la législation et de la procédure.

(1) Le grade de licencié suffit pour toutes les fonctions judiciaires et pour la profession d'avocat.

(2) Le grade de docteur est nécessaire pour parvenir aux fonctions de professeur ou de suppléant dans une Faculté de droit.

FACULTÉS DE MÉDECINE.

Il y a trois Facultés de médecine, établies à Paris, à Montpellier et à Strasbourg.

Les départements sont répartis en arrondissements de Facultés, séparés en deux divisions.

Divisions de la Faculté de Paris. — 1re Divis. 17 Départements : — Calvados, Côtes-du-Nord, Eure, Eure-et-Loir, Finistère, Ile-et-Vilaine, Loire-Inférieure, Maine-et-Loire, Manche, Mayenne, Morbihan, Oise, Orne, Sarthe, Seine-et-Oise, Seine-Inférieure, Vendée. — 2e Divis. 12 Départements : Aisne, Aube, Cher, Indre, Indre-et-Loire, Loir-et-Cher, Loiret, Marne, Nièvre, Seine-et-Marne, Somme, Yonne.

Divisions de la Faculté de Montpellier. — 1re Divis. 14 Départements : Arriége, Aude, Aveyron, Charente-Inférieure, Gers, Gironde, Landes, Lot, Lot-et-Garonne, Basses-Pyrénées, Hautes-Pyrénées, Pyrénées-Orientales, Deux-Sèvres, Tarn. — 2e Divis. 23 Départements : Allier, Basses-Alpes, Hautes-Alpes, Ardèche, Bouches-du-Rhône, Cantal, Charente, Corrèze, Corse, Creuse, Dordogne, Drôme, Gard, Haute-Garonne, Isère, Haute-Loire, Lozère, Puy-de-Dôme, Tarn-et-Garonne, Var, Vaucluse, Vienne, Haute-Vienne.

Divisions de la Faculté de Strasbourg. — 1re Divis. 9 Départements : Ain, Côte-d'Or, Doubs, Jura, Loire, Haut-Rhin, Rhône, Haute-Saône, Saône-et-Loire. — 2e Divis. : Ardennes, Haute-Marne, Meurthe, Meuse, Moselle, Nord, Pas-de-Calais, Vosges.

CONDITIONS D'ADMISSION.

L'aspirant au *doctorat*, en *médecine* ou en *chirurgie*, doit s'être préparé aux études médicales par des études préliminaires dans les lettres et dans les sciences, aussi nul ne peut être admis à prendre sa première inscription dans une Faculté de médecine, s'il ne justifie du diplôme de bachelier ès lettres (1). Le diplôme de

(1) Nous parlerons des titres de *Bachelier ès lettres* et de *Bachelier ès sciences* aux chapitres Faculté des lettres, — des sciences.

Les étudiants qui n'aspirent qu'au titre *d'officiers de santé* (voir plus loin ce mot), sont dispensés du baccalauréat ès sciences.

bachelier ès sciences n'est exigé de la part de l'élève que lorsqu'il se présente pour subir son premier examen.

Outre son diplôme de bachelier ès lettres, l'élève doit produire : 1° son acte de naissance ; 2° le consentement de son père ou de son tuteur, s'il n'est âgé de 21 ans accomplis ; 3° un certificat de bonne vie et mœurs délivré par l'autorité civile.

La totalité des sommes à payer pour le doctorat est de 1,100 fr. savoir : 15 inscriptions à 50 fr. . . 750 fr.

La seizième.	35	35
5 examens à. .	30	150
Thèse.	65	} 165
Droit de sceau du diplôme. .	100	
		1,100 fr.

DURÉE DES ÉTUDES, — OBJETS DE L'ENSEIGNEMENT.

Pour être reçu docteur en médecine ou en chirurgie, il est exigé quatre années d'études accomplies (1). Elles se constatent par les seize inscriptions prises de trois en trois mois.

Quatorze cours sur les matières suivantes comprennent toutes les études.

1° Anatomie.
2° Anatomie pathologique.
3° Physiologie.
4° Chimie médicale.
5° Physique médicale.
6° Histoire naturelle médicale.
7° Pharmacie.
8° Hygiène.
9° Pathologie chirurgicale.
10° Pathologie médicale.

(1) Les élèves en médecine, étrangers comme nationaux, de l'âge de dix-huit à vingt-quatre ans, ont la faculté de puiser l'instruction pratique dans les hospices où ils sont admis, d'abord comme externes actifs ou suppléants, ensuite comme internes; ces places sont données au concours. Divers arrêtés du Conseil général des Hospices règlent les conditions de concours et d'admission.

11° Opérations et appareils.
12° Thérapeutique et matière médicale.
13° Médecine légale.
14° Accouchements ; maladies des femmes en couches et des enfants nouveau-nés.

Les cours sont distribués ainsi qu'il suit :

1re ANNÉE.
- HIVER. Anatomie et dissections. Chimie médicale.
- ÉTÉ. Physique médicale. Histoire naturelle médicale. Pharmacie et chimie organique. Physiologie. Visites dans les hôpitaux pour se familiariser avec les objets qui sont du ressort de la petite chirurgie.

2e ANNÉE.
- HIVER. Anatomie et dissections. Pathologie générale. Pathologie et clinique externes.
- ÉTÉ. Physiologie. Pathologie et clinique externes. Pathologie interne.

3e ANNÉE.
- HIVER. Dissections. Pathologie et clinique externes. Pathologie interne.
- ÉTÉ. Pathologie externe. Pathologie et clinique internes. Médecine opératoire. Accouchements.

4e ANNÉE.
- HIVER. Pathologie et clinique internes. Clinique d'accouchements. Médecine légale. Clinique interne.
- ÉTÉ. Clinique d'accouchements. Anatomie pathologique. Matière médicale et thérapeutique. Hygiène.

EXAMEN DU DOCTORAT.

Les matières des examens sont ainsi distribuées :

1er EXAMEN.
trois mois révolus
après la 4e inscription.
{ Histoire naturelle médicale. Physique médicale. Chimie médicale et pharmacie.

2e EXAMEN.
trois mois révolus
après la 12e inscription.
{ Anatomie et physiologie.

3ᵉ EXAMEN.
trois mois révolus
après la 16ᵉ inscription. } Pathologie interne et externe.

4ᵉ EXAMEN. { Hygiène.
Médecine légale.
Matière médicale et thérapeutique.

5ᵉ EXAMEN. { Clinique interne.
Clinique externe.
Accouchements.

 La thèse qui doit être soutenue, outre les cinq examens, consiste en une série de questions sur plusieurs branches de l'enseignement médical, rédigées en Conseil royal de l'Instruction publique, et que les candidats sont tenus de résoudre et de faire imprimer. Ces questions, au nombre de quatre, portent : l'une sur les sciences physiques, chimiques et naturelles, une autre sur l'anatomie et la physiologie, une autre sur les sciences chirurgicales, une autre enfin sur les sciences médicales proprement dites.

 Le docteur en médecine qui veut obtenir le grade de *docteur en chirurgie*, ou le docteur en chirurgie qui veut acquérir le titre de *docteur en médecine*, n'est tenu qu'à subir un nouveau cinquième examen, et à soutenir une nouvelle thèse sur un sujet chirurgical ou de médecine. Les frais sont de 100 fr. pour le cinquième examen, 120 fr. pour la thèse, et 100 fr. pour le droit de sceau du diplôme : total, 320.

 Il n'est pas admis à subir le cinquième examen pour le doctorat en chirurgie, avant d'avoir soutenu sa thèse en médecine, *et vice versâ* (1).

---

(1) Les docteurs en médecine et en chirurgie reçus dans les Facultés étrangères qui désirent le même grade dans une des trois Facultes de France, sont tenus de subir toutes les épreuves du doctorat, les cinq examens et la thèse. Les frais de réception sont de 1,100 fr.

ÉCOLES SECONDAIRES DE MÉDECINE.

Des écoles secondaires de médecine sont établies dans les villes suivantes :

Amiens.   Grenoble.
Angers.   Lyon.
Arras.   Marseille.
Besançon.   Nancy.
Bordeaux.   Nantes.
Caen.   Poitiers.
Clermont.   Rouen.
Dijon.   Toulouse.

Quatre hôpitaux militaires d'instruction sont considérés comme écoles secondaires ; ce sont ceux

de Strasbourg.   Lille.
Paris (Val-de-Grâce).   Metz.

Cinq hôpitaux de marine jouissent des mêmes droits,

à Brest.   Rochefort.
Cherbourg.   Toulon.   Lorient.

CONDITIONS D'ADMISSION.

Les jeunes gens qui veulent être admis dans ces écoles subissent un examen. Ils doivent savoir lire et écrire correctement en français, expliquer au moins les auteurs latins que l'on voit dans la classe dite *troisième*, et posséder les quatre règles de l'arithmétique.

La durée des études est de quatre années.

Chaque année l'élève prend quatre inscriptions.

OBJETS DE L'ENSEIGNEMENT.

Les cours des écoles secondaires sont divisés en cours de première, de seconde, de troisième et de quatrième année.

Les étudiants de *première année* sont tenus de suivre, pendant le semestre d'hiver, les cours de *chimie médicale* et de *pharmacie*, *d'anatomie* et les *dissections* ; et pendant le semestre d'été, ceux d'*histoire naturelle médicale* et de *physiologie*. Ils assistent en outre, à dater du mois d'avril, aux visites des hôpitaux, pour se familiariser avec les objets qui sont du ressort de la petite chirurgie.

Les étudiants de *seconde année* suivront en hiver l'*anatomie* et les *dissections*, la *pathologie* et la *clinique externe*; et pendant le semestre d'été, la *physiologie*, la *pathologie* et la *clinique externes*, et la *pathologie interne*.

Les étudiants de *troisième année* assisteront, pendant l'hiver, aux cours de *pathologie* et de *clinique externes*, et de *pathologie interne*, et continueront à disséquer; pendant l'été, ils suivront les cours de *pathologie interne et externe*, de *médecine opératoire*, *d'accouchements* et de *clinique interne*.

Les étudiants de *quatrième année* seront tenus de suivre, pendant le semestre d'hiver, la *pathologie* et la *clinique internes*, et les *accouchements;* et pendant le semestre d'été, la *médecine opératoire*, la *matière médicale* et la *clinique interne*.

EXAMENS.

Tous les ans, à la fin d'août, les élèves ayant pris quatre, huit, douze ou seize inscriptions dans les écoles secondaires de médecine, seront tenus de subir, sans frais, un examen de trois quarts d'heure sur les matières des cours qu'ils auront dû suivre, conformément au programme mentionné dans les articles précédents.

Les étudiants qui ont satisfait à ces examens reçoivent un certificat qui ne leur donne aucun grade, mais sur le vu duquel seulement ils pourront être admis à prendre de nouvelles inscriptions dans les écoles secondaires, ou à échanger les inscriptions qu'ils auraient prises dans ces écoles contre des inscriptions de Faculté. Le certificat qui est délivré avec cet examen est exempt de tout droit.

OFFICIERS DE SANTÉ.

Le temps d'études exigé pour être admis à subir les examens d'officier de santé est de
 Six ans sous des docteurs,
 Ou cinq dans un hospice,

Ou dix-huit trimestres dans une école secondaire,
Ou douze inscriptions (1) dans une Faculté.

Le diplôme de bachelier ès lettres n'est pas exigé pour obtenir le grade d'officier de santé, si le candidat fait ses études médicales sous des docteurs, ou dans des hôpitaux, ou dans des écoles secondaires.

Le diplôme de bachelier ès lettres est au contraire indispensable, si le candidat prend inscription dans une Faculté.

Pour les officiers de santé, les études dans les Facultés, supputées à trois ans, sont ainsi distribuées.

1re ANNÉE.	HIVER.	Anatomie. Physiologie. Chimie.
	ÉTÉ.	Hygiène. Pathologie externe. Botanique.
2e ANNÉE.	HIVER.	Anatomie. Physiologie. Médecine opératoire.
	ÉTÉ.	Matière médicale. Pharmacie. Clinique externe.
3e ANNÉE.	HIVER.	Médecine opératoire. Clinique externe.
	ÉTÉ.	Pathologie interne. Clinique interne. Accouchements.

Les élèves en médecine sont reçus officiers de santé par les jurys médicaux.

L'élève qui se présente aux examens doit justifier : 1° d'un certificat de son temps d'études dans les écoles, ou de service dans les hospices, ou de pratique sous des docteurs; 2° son acte de naissance; 3° un certificat de bonne conduite du maire de la commune ou du chef de l'école.

EXAMENS.

Il y a trois examens :

Le premier, sur l'anatomie : l'élève fait sur le squelette la démonstration des objets sur lesquels il est interrogé.

(1) L'inscription à titre d'officier de santé se paie 30 fr.

Le deuxième, sur la chirurgie et les connaissances les plus usuelles de la pharmacie : l'élève explique l'usage des instruments portatifs ; il simule l'application des bandages et appareils.

Le troisième, sur les éléments de la médecine ; il est proposé une question sur un fait de pratique commune, que l'élève traite par écrit, outre ses réponses verbales sur le sujet.

Les frais des examens ne peuvent excéder 200 francs, savoir :

Premier examen,	60
Deuxième,	70
Troisième.	70

Il n'est payé que les examens subis. Le droit de sceau du diplôme, délivré par les jurys médicaux, est de 100 fr. pour le département de la Seine, et de 50 fr. pour les départements. Les officiers de santé ne peuvent s'établir que dans les départements où ils ont été examinés par le jury.

ÉCOLES DE PHARMACIE.

Un grand nombre de rapports essentiels lient les écoles de pharmacie aux Facultés de médecine. Ces écoles sont établies, par une disposition expresse de la loi, dans les mêmes villes que les trois Facultés. Les objets de leur enseignement spécial font partie de l'enseignement plus général que donnent les grandes écoles. Un ou plusieurs professeurs de ces grandes écoles sont chargés, ou exclusivement, ou conjointement avec d'autres examinateurs, de la réception des pharmaciens ; enfin, les professeurs des Facultés sont expressément chargés de visiter, au moins une fois l'an, de concert avec les membres des écoles de pharmacie, les officines et magasins des pharmaciens et droguistes. Il nous a paru que le paragraphe des Facultés de médecine serait incomplet, si l'on n'y joignait ce qui concerne les écoles de pharmacie.

Ces écoles ont le droit d'examiner et de recevoir pour tout le royaume les élèves qui se destinent a la pratique de cet art; elles sont, de plus, chargées d'en enseigner les principes et la théorie dans des cours publics.

INSTRUCTION.

Chaque école de pharmacie ouvrira, tous les ans, quatre cours, savoir :

Le premier, sur la Botanique ;
Le second, sur l'Histoire naturelle des médicaments ;
Le troisième sur la Chimie ;
Le quatrième, sur la Pharmacie.

Les trois premiers cours seront spécialement applicables à la science pharmaceutique.

Les élèves paieront une rétribution annuelle pour chacun des cours qu'ils voudront suivre dans les écoles de pharmacie. Le *minimum* de cette rétribution sera de trente-six francs.

EXAMEN. FRAIS DE RÉCEPTION.

L'examen et la réception des pharmaciens seront faits soit dans les écoles de pharmacie, soit par les jurys établis dans les départemens (1).

Les examens sont au nombre de trois : deux de théorie, dont l'un sur les principes de l'art, et l'autre sur la botanique et l'histoire naturelle des drogues simples ; le troisième, de pratique, consistera dans une série d'opérations chimiques et pharmaceutiques.

Avant de se présenter à ces examens, le candidat justifie des certificats de l'école où il aura étudié et des pharmaciens chez lesquels il aura pratiqué son art (2). Il doit être muni d'une attestation de bonne vie et mœurs, et prouver par son extrait de naissance qu'il a vingt-cinq ans accomplis.

(1) Les élèves adressent au moins deux mois à l'avance au préfet leur demande et les pièces à l'appui. Sur le vu de ces pièces, le préfet informe le candidat du jour auquel aura lieu l'ouverture du jury pour les examens des pharmaciens.

(2) Aucun élève ne pourra prétendre à se faire recevoir pharmacien, sans avoir exercé pendant huit années au moins son art dans les pharmacies légalement établies. Les élèves qui auront suivi pendant trois ans les cours donnés dans une des écoles de pharmacie, ne seront tenus, pour être reçus, que d'avoir résidé trois autres années dans ces pharmacies.

Les frais d'examens sont ainsi fixés :

Examen dans les écoles. Chacun des deux premiers examens : 200 fr. ; le troisième 500 fr. Les frais des opérations exigées des aspirants, et qui sont à leur charge, ne pourront excéder 300 fr.

Examen dans les jurys. Chacun des deux premiers examens, 50 fr. ; le troisième, 100 fr.

Lorsque les examens sont satisfaisants, le candidat reçoit des écoles ou des jurys un diplôme de pharmacien. Ce diplôme est ensuite légalisé par les autorités compétentes.

Les pharmaciens reçus dans une des écoles de pharmacie peuvent s'établir et exercer leur profession dans toutes les parties du royaume.

Les pharmaciens reçus par les jurys ne peuvent s'établir que dans l'étendue du département où ils sont reçus.

FACULTÉS DES SCIENCES.

Les élèves, avant de prendre leur première inscription, produiront leur acte de naissance. Tous ceux qui suivront les cours des Facultés des sciences doivent prendre quatre inscriptions pour chacun de ces cours. Un droit de trois francs est perçu pour chaque inscription.

OBJET DE L'ENSEIGNEMENT.

Les cours de la Faculté des sciences de Paris sont répartis en deux séries : la série mathématique et la série physique.

La serie mathématique se compose de trois cours, savoir :

Calcul différentiel et intégral ;
Mécanique ;
Astronomie.

La série physique se compose de quatre cours, savoir :
Chimie ;
Minéralogie et Géologie ;
Botanique et Physique végétale ;
Zoologie et Physiologie.

Il y a de plus un cours commun aux deux séries, qui est celui de physique générale et expérimentale (1).

EXAMENS. GRADES.

BACCALAURÉAT. Pour être reçu bachelier dans les Facultés des sciences, il faut avoir obtenu le même grade dans les Facultés des lettres et subir des examens différents, selon qu'on se propose d'enseigner les sciences mathématiques ou de se livrer aux sciences naturelles et à la médecine.

L'examen des aspirants qui se destinent à la médecine a pour objet, savoir :

1° *En mathématique*, l'arithmétique, la géométrie élémentaire, la trigonométrie rectiligne et les premières notions d'algèbre, qui composent la première année du cours de philosophie des colléges royaux ;

2° *En physique*, la connaissance des procédés généraux d'observation communs à toutes les sciences expérimentales, et quelques parties spéciales de la physique, indiquées au programme ci-joint, n° 1 ;

3° *En chimie*, les notions générales et particulières de la chimie, indiquées au programme ci-joint, n. 2 ;

4° *En zoologie*, les différences anatomiques des principales divisions du règne animal, et la marche à suivre pour reconnaître un animal mis sous les yeux ;

5° *En botanique*, les principaux organes de la fructification, les méthodes de Tournefort, de Linnæus et de Jussieu, et les caractères essentiels des familles naturelles qui renferment un grand nombre de plantes officinales ;

6° *En minéralogie*, les principaux caractères qui distinguent les minéraux des êtres organiques ; les bases de la distribution des espèces minérales, et l'application de ces principes à des minéraux choisis parmi ceux que l'on emploie en médecine, conformément au programme ci-joint, n. 5.

---

(1) Outre ces grandes divisions, on fait encore à la Faculté des sciences de Paris un cours *d'algèbre supérieure* et un cours *sur les calculs des probabilités*.

PHYSIQUE.

Programme des connaissances élémentaires de physique à exiger des jeunes élèves en médecine aspirant au grade de bachelier ès sciences.

1° La connaissance des procédés généraux d'observation communs à toutes les sciences expérimentales, comprenant :
La balance, et la manière de s'en servir ;
Le baromètre ;
Le thermomètre ;
Le ressort de l'air et des gaz, la machine pneumatique ;
Les dilatations des corps solides, liquides, aériformes ;
Les lois générales de la vaporisation, de l'hygrométrie, et en général des phénomènes qui accompagnent les changements d'état des corps par la chaleur ;
Les procédés à l'aide desquels on détermine les pesanteurs spécifiques des corps solides, liquides, aériformes ;
Les phénomènes capillaires.
2° Parties spéciales de la physique :
Dans l'acoustique, les lois générales de la formation et de la propagation du son, soit dans un milieu indéfini, soit dans des tuyaux, avec leur application aux organes de l'ouïe et de la voix ;
Dans l'électricité, notions élémentaires sur l'électricité et le galvanisme ;
Dans l'optique, les lois générales du mouvement de la lumière, de sa réflexion et de sa réfraction dans les corps non cristallisés. Théorie des miroirs, des lunettes et des microscopes.
Application à la construction de l'organe de la vue.

CHIMIE.

Programme des connaissances de chimie qui sont exigées pour obtenir le grade de bachelier ès sciences.

Notions générales sur les forces qui concourent à la production des phénomènes chimiques.
Phénomènes chimiques considérés comme sources de chaleur et de froid.

Extraction, propriétés générales et caractéristiques de l'oxigène, de l'hydrogène, du carbone, du bore, du phosphore, de l'azote, du soufre, de l'iode, du chlore.

Analyse de l'air. — Théorie générale de la combustion.

Propriétés des gaz hydrogène carboné, phosphoré; du cyanogène, de l'ammoniaque;

De l'eau, de l'eau oxigénée, de l'oxide de carbone, du protoxide et du deutoxide d'azote;

Des acides carbonique, borique, phosphorique, phosphoreux, sulfurique, sulfureux, hypo-sulfurique, hypo-sulfureux, nitrique, nitreux, chlorique, hydro-chlorique, hydro-sulfurique, hydro-cyanique, arsénique, arsénieux.

Extraction et propriétés principales du potassium, du manganèse, du fer, du zinc, de l'étain, de l'antimoine, du cuivre, du plomb, du mercure, de l'argent, de l'or, du platine;

De la potasse, de la soude, de la baryte, de la chaux, de la magnésie, de l'alumine, de la silice et de tous les oxides des métaux précédents.

Lois de composition des sels. — Leur décomposition par les acides, les bases; leur décomposition réciproque. — Action de la pile voltaïque sur les combinaisons chimiques en général.

CARACTÈRES GÉNÉRIQUES DES	PROPRIÉTÉS DES ESPÈCES A BASE DE
Carbonates.	Potasse, soude.
Sous-carbonates.	Potasse, soude, chaux, magnésie, fer, cuivre, plomb.
Borates.	Soude.
Phosphates.	Chaux et ses variétés, soude, fer, plomb, mercure, argent.
Sulfates.	Potasse, soude, baryte, chaux, magnésie, alumine, manganèse, zinc, cuivre, plomb, mercure, argent, alun.
Sulfites.	Potasse, chaux.
Nitrates.	Potasse, baryte, chaux, magnésie, cuivre, plomb, mercure, argent.
Nitrites.	Potasse.
Chlorates.	Potasse, baryte.
Hydro-chlorates ou chlorures.	Potasse, soude, baryte, chaux, magnésie, silice, fer, étain, antimoine, plomb, mercure, argent, or, platine.

CARACTÈRES GÉNÉRIQUES DES	PROPRIÉTÉS DES ESPÈCES A BASE DE
Hydro-sulfates ou sulfures.	Potasse, soude, chaux, magnésie, fer, antimoine, cuivre, plomb, mercure, argent.
Hydro-cyanates ou cyanures.	Potasse, — hydro-cyanate de fer et de potasse.
Arséniates, arsenites.	Potasse.
Sels ammoniacaux.	Carbonate, sous-carbonate, phosphate, phosphate de soude et d'ammoniaque, ammoniaco-magnésien, sulfate, nitrate, hydrochlorate, hydro-sulfate.

Composition des substances végétales.

Méthode générale d'analyse, applicable à ces substances.
Phénomènes chimiques qui accompagnent la germination.
Influence des agents extérieurs sur la végétation.

PRÉPARATIONS ET PROPRIÉTÉS des acides.	CARACTÈRES GÉNÉRAUX des	PROPRIÉTÉS DES ESPÈCES A BASE DE
Acétique.	Acétates.	Potasse, ammoniaque, baryte, chaux, fer, cuivre, plomb.
Oxalique.	Oxalates.	Potasse, chaux, fer, plomb.
	Sur-oxalates et quadr'-oxalates.	Potasse.
Citrique.	Citrates.	Chaux, potasse, plomb.
Tartrique.	Tartrates.	Potasse, soude, chaux, plomb, fer.
	Sur-tartrates.	Potasse.
	Tartrates doubles.	Potasse et soude.
		Potasse et chaux.
		Potasse et fer.
		Potasse et antimoine.
Gallique.	Gallates.	Potasse, baryte, fer.
Benzoïque.	Benzoates.	Potasse, soude, chaux.
Succinique.	Succinates.	Potasse, fer.

Principe astringent :

Des alcalis végétaux. — Morphine, strychnine, brucine, delphine, vératrine.

Des substances neutres. — Du sucre et de ses principales variétés. — De l'amidon, des gommes, du ligneux.

Des substances inflammables. — Des huiles fixes; leur décomposition par les alcalis. — Fabrication du savon.

Des huiles essentielles, des résines, des gommes-résines, de la cire, du camphre, du caoutchouc.

Des substances azotées. — De l'albumine végétale, du gluten, du ferment. — Circonstances nécessaires pour le développement de la fermentation alcoolique.

Extraction et propriétés de l'alcool. — Des éthers sulfurique, nitreux, hydro-chlorique, acétique.

Phénomènes qui accompagnent la fermentation acide, panaire, putride.

Moyens de conserver les substances organiques.

Caractères distinctifs des substances animales.

Méthode générale pour l'analyse de ces substances.

Substances acides. — Acide urique, — lactique.

Substances neutres. — Gélatine, albumine, fibrine, osmazôme, mucus, caséum, urée, picromel, sucre de lait.

Substances inflammables. — Des diverses matières grasses; leur composition naturelle. — Altération qu'elles éprouvent par l'action des alcalis.

Composition et analyse de la salive, du chyle, du sang, du lait, de la bile, des calculs biliaires, de l'urine, des calculs urinaires, de la substance nerveuse, des os.

Phénomènes chimiques de la respiration.

Application de la connaissance de ces phénomènes à la théorie de la chaleur animale.

On insistera particulièrement sur les propriétés qui servent à reconnaître les substances et à les distinguer les unes des autres. On exigera que les candidats énoncent les expériences qu'il faudrait tenter, et les résultats qu'elles devraient offrir, pour mettre en état de prononcer, avec certitude, sur la nature d'un corps donné.

MINÉRALOGIE.

Programme des connaissances élémentaires de minéralogie qui sont exigées des jeunes élèves en médecine pour obtenir le grade de bachelier ès sciences.

Exposer les principaux caractères qui distinguent les minéraux des êtres organiques.

Indiquer les considérations générales sur lesquelles est basée la distribution méthodique des espèces minérales, dont les unes sont tirées de la composition chimique, et les autres des propriétés qui fournissent les caractères des trois divisions supérieures, savoir, les classes, les ordres et les genres.

Exposer la notion de l'espèce minéralogique, et indiquer les caractères sur lesquels est fondée la distinction des différentes espèces, et ceux qui peuvent faire reconnaître à laquelle appartient un minéral donné.

Faire l'application des principes précédents à des minéraux choisis parmi ceux qui sont employés en médecine, et indiquer les substances naturelles analogues à celles que l'on obtient immédiatement par les procédés chimiques.

L'examen des aspirants au baccalauréat ès sciences mathématiques a pour objet :

1° L'arithmétique, la géométrie, la trigonométrie rectiligne, l'algèbre et son application à la géométrie ;

2° Les éléments des sciences physiques, tels qu'ils sont enseignés dans les colléges royaux.

Les candidats au baccalauréat ès sciences physiques doivent répondre : 1° sur les mathématiques élémentaires qui entrent dans le cours de première année de philosophie ; 2° sur les éléments de la physique, de la chimie et des trois branches de l'histoire naturelle, suivant les programmes adoptés pour les colléges royaux.

LICENCE. — Pour être admis à demander le grade de licencié dans la Faculté des sciences, le candidat doit produire son titre de bachelier ès sciences et justifier qu'il a suivi deux cours au moins de la Faculté, pour chacun desquels il a pris quatre inscriptions.

Ceux qui se destinent aux mathématiques doivent répondre

sur le calcul différentiel et intégral et sur la mécanique ; ceux qui se destinent soit à la physique, soit à la chimie, soit à l'histoire naturelle sont examinés sur l'une ou l'autre de ces sciences.

DOCTORAT. — Les aspirants au doctorat dans les Facultés des sciences ont à soutenir deux thèses, soit sur la mécanique, soit sur l'astronomie, soit sur la physique, soit sur la chimie, soit enfin sur les trois parties de l'histoire naturelle, suivant celle de ces sciences à laquelle ils se destinent (1).

FACULTÉS DES LETTRES.

Les cours des Facultés des lettres et des sciences sont la suite et le complément des études du collége. Les élèves, avant d'être admis à prendre leur première inscription, présenteront leur acte de naissance.

Tous ceux qui suivent les cours des Facultés doivent prendre quatre inscriptions pour chacun de ces cours, un droit de 5 fr. est perçu pour chaque inscription.

OBJETS DE L'ENSEIGNEMENT.

Les cours de la Faculté des lettres de Paris sont au nombre de neuf, savoir : littérature grecque, éloquence latine, poésie latine, éloquence française, poésie française, philosophie, histoire de la philosophie, histoire ancienne et moderne, géographie ancienne et moderne.

EXAMENS. — GRADES.

BACCALAURÉAT. — Pour être admis à l'examen du baccalauréat ès lettres, il faut être âgé de seize ans au moins (1).

(1) La somme allouée pour les droits de chaque examen est fixée, pour la Faculté des sciences de Paris, à 18 fr. ; pour les Facultés des sciences des départements, à 17 fr. 50 c.

(2) Les jeunes gens qui se présentent à l'examen du baccalauréat seront tenus de produire un certificat qui constate qu'ils ont fait leur rhétorique et leur philosophie dans une école où ce double enseignement a été autorisé par l'Université, ou de rapporter la

Les objets de l'examen, qui est toujours public, sont tirés au sort. On a rédigé à cet effet un tableau, en trois séries, des questions à proposer sur les différents sujets. La première série embrasse la connaissance des auteurs grecs et latins, et la rhétorique; la deuxième, l'histoire et la géographie; la troisième, la philosophie et les éléments des sciences mathématiques et physiques. On dépose dans trois urnes des boules portant des numéros correspondants à ces questions, et chaque boule qui est extraite des urnes indique la question à laquelle le candidat doit répondre pour être reçu bachelier (1).

preuve qu'ils ont été élevés par un inspecteur, ou par leur père, oncle, ou frère, ou enfin de justifier de quatre inscriptions au cours de philosophie dans une Faculté des lettres.

(1) Ce grade, qui donne entrée à toutes les hautes carrières de la vie sociale, est nécessaire pour être admis à prendre des grades dans les quatre autres Facultés.

A l'occasion de ce grade, on peut dire que le gouvernement semble avoir pris à tâche de faciliter l'examen du baccalauréat ès lettres par les combinaisons les plus imprudentes. D'abord, il permet aux candidats de se présenter où ils veulent, sans avoir besoin d'en donner d'autre raison que leur choix personnel, en sorte que, s'ils échouent dans une académie, ils peuvent se présenter devant une autre, et parcourir ainsi toutes les académies du royaume, jusqu'à ce qu'ils trouvent des examinateurs assez complaisants ou assez distraits pour les recevoir. De plus, les examinateurs sont placés dans la plus fausse de toutes les positions, c'est-à-dire, entre leur devoir et leur intérêt. S'ils se montrent rigoureux envers les candidats, ceux-ci s'en vont ailleurs, et les professeurs perdent une partie de leur revenu! Que voulez-vous y faire? répondait dernièrement un inspecteur d'académie, auquel on demandait pourquoi les examinateurs mettaient tant d'indulgence dans cette grave fonction. Que voulez-vous? Si nos professeurs de *** sont un peu sévères, les jeunes gens vont passer leur examen de bachelier à ***, où l'on reçoit tout le monde. Les études n'y gagnent rien, et chaque examinateur y perd trois ou quatre cents francs par an. C'est une expérience qui a été faite, et qui dispose naturellement les examinateurs à être complaisants.

Rien ne serait plus simple, cependant, que de porter remède à un si grand mal. Il faudrait:

1° Qu'il y eût un programme pour le baccalauréat ès lettres, dont

On n'examine qu'un seul candidat à la fois. La durée de l'examen est de trois quarts d'heure.

Les droits d'examens sont de . 24 fr. } 60 fr.
les droits de sceau du diplôme, de 36

LICENCE. — Pour être admis à l'examen à l'effet d'obtenir le grade de licencié ès lettres, il faut justifier du diplôme de bachelier et de quatre inscriptions au moins à deux cours de la Faculté des lettres, prises après l'obtention du grade de bachelier. A Paris, le candidat doit justifier de son inscription à trois cours de la Faculté. Les épreuves consistent en deux compositions en prose, l'une en français, l'autre en latin, en un thème grec et en une composition en vers latins. Le candidat doit en outre expliquer à livre ouvert des passages d'auteurs classiques, grecs et latins.

DOCTORAT. — Il faut, pour être reçu docteur dans la Faculté des lettres, présenter son titre de licencié et soutenir deux thèses, l'une sur la philosophie et l'autre sur la littérature ancienne et moderne (1).

le contenu embrasserait assez de matières et les porterait assez loin, pour que le candidat qui y répondrait d'une manière satisfaisante offrît dès garanties de science et de capacité;

2° Que l'examen fût confié, comme pour les écoles polytechnique et normale, à des examinateurs *ad hoc*, qui parcourraient les départements à certaines époques de l'année, et ne trouveraient *aucun bénéfice quelconque* dans le plus ou moins grand nombre de candidats qu'ils auraient admis comme bacheliers;

3° Que les jeunes gens qui ne seraient pas reçus fussent obligés d'attendre six mois avant de pouvoir se présenter une seconde fois à l'examen, et, afin d'assurer l'exécution de cet article, les candidats seraient tenus de se faire examiner dans le ressort de leur académie, ou de fournir des raisons valables pour en agir autrement.

Si ces mesures faciles étaient fidèlement exécutées, l'examen de bachelier ès lettres cesserait bientôt d'être ce qu'il est aujourd'hui, une dérision en fait d'études, un piége pour les médiocrités, même pour les familles une déplorable prime offerte au déclassement social.

(1) La somme allouée pour les droits de chaque examen est fixée, pour la Faculté des lettres de Paris, à 20 fr. 50 c.; et pour les Facultés des lettres des départements, à 20 fr.

Quand, après les épreuves requises, la Faculté juge le candidat admissible à un grade, elle lui délivre un certificat d'aptitude.

ÉCOLE NORMALE.

L'ÉCOLE NORMALE étant destinée à former des élèves dans les sciences et dans les lettres, pour tous les établissements de l'Université de France, nous avons cru devoir ranger cet établissement à la suite des Facultés. Les élèves reçus au concours sont considérés comme boursiers royaux : un petit nombre obtiennent seulement la demi-bourse et paient 485 fr. pour complément de leur pension (1).

CONDITIONS D'ADMISSION.

Les places d'élèves à l'École normale sont données au concours. Ce concours a lieu, chaque année, pour le nombre de places déterminé par le ministre, sur l'avis du Conseil royal de l'Instruction publique, d'après les besoins de l'enseignement.

Les inscriptions pour le concours auront lieu du 15 juin au 15 juillet. Un registre est ouvert, à cet effet, dans toutes les académies du royaume. Aucune inscription ne sera reçue que le candidat n'ait déposé au secrétariat d'une des académies les pièces suivantes :

1° Son acte de naissance constatant que, au 1er janvier de l'année où il se présente, il était âgé de 17 ans au moins, et n'avait pas plus de 25 ans révolus;

2° Un certificat de vaccine;

3° En cas de minorité, une déclaration de son père ou tuteur, dûment légalisée, et l'autorisant à se vouer pour dix années à l'instruction publique;

(1) Par une ordonnance du 23 janvier 1835, le prix de chaque bourse de l'école normale a été divisé ainsi qu'il suit :

1° Masse de nourriture.	507 fr.	
2° Masse d'entretien des trousseaux.	60	
3° Masse d'habillement.	155	970 fr.
4° Masse d'appointements et gages.	45	
5° Masse des livres et autres frais d'études.	55	
6° Masse des mêmes dépenses.	148	

8.

4° Un certificat de moralité délivré par le chef ou les chefs des établissements auxquels il peut avoir appartenu ;

5° Un certificat d'études constatant qu'il a fait ou qu'il termine ses classes, y compris la philosophie ; et, s'il se destine à l'enseignement des sciences, son cours de mathématiques spéciales et son cours de physique.

Le concours d'admission à l'École normale se compose de deux séries d'épreuves : les unes portent sur la totalité des candidats autorisés à concourir, et déterminent au préalable l'admissibilité ou la non-admissibilité de chacun d'eux ; les autres ont lieu entre les candidats jugés admissibles, pour décider de leur admission définitive.

Les épreuves d'admissibilité commenceront dans toutes les académies le 5 août, que ce jour soit férié ou non, et devront être terminées au plus tard le 10.

Ces épreuves consistent en compositions écrites, qui ont lieu le même jour chacune, durant le même espace de temps, sur le même sujet, dans toutes les académies. Il y a de plus des interrogations et des explications orales, dont procès-verbal est dressé par le recteur.

Les compositions écrites pour la section des lettres sont :
Une dissertation philosophique en français,
Un discours latin,
Un discours français,
Une version latine,
Une version grecque,
Une pièce de vers latins.

Les interrogations et explications porteront sur le texte des auteurs étudiés dans les classes, et sur les notions ordinaires de philosophie, de rhétorique et d'histoire.

Les compositions écrites pour la section des sciences sont, avec la dissertation de philosophie et la version latine imposée aux candidats des lettres :

La solution d'une ou de plusieurs questions de mathématiques;

La solution d'une ou de plusieurs questions de physique.

Les interrogations orales auront pour objet les matières de l'enseignement du cours de mathématiques de seconde année, de physique et de philosophie.

Les compositions écrites seront rédigées sous la surveillance immédiate du recteur : il s'adjoint, pour l'examen oral, une commission de trois membres.

Les élèves déclarés admissibles après cette première série d'épreuves doivent encore, dans les dix premiers jours de la rentrée de l'école, subir, devant les professeurs de l'établissement, un examen définitif, dont les résultats, comparés à ceux des premières épreuves, peuvent seuls autoriser leur admission. Les candidats déclarés admissibles sont en outre tenus de produire le diplôme de bachelier ès lettres, ou le diplôme de bachelier ès sciences, selon la section d'étude à laquelle ils se destinent. Après avoir fait cette justification et avoir contracté par devant le directeur de l'École l'engagement de se vouer pour dix années à l'instruction publique, ceux d'entre eux qui se trouveront portés sur la liste par ordre de mérite, seront présentés par le ministre à la nomination du roi, comme élèves de l'École normale, et admis définitivement.

DURÉE DES ÉTUDES. — OBJETS DE L'ENSEIGNEMENT.

L'enseignement de l'école normale comprend trois années.

Les élèves se partagent en deux sections, celle des lettres et celle des sciences. Ces deux sections sont distinctes dès la première année ; mais elles y ont des points de contact dans l'intérêt de l'une et de l'autre.

Section des lettres.

Les études de la première année sont une révision approfondie de celles des colléges.

La seconde année a pour but de donner aux élèves une instruction plus élevée et plus étendue, et de perfectionner leurs connaissances en tout genre.

La troisième année considère les élèves comme de futurs professeurs, et spécialise leurs études selon l'enseignement particulier auquel ils devront être appliqués.

Première année.

L'enseignement de cette année reproduit dans leur ensemble, et en les fortifiant, les études faites au collége, excepté l'histoire, qui, pour être étudiée de nouveau avec solidité dans toute son étendue, comprend deux années.

L'enseignement, la première année, comprend :

1º Un cours de langue et littérature grecques, où le professeur exposera la grammaire, y compris la prosodie et la métrique, et en appliquera les règles, soit à l'explication approfondie des principaux auteurs classiques grecs, soit à des traductions du grec en français, et particulièrement du français en grec.

2º Un cours de langue et littérature latines, où le professeur, en faisant expliquer des textes de toutes les époques, présentera une histoire de la langue aussi complète que le temps le permettra, tandis que, par des analyses et des traductions, il fera connaître les principaux chefs-d'œuvre de la littérature en prose et en vers. Il exercera en outre les élèves par de fréquentes compositions, telles que thèmes, vers latins, narrations, discours et développements latins et français

3º Un cours d'histoire ancienne, où le professeur, en rappelant les principaux événements dans un ordre chronologique, insistera particulièrement sur les institutions, les mœurs et les usages, la religion, les arts et en général les antiquités des peuples. Ce cours sera rédigé par les élèves.

4º Un cours de philosophie, qui, sans entrer dans l'histoire, présentera un enseignement aussi complet, mais déjà plus élevé que celui des colléges. Ce cours sera rédigé comme le précédent.

5º Les élèves des lettres de la première année suivront en outre des cours de mathématiques, de physique générale et d'histoire naturelle, destinés à résumer et à fortifier les notions scientifiques qu'ils ont dû acquérir dans le cours d'études des colléges.

6º Les élèves de cette année formeront entre eux, sous la direction d'un de leurs camarades, des conférences libres sur la langue allemande, la langue anglaise et les autres idiômes modernes que plusieurs se trouveraient connaître. Dans le cas où il n'y aurait aucun élève sachant assez à fond l'allemand pour l'enseigner, le directeur de l'école pourra, avec l'autorisation du conseiller chargé de la haute surveillance de l'école normale, faire venir un maître du dehors.

A la fin de la première année, les élèves des lettres subiront des examens intérieurs et spéciaux sur toutes les parties de l'enseignement, d'après les programmes donnés par les professeurs avant l'ouverture des cours.

D'après les résultats des examens, les élèves seront admis à passer en seconde année, ou cesseront de faire partie de l'école. Ceux des élèves qui seront admis à passer en seconde année pourront être autorisés à se présenter, devant la Faculté des lettres, aux épreuves de la licence.

Deuxième année.

Dans la deuxième année, les études de la section des lettres seront purement littéraires. Toutefois ceux des élèves qui auraient de la vocation pour la philosophie pourront suivre certains cours de sciences.

Au lieu de porter, comme durant la première année, sur la partie technique des langues, de l'éloquence, de la poésie, et sur les éléments de la philosophie, l'enseignement intérieur de la seconde année présentera la philosophie et la littérature dans leur développement historique. Quant à l'histoire proprement dite, l'étude de l'histoire ancienne y sera remplacée par celle de l'histoire du moyen-âge et et de l'histoire moderne.

Cet enseignement comprendra les cours suivants, qui auront chacun deux leçons par semaine :

1º Un cours d'histoire de littérature grecque qui sera rédigé par les élèves, dans toute son etendue, et auquel se rattacheront des exercices littéraires, tels que des analyses, commentaires et traductions d'ouvrages et de morceaux choisis des auteurs grecs;

2º Un cours d'histoire de la littérature latine, également rédigé par les élèves, et accompagné d'exercices analogues, dont les compositions en prose et en vers feront une partie essentielle;

3º Un cours d'histoire de la littérature française, également rédigé par les élèves, et où le professeur s'attachera particulièrement à former leur goût et leur style, soit par des exercices de critiques littéraires, tels que des lectures ou analyses raisonnées, soit par des compositions en français;

4° La continuation du cours d'histoire, c'est-à-dire l'histoire du moyen-âge et l'histoire moderne, présentées et rédigées sur le même plan que l'année précédente ;

5° Un cours d'histoire de la philosophie, que le professeur fera rédiger par les élèves, en leur indiquant de temps en temps des questions à traiter, tantôt par écrit, tantôt de vive voix.

A la fin de cette seconde année, les élèves seront examinés sur les programmes de chacun de ces cours.

Ceux des élèves qui, l'année précédente, n'auront pas obtenu le grade de licencié, seront tenus de se présenter cette année aux épreuves de la licence. Tout élève qui, à la fin de cette seconde année, ne serait pas reçu licencié, cesserait par cela même de faire partie de l'école. Les autres passeront en troisième année.

Troisième année.

La troisième année aura pour objet de former des professeurs, en inculquant aux élèves l'esprit de critique et en les exerçant à la pratique des méthodes.

L'enseignement, jusqu'ici commun à tous les élèves de la section des lettres, deviendra de plus en plus spécial. Chaque élève sera appliqué aux études et aux exercices les plus conformes à son aptitude particulière, reconnue et constatée par les examens. La section des lettres se partagera donc en autant de divisions ou classes qu'il y a de parties distinctes dans le cours d'études littéraires des collèges royaux, savoir : grammaire, humanités et rhétorique, histoire, philosophie.

Les élèves qui composeront chaque division ne seront pas tenus de suivre les autres cours, si ce n'est comme assistants.

L'enseignement de la troisième année comprend :

1° Un cours correspondant aux classes de grammaire des collèges. Le maître de conférences y proposera aux élèves, et leur fera traiter, de vive voix ou par écrit, les questions les plus importantes que présentent les grammaires particulières, soit grecque, soit latine. Il leur expliquera en outre et leur fera expliquer d'une manière approfondie, sous le point de vue grammatical et philologique, un certain nombre de textes choisis dans les auteurs latins et grecs. Enfin il les exercera à la critique et à la méthode d'enseigner, en exigeant d'eux des compositions qu'ils examineront réciproquement, et en leur faisant faire sous ses yeux de véritables classes;

2° Un cours correspondant aux classes supérieures des lettres. Les maîtres de conférences chargés de ce cours, pour les littératures grecque, latine et française, soumettront également à l'examen et à la discussion des élèves un certain nombre de questions de critique et d'histoire littéraire. Ils approfondiront avec eux les règles de l'interprétation des auteurs et celles de la traduction, les principes généraux de l'art d'écrire et de la composition, soit en prose, soit en vers; leur feront appliquer ces principes et ces règles à des sujets ou des textes choisis, et les formeront à l'art d'enseigner, par le moyen des leçons *ex professo*, qu'ils leur feront faire devant eux. Le maître de conférences pour la littérature française aura soin, en outre, d'instituer des comparaisons fréquentes des grands monuments de cette littérature avec ceux des littératures étrangères;

3° Un cours d'histoire générale où le professeur, en proposant aux recherches des élèves des points particuliers choisis dans toutes les parties de l'histoire ancienne et moderne, les formera à la critique historique, et leur fera connaître les travaux les plus importants, qui peuvent être regardés comme les modèles en ce genre. Toutefois, il ne négligera pas l'art de l'exposition si essentiel à l'enseignement de l'histoire;

4° Un cours de philosophie où l'enseignement des deux premières années sera rappelé et reproduit sous la forme de problèmes puisés, soit dans la science, soit dans son histoire, et que le professeur donnera à débattre aux élèves, en leur faisant rapprocher les différentes solutions qui en ont été proposées, et critiquer les résultats des recherches antérieures. Il insistera particulièrement sur la méthode, et, comme ses collègues, fera faire aux élèves des leçons, à propos desquelles il leur donnera toutes les directions et tous les conseils nécessaires pour former en eux des professeurs aussi sages qu'éclairés.

Chaque maître de conférences de troisième année donnera par semaine une séance de deux heures.

Les élèves de troisième année, indépendamment des conférences obligatoires, suivront les cours des facultés des lettres et des sciences qui leur seront désignés, d'après leur instruction spéciale. Ils se tiendront prêts à répondre sur toutes les questions que pourront leur adresser les professeurs. Ils fréquenteront aussi les cours du collége de France (1) et des divers établissements publics; avec l'agrément du directeur, ils pourront aller, dans l'intérêt de leurs études, et à des heures convenues, travailler aux bibliothèques, consulter les manuscrits, visiter les musées et les collections des monuments.

Il y aura chaque année, sauf décision contraire, des examens spéciaux, qui se feront au mois de juillet. Les élèves seront en outre invités à se présenter aux épreuves du concours de l'agrégation, chacun selon son aptitude et la division d'études dont il fait partie.

Section des sciences.

Les études de la section des sciences sont communes à tous les élèves de cette section, dans chacune des trois années du cours normal.

Le plan d'études pour la section des sciences est réglé conformément au tableau ci-après:

Première année.

Pendant les deux semestres:

1° Géométrie descriptive comprenant la perspective et les ombres (une conférence par semaine);

2° Chimie (deux leçons à la Faculté et trois conférences par semaine, dont une pour les manipulations).

---

(1) Les cours du collége de France sont gratuits.

Ces cours sont au nombre de vingt-trois, savoir: Astronomie, — mathématiques, — physique mathématique, — physique expérimentale, — médecine, — chimie, — histoire naturelle, — droit de la nature et des gens, — histoire et morale, — langues hébraïque, chaldaïque et syriaque, — arabe, — persan, — langue turque, — langue et littérature chinoises et tartares-mantchoues, — langue et littérature sanscrites, — langue et littérature grecques, — philosophie grecque et latine, — éloquence latine, — poésie latine, — littérature française, — économie politique, — archéologie, — histoire des législations comparées.

Pour le premier semestre :

3° Complément de l'analyse algébrique et de l'application de l'algèbre à la géométrie (deux conférences par semaine).

Pour le deuxième semestre :

4° Astronomie (deux leçons à la Faculté et deux conférences par semaine). Dans ces conférences, les élèves seront exercés aux applications numériques ;

5° Calcul des probabilités (une leçon par un maître de conférences) ;

6° Botanique (*idem*).

Pendant toute l'année, dessin (deux séances par semaine).

Deuxième année.

Pendant les deux semestres :

1° Analyse infinitésimale (deux leçons à la Faculté, deux conférences par semaine) ;

2° Physique (deux leçons à la Faculté et trois conférences par semaine, dont une pour les manipulations).

Pour le premier semestre :

3° Minéralogie (deux leçons à la Faculté, une conférence par semaine).

Pour le second trimestre :

4° Physiologie végétale (deux leçons à la Faculté, une conférence par semaine).

Pendant toute l'année, dessin (deux séances par semaine).

Troisième année.

Pendant les deux semestres :

1° Mécanique (deux leçons à la Faculté et deux conférences par semaine) ;

2° Manipulations de physique et construction des instruments (une conférence par semaine) ;

3° Manipulations chimiques et analyses chimiques (une conférence par semaine) ;

4° Géologie et complément des études de minéralogie et de botanique (le cours de géologie de la Faculté pendant un semestre, et une conférence ; pendant l'autre semestre, deux conférences) ;

5° Zoologie, anatomie comparée et physiologie (les cours de

la Faculté des sciences et du muséum, et deux conférences par semaine).

Continuation du dessin (une séance par semaine).

Les élèves de cette troisième année, tout en continuant et complétant leurs études mathématiques, pourront être autorisés à se livrer d'une manière plus spéciale, leur aptitude particulière une fois reconnue, aux études de physique, de chimie et d'histoire naturelle. Ils suivront tous les mêmes conférences; mais ils ne seront pas tenus de suivre également les mêmes cours au dehors, excepté celui de mécanique. Ils pourront, en outre, avec l'agrément du directeur de l'école, aller étudier dans les établissements et les cabinets hors de l'école, et prendre part, dans les beaux temps, aux herborisations et autres cours d'histoire naturelle, sous la direction de leurs professeurs et maîtres de conférences.

Les conférences seront faites d'après les programmes concertés avec les professeurs de la Faculté, donnés par les maîtres de conférences avant l'ouverture des cours, et communiqués au conseil royal de l'instruction publique.

A la fin du premier semestre de la première année d'études, les élèves seront examinés dans l'intérieur de l'école sur l'analyse algébrique et l'application de l'algèbre à la géométrie. A la fin du second semestre, ils le seront sur la géométrie descriptive, l'astronomie et le calcul des probabilités. Les élèves qui n'auront pas répondu d'une manière satisfaisante à ces examens cesseront de faire partie de l'école.

Les épreuves pour la licence ès sciences physiques se composeront, pour les élèves de l'école normale, de deux examens: l'un sur la chimie, à la fin de la première année d'études; l'autre sur la physique, à la fin de la seconde année. Les épreuves pour la licence ès sciences mathématiques se composeront de même de deux examens: l'un sur le calcul différentiel et intégral, à la fin de la seconde année; l'autre sur la mécanique, à la fin de la troisième. Ces quatre examens auront lieu devant la Faculté des sciences de Paris. Les élèves qui, au jugement de la Faculté, n'auront pas répondu d'une manière satisfaisante à l'un de ces examens, ne seront point admis aux cours de l'année suivante et cesseront de faire partie de l'école. Indépendamment de ces quatre examens, il y aura à la fin de chaque année des examens sur les différentes parties de l'histoire naturelle, qui se feront aussi dans la Faculté des sciences.

Indépendamment des cours scientifiques, les élèves de la section des sciences, et particulièrement ceux de première année, pourront suivre des cours de philosophie, d'histoire, de littérature et de langues vivantes dans l'intérieur de l'école. Parmi ces cours, celui de philosophie sera obligatoire pour les élèves de la première année des sciences comme pour ceux de la première année des lettres. L'examen sur ce cours sera commun aux uns et aux autres.

TROUSSEAU DES ÉLÈVES.

Les élèves apportent le trousseau suivant :

Un habit de drap brun foncé, doublé de même; boutons de métal, portant en légende : *École normale;*

Un surtout de drap même couleur;

Deux gilets, dont un de drap noir;

Trois culottes noires;

Six caleçons;

Un chapeau;

Deux paires de draps de treize mètres chacun, en toile de cretonne;

Douze serviettes;

Douze chemises, toile de cretonne;

Douze mouchoirs;

Douze cravates, dont huit de mousseline double et quatre de soie noire;

Huit paires de bas, dont quatre au moins en noir;

Quatre bonnets de nuit;

Deux peignoirs;

Une brosse;

Deux peignes;

Trois paires de souliers;

Un couvert d'argent;

Le tout neuf et marqué au nom de l'élève.

Pendant leur séjour à l'école, ils sont entretenus aux frais de l'Université.

Par ce qui précède, on vient de voir quelles sont les diverses connaissances exigées pour le baccalauréat ès lettres et le baccalauréat ès sciences.

Ces connaissances se résument dans les études suivantes :

1° *Études assez approfondies des langues latine et grecque pour être en état d'expliquer, sans préparation, un passage tiré des vingt auteurs les plus difficiles dans chacune des deux langues.* Ce résultat, ainsi qu'on a pu s'en convaincre, est ordinairement, dans les colléges, l'objet de dix années d'étude.

2° *Rhétorique* : Notions scolastiques, consistant simplement dans la définition de quelques figures.

3° *Histoire ancienne, du moyen-âge et histoire moderne* : Notions se bornant à la mnémonique d'une masse confuse et indigeste de noms d'hommes et de dates d'événements.

4° *Géographie ancienne et moderne comparée* : Notions se réduisant toutefois à la connaissance des limites de chaque contrée, des villes principales qui les peuplent, sans aucun de ces aperçus si nécessaires à la direction de toutes les industries, sur le sol, les exportations, les mœurs, la température, etc., ou accompagnées d'aperçus incomplets.

5° *Logique, métaphysique, morale* : Notions stéréotypées dans des manuscrits *ad hoc*, et apprises sans réflexion et sans application sérieuse.

6° *Arithmétique,—algèbre jusqu'aux rapports*

et *proportions*, — *géometrie jusqu'aux solides*; *éléments de physique, de chimie et d'astronomie*. Le baccalauréat ès lettres est, ainsi qu'on l'a vu, nécessaire pour donner entrée aux facultés de théologie, de droit et de médecine.

Plusieurs administrations publiques l'imposent maintenant comme condition d'admission dans leur sein ; c'est une barrière qu'elles ont raison d'opposer à la foule des prétentions et des recommandations qui les envahit ; le service de l'État ne pourra qu'y gagner ; même, les derniers rangs de ses fonctionnaires ne sauraient se recruter d'hommes trop instruits et trop capables ; les gouvernements ne sont jamais forts que de la supériorité absolue ou relative des forces intellectuelles qu'ils absorbent.

Le baccalauréat ès sciences ne diffère du baccalauréat ès lettres qu'en cela seulement qu'il exige une étude plus approfondie des sciences mathématiques, de la physique, de la chimie surtout, enfin, de la botanique ; une ordonnance du 9 août 1836 l'a fort heureusement rendu obligatoire pour les étudiants en médecine, qui sont obligés maintenant de justifier de ce grade *pour la candidature au premier examen, après un an d'études*.

Nous venons de passer minutieusement en revue l'instruction universitaire ; à notre avis, son vice est de ne rattacher à rien dans la vie ; de ne se lier ni au passé, ni à l'avenir, ni à l'homme, ni à l'enfant ; c'est d'être quelque chose à part, sans suite et sans connexité avec tout ce qui l'entoure ; c'est d'être coûteuse sans être productive ; d'employer beaucoup de temps sans but; de n'apprendre enfin à l'homme qui la reçoit, que toutes choses qu'il lui est permis d'oublier, mais non pas de n'avoir point sues.

Tous les esprits justes sont d'accord sur les vices de l'instruction trop uniformément donnée dans les colléges, laquelle, au lieu de former des citoyens, de bonne heure instruits de leurs devoirs, éclairés sur leurs véritables intérêts, en état d'exercer leurs droits avec discernement et mesure, fait de toute génération nouvelle une classe nécessairement turbulente, par impatience ou impossibilité d'attendre que les emplois publics ou les professions libérales de toutes parts obstrués se désencombrent enfin.

Comment en pourrait-il être autrement ?

Les jeunes gens qui sortent des colléges n'apportent avec eux, dans le monde, que les ressources d'une instruction inapplicable qui les fait souvent sortir de la condition de leur père, et ne leur ouvre pas de carrière (1).

S'ils sont fils de propriétaire, — à leur sortie du collége, ils sont en état d'écrire avec verve, peut-

---

(1) Il ne faut pas perdre de vue qu'un grand nombre des jeunes gens qui commencent leurs études n'ont pas les moyens de les achever ; aussi débutent-ils par apprendre les langues anciennes, et le plus souvent en restent-ils là. Cet inconvénient n'aurait pas lieu, si au moins l'étude des langues anciennes était précédée par celle des sciences exactes.

être, un article de journal contre la routine de leurs fermiers ignorants; — ils sont hors d'état de gérer leur patrimoine, d'aller prendre en main le soin de leurs intérêts qu'ils reconnaissent négligés; de guider le fermier qu'ils accusent d'ignorance, d'améliorer leur terre, de juger si un instrument perfectionné remplit les conditions de son programme; si une découverte de la science est applicable à l'exploitation de leurs domaines; si tel exemple, dans une circonstance donnée, est utile ou nuisible à imiter.

S'ils sont fils de parents aisés, qu'ils aient la jouissance de leur fortune ou la disponibilité de capitaux sans emploi, avant que l'expérience leur ait fait chèrement payer ses leçons, — ils sont hors d'état de gouverner leur fortune, de faire valoir leurs fonds sans les exposer; — combien de sources abondantes de richesses sont ainsi négligées ou restent inconnues, parce que, pour les mettre en valeur, il faudrait la réunion de capitaux et de lumières, qui seraient moins souvent séparées, si l'homme riche, mieux instruit, cessait d'être dans la dépendance et dans la défiance de l'homme industrieux qui n'a rien, s'il pouvait chercher et trouver des plaisirs dans l'application de ses idées propres, au lieu de n'être qu'un instrument passif, et s'il n'était pas toujours retenu par la crainte que l'on n'abuse de son ignorance pour compromettre sa fortune.

C'est ainsi que naissent d'un système vicieux

d'enseignement tous les obstacles qui s'opposent à l'amélioration du bien-être social, également mal entendu par les classes riches et par les classes pauvres.

Que tous les pères de famille retiennent ceci : leurs enfants n'ont de plaisir à dissiper leur patrimoine que parce qu'on néglige de leur donner les moyens de l'accroître en mettant en valeur leurs facultés intellectuelles, développées par une instruction rationnelle.

La circulation des capitaux n'est si lente, la science du crédit n'est si arriérée, tant de capitaux ne restent en France sans production que parce que l'homme qui les possède se défie de son ignorance, ou, en d'autres termes, de l'instruction qui a pu le faire briller un instant sur les bancs d'un collége, mais qui, dans le monde, expose sa crédulité à toutes les séductions de l'empirisme et de l'intrigue.

Voilà le mal profond que produisent le vague et l'uniformité des études universitaires, à une époque toute positive.

Le mal que l'on vient de signaler n'est pas encore le plus grand, puisqu'on n'a fait que mentionner les jeunes gens indépendants par leur fortune.

Il reste à parler de ceux nés de parents peu aisés, mais qui, dans leur tendresse extrême, n'ont épargné aucun sacrifice pour donner à leurs fils une instruction classique, dans la fausse conviction qu'une telle instruction peut suppléer à la fortune.

Cela serait vrai si l'instruction publique suivait le mouvement des générations ; si elle avait toujours pour but et pour résultat de marquer à chacun la place à laquelle il peut raisonnablement prétendre.

Mais il n'en est pas ainsi.

Et c'est là ce qu'il faudrait répéter chaque jour, de toutes les manières et sous toutes les formes, aux nombreuses familles qui, après avoir péniblement amassé quelques dizaines de mille francs, les consacrent à l'instruction de leur fils, sans rien garder pour le faire subsister quand il sera sorti du collége, d'une Faculté de médecine ou de droit.

Lorsqu'un écueil rend dangereux les abords d'une côte ou d'un port, le gouvernement y fait placer un fanal ; ici rien n'avertit les parents des dangers auxquels ils livrent la destinée de leur fils ; aucune voix ne leur crie que cette instruction de luxe et non d'utilité, imprudemment et indistinctement répartie aux enfants de toutes les classes, les jette en aventuriers dans la société, et perpétue au sein du pays les agents destructeurs du bien-être qui naît de l'ordre et de la paix.

Pauvres jeunes gens !

Séparés de la foule par l'éducation, éloignés des rangs supérieurs par le défaut de fortune, écrasés dans leur sphère intermédiaire par de trop nombreuses rivalités, et contraints, malgré tout, de se montrer sous les dehors de l'aisance, par un dernier sentiment de convenance à l'égard de l'instruction qu'ils ont reçue, ces malheureux jeunes gens, s'ils sont ambitieux, capables, courageux, ne se voient d'autre avenir que les bouleversements politiques; s'ils sont laborieux, modestes, ils se résignent à accepter de minces emplois de commis, généralement moins rétribués que les travaux des gens à gages ou à la journée, au-dessus desquels la hiérarchie sociale ne semble les placer que pour se montrer plus exigeante envers eux.

A la place d'un système d'instruction publique, qui fait tant de victimes, qui produit de si funestes résultats, il faut se hâter d'en mettre un autre moins uniforme et moins absolu, plus varié et mieux en harmonie avec chacune des fonctions que tout homme est appelé à exercer dans le double intérêt de son bonheur personnel et de la prospérité nationale.

La France sera promptement délivrée des dangers de cette masse flottante d'hommes détournés des travaux manuels par l'instruction qu'ils ont reçue, égarés par une fausse dignité, ne trouvant de place nulle part, ne pouvant vivre sans travail et sans emploi, lorsque chacun pourra être libre de se donner le genre et la mesure d'instruction qu'il saura convenir à son penchant et à sa fortune; lorsque les connaissances humaines seront méthodiquement classées et distribuées d'après leur ordre d'utilité et dans une proportion calculée avec les besoins inégaux de la multitude.

L'instruction complémentaire ou professionnelle, c'est-à-dire celle dépassant les bornes tracées à *l'instruction élémentaire ou nationale*, laquelle, telle que nous l'avons réglée et définie, ne devrait plus s'entendre pour chacun que dans cette acception :

Réunion des connaissances théoriques nécessaires a la pratique de la carrière que l'on veut suivre.

C'est de ce point de vue et en présence de notre état social, que nous nous sommes demandé ce qu'il fallait faire pour donner à l'humanité des hommes de bonne sève et pleinement développés, — à la famille des directeurs éclairés capables d'y porter le bien-être et le bon exemple, — enfin à la société active des membres utiles augmentant par leur travail la masse des lumières et des richesses.

Les connaissances de première nécessité, ce sont les faits de tous les ordres et leurs rapports avec les besoins de la génération qui s'élève.

Dans cette direction d'études, voici les meilleures règles à suivre :

Employer le moins de temps possible et ne faire étudier que ce qui est susceptible d'application immédiate.

Mettre en bonne harmonie la vie du collége et la vie du monde. — Faire de l'une l'introduction de l'autre.

Faire de l'enfant l'agent principal de sa destinée

sociale; lui donner le plus tôt possible des fonctions à remplir, afin qu'il gagne lui-même sa vie à l'âge où aujourd'hui il n'est le plus souvent que le parasite de la maison paternelle.

L'idée qui doit guider les père et mère dans le choix d'une profession, et la meilleure base de ce choix, c'est la connaissance des besoins de localité où l'enfant sera appelé à exercer l'état qu'on lui destine, et le calcul des chances de fortune et de considération que les diverses professions peuvent présenter dans des circonstances données.

Depuis 1789, les générations se sont précipitées par torrents dans le *barreau*, la *jurisprudence*, la *médecine* et l'*administration*, comme professions et non comme objets d'études. Il est temps d'arrêter ce flot où tant d'espérances vont s'engloutir, où vont se perdre tant de jeunes talents. Ces professions sont aujourd'hui encombrées et très-difficilement abordables; les études qu'elles exigent absorbent des sommes qui, si elles étaient employées comme capital d'une profession productive, rapporteraient beaucoup plus en beaucoup moins de temps.

Dans l'administration, il y a toujours pour le plus mince emploi une foule de concurrents presque impossible à franchir. Le mérite y a moins de chances que la faveur. La jeune génération doit se guérir de la manie des places.

Les professions qui ont de l'avenir sont toutes celles qui tendent à augmenter les lumières, les jouissances et le bien-être. Il faut que les propriétaires et les capitalistes apprennent à faire eux-mêmes fructifier leurs fonds. Que le propriétaire devienne agronome ; que le capitaliste quitte l'agiotage pour l'industrie, aujourd'hui que ces professions exigent une haute aptitude et des connaissances étendues, c'est de ce côté que l'on trouvera sûrement considération et fortune.

Ce qui manque aux parents pour bien diriger leurs enfants, c'est précisément cette instruction usuelle et productive qu'il serait si utile de répandre.

Une statistique comparée et détaillée des besoins de chaque localité en professions et en industries diverses, une sorte de PRIX COURANT du travail, régulièrement publié, serait un des plus puissants remèdes aux crises industrielles et aux misères de l'indigence laborieuse. Si l'on savait avec précision où manque telle industrie, où telle autre prospère, on éviterait la disette et l'encombrement qui, dans notre mouvement industriel, si irrégulier, a lieu pour le nombre des producteurs aussi bien que pour la quantité de produits.

Quant au moyen de déterminer les *vocations*, on ne peut guère se fier à cet égard, ni aux parents, qui sont en général guidés par les convenances de leur position sociale ; ni aux enfants, qui ignorant la diversité des routes, sont inaptes à bien choisir, et n'ont en général que des *caprices*, et non pas un discernement réfléchi. Se montrer docile à l'expérience, ne pas résister à un dégoût prononcé et choisir une carrière ordinaire et modeste pour tout enfant qui ne manifeste pas de hautes facultés : voilà la seule règle à suivre.

Mais, en matière d'instruction et de profession, la nécessité qui domine toutes les autres, c'est la *fortune* des parents. C'est une loi souvent aveugle ; mais ce n'est pas en lui résistant qu'on la fera disparaître : c'est en lui obéissant avec intelligence. Le travail bien dirigé donnera du bien-être à tous, lorsque chacun proportionnera l'instruction à ses moyens.

Tout sacrifice *extraordinaire* fait par une famille pour qu'un enfant franchisse d'un bond deux ou trois degrés de l'échelle sociale, est un malheur pour l'enfant, qui éprouve des désirs disproportionnés à ses moyens; pour les parents, qui mettent entre eux et lui une trop grande distance ; pour la société, qui possède un membre dont elle n'a pas l'emploi. Sur ce point, nous appelons les prévisions du gouvernement, tous les avis de la presse périodique et les réflexions des pères de famille.

Avant d'aborder la rédaction des divers programmes qui doivent servir de guide à toutes les familles, voici quelques observations générales dont il nous a paru utile de les faire précéder, parce qu'elles ont servi de base à nos doctrines.

Éclairer les classes supérieures qui ne sont pas assez instruites, surtout en industrie agricole et manufacturière et en économie politique. Occuper et nourrir les classes inférieures : telle est selon nous la meilleure politique à faire.

La classe moyenne est celle qui compte le plus grand nombre de victimes faites par l'instruction universitaire. C'est de ses rangs que sortent en foule, pour se précipiter dans les amphithéâtres de droit et de médecine, dans les ateliers de peinture, etc., etc., des jeunes gens qui, faute d'une aisance suffisante, se trouvent ensuite jetés dans les villes sans moyens d'existence. Ne jamais réduire un jeune homme à se trouver seul, sans ressources, avec son talent et l'obligation d'un rang à tenir dans la société, en attendant qu'il se soit formé une clientelle, voilà ce que les parents de la classe moyenne ne doivent jamais perdre de vue.

La classe laborieuse doit être aujourd'hui ramenée vers l'industrie agricole, dont elle s'est trop éloignée. La loi de sagesse et de progrès légitime, c'est de chercher à s'élever, non pas en déplaçant les positions, mais en perfectionnant les professions.

Mais on solliciterait encore long-temps du gouvernement, avant de l'obtenir, une réforme dans le programme des études universitaires, bien qu'il n'ait pas d'ennemis plus redoutables que ceux qu'il se fait par cette funeste instruction. Pour opérer la réforme, il faut donc chercher une autre voie ; la plus droite et la plus courte selon nous, la voici :

Rédiger un certain nombre de programmes qui

mettent les parents en état de prononcer sur les connaissances qui doivent être données à leurs fils, selon la condition qu'ils doivent occuper ou la profession qu'ils sont appelés à remplir;

La résolution des parents préalablement arrêtée sur la profession à laquelle ils destinent leurs fils, le choix entre les divers programmes n'en sera que la conséquence logique;

Les chefs d'institutions qui admettent depuis longtemps eux-mêmes la nécessité d'un système d'études plus en harmonie avec la tendance de notre époque, empressés de mériter la préférence des parents, ne tarderont plus à se soumettre à leurs intentions nettement formulées;

La concurrence fera vite le reste. Telle est à cet égard notre confiance en elle que nous lui laissons le soin de perfectionner nos idées. L'Université se trouvant alors de toutes parts désertée, sera elle-même contrainte de suivre l'impulsion donnée.

Les questions bien posées sont à moitié résolues. Entre les champions de la science et ceux de la littérature, la question n'est pas de savoir si la base de l'enseignement doit être littéraire ou scientifique, mais d'établir comment, à partir d'un point convenu, l'instruction doit se spécialiser? Le mal n'est pas parce que les colléges existent, mais parce qu'il n'y a qu'un trop petit nombre d'écoles spéciales destinées à l'agriculture, à l'industrie, au commerce, au génie civil, aux arts et métiers.

Ainsi, la réforme des études universitaires, dans

les termes où nous la plaçons, peut s'opérer sans intervention du gouvernement par la seule volonté des familles. C'est de cette façon que les mœurs doivent toujours être les préludes des lois.

L'instruction élémentaire, — ainsi que nous l'avons définie, — étant supposée une dette de l'État, une obligation de la loi commune à tous les Français, il ne restera plus au père de famille qu'à examiner quelles seront les connaissances complémentaires que devra posséder son fils pour exercer avec distinction la profession à laquelle il le destinera.

Le père de famille devra se garder d'attendre que l'instruction de son fils soit terminée pour lui choisir un état.

S'il veut éviter que son fils reçoive une instruction banale sans direction et sans but, qui rendrait sa destinée incertaine, et sa conduite douteuse, voici ce qu'il fera :

Il se rendra compte de l'étendue des sacrifices que l'état de sa fortune lui permettra de faire à l'établissement de son fils.

Si l'état de sa fortune, ses charges de famille, ou toute autre considération, ne lui permettent pas de pourvoir pendant cinq années au moins à l'existence de son fils, après le terme de son instruction, il évitera de lui donner une profession libérale, encombrée, exigeant un long temps pour se faire une clientelle et un renom ; il évitera également de lui donner une profession qui demanderait, pour l'achat d'une charge, une somme au-dessus de ses moyens personnels, ou plus considérable que son fils ne pourrait raisonnablement prétendre la gagner lui-même ;

Afin que son fils ne soit point exposé à la tentation de prendre par vanité un état où le défaut de fortune le ferait échouer, le père s'abstiendra de donner à son fils toute instruction qui pourrait l'abuser sur sa vocation, et qui serait de luxe dans toute autre condition ;

Il s'enquerra, dans l'intérêt de son fils, quelles sont les professions les moins encombrées ; celles qui manquent de sujets capables ; celles qui paraissent avoir le plus d'avenir ;

Son choix fait, il s'assurera que son fils n'a point de répugnance marquée pour la carrière qu'il se propose de lui faire suivre ;

Ces deux conditions préalablement remplies, il consultera le programme des connaissances spéciales à chaque profession, et préparant à l'exercer avec distinction ; il fera connaître à cet égard ses intentions formelles au chef de l'institution dans laquelle il placera son fils.

Le père de famille sage et prudent cherchera de bonne heure à faire naître et entretenir dans l'esprit de son fils le désir de lui survivre dans sa profession ; il ne négligera aucune occasion de lui en faire apprécier les avantages.

Comme clientelle et comme renom, la même profession, perpétuée de père en fils, a toujours fait jouir ceux qui l'ont exercée d'une considération plus grande que celle qu'ils eussent obtenue en lui préférant une autre condition qui leur aurait paru plus élevée dans la hiérarchie professionnelle.

Ce n'est pas à dire qu'un chef de maison, qui n'a reçu que peu ou point d'instruction, et qui a fait sa fortune par sa seule industrie, ne doive pas donner à son fils une instruction supérieure à la sienne. Il doit, au contraire, s'attacher à lui faire inculquer toutes les connaissances dont sa propre expérience lui aura démontré l'utilité, afin qu'il puisse perfectionner, étendre, élever la profession paternelle.

Ce qui retarde en France les progrès de certaines industries, c'est l'empressement des fils à les abandonner aussitôt qu'elles ont fait la fortune de leurs pères, au lieu de se servir de leurs capitaux amassés pour leur donner une plus grande importance, une plus grande prospérité, une plus grande perfection. Aussi qu'arrive-t-il? les industriels sont ascendants, mais les industries sont stationnaires; on les voit sans cesse retomber des mains exercées entre celles de gens sans instruction ou sans capacité. Si une longue pratique ou une idée neuve leur a fait faire un progrès, la routine lui succède qui les fait rétrograder. On ne manque pas en France de vanité pour soi, mais on manque de juste orgueil pour sa profession.

De ce qui vient d'être dit on ne saurait conclure que nous veuillions rétablir les démarcations de castes; car, s'il est un moyen d'amener tous les hommes au même but, — bien-être et considération, — c'est de les conduire par des chemins différents. La foule qui se presse dans une même voie l'obstrue sans avancer.

Ainsi, lorsqu'un fils éprouvera une répugnance trop marquée pour vivre dans la condition de son père, ou lorsque l'amour-propre paternel voudra donner à la destinée de son fils une autre direction, ou bien enfin lorsqu'un père aura plusieurs fils, et qu'il voudra donner à chacun d'eux une profession différente, ce qu'il faut, c'est qu'il puisse le faire en connaissance de cause, c'est-à-dire qu'après s'être décidé pour telle carrière, il en sache bien les conditions d'admission, et qu'il y puisse préparer convenablement son fils par une instruction spéciale.

Tels sont l'esprit et le but de la série de programmes qui contiendront le résumé de nos idées.

Homme de transition, c'est-à-dire de conservation et de progrès, nos pensées n'ont d'autre prétention que d'être applicables, et n'ambitionnent d'autre récompense que d'être appliquées ; nous ne sommes ni exclusif, ni absolu ; plein de confiance dans l'avenir, sans trop de dédain pour le passé, voici ce que nous voulons :

Que *l'instruction élémentaire générale*, ou NATIONALE, passant son niveau sur tous les hommes, mette hors rang les plus intelligents et les plus moraux, maintenant confondus dans la foule, sans moyens de s'y faire reconnaître ;

Que tout homme possède les connaissances nécessaires pour se rendre un compte exact de l'emploi de l'argent et de l'avantage des choses, dans son ménage,— son industrie, — ou son commerce, —afin que l'habitude de l'ordre et de la prévoyance maintienne la bonne intelligence dans les familles, et fasse pénétrer le bien-être dans les classes laborieuses, que les débauches démoralisent plus encore que les privations ;

Que *toute instruction complémentaire spéciale*, ou PROFESSIONNELLE, établisse naturellement et de fait la hiérarchie sociale, sans laquelle il y aura toujours encombrement, perturbation, et assigne à chacun sa place selon ses facultés et ses moyens ;

Que cette instruction soit productive et représente toujours au moins l'intérêt des capitaux qu'elle a coûtés.

Aussitôt que la jeune génération sera dirigée dans cette voie nouvelle— de moralité par la prévoyance — de hiérarchie par l'instruction, — elle s'apercevra que la marche la plus vite et la plus sûre n'est pas de *détruire* pour se faire place, mais d'*améliorer* pour dépasser ses rivaux de toute la distance de son mérite.

PROGRAMMES
D'INSTRUCTION PROFESSIONNELLE.

CONSEILS AUX FAMILLES.

Corriger la superficialité des esprits
par la spécialité des études.

AGRICULTURE.

I.

CULTIVATEURS. — RÉGISSEURS.

Une *loi sur l'instruction publique* nous est donnée, et le mot *d'agriculture* n'y est pas prononcé. Dans nos académies, dans nos discours oratoires nous appelons *l'agriculture le premier des arts*; dans nos lois, dans nos institutions nous la regardons comme *le plus vil des métiers* : que dis-je ! le plus vil des métiers exige encore un apprentissage ; l'agriculture est abandonnée à la plus honteuse routine. Il faut commencer par ouvrir dans nos campagnes *les yeux* et *les oreilles* de ceux qui doivent voir et entendre. Hâtons-nous de profiter du moment ; mettons à profit les institutions que nous formons, et que la France au dix-neuvième siècle ne reste pas en fait d'agriculture au-dessous de l'Europe entière ; qu'on ne puisse pas lui adresser les reproches que Columelle faisait autrefois aux Romains : «*Ils veulent avoir des maîtres de peinture, de musique, d'escrime et de danse ; et le premier des arts, le plus utile, le plus moral de tous les arts* (l'agriculture), *ne trouvera parmi eux ni maîtres ni disciples.* »

(Observations sur les moyens de faire entrer l'étude de l'agriculture et de l'économie rurale dans l'instruction publique, présentées au Tribunat par CHASSIRON. 6 FLORÉAL AN 10.)

CONSIDÉRATIONS DE CLASSE ET DE FORTUNE. — L'agriculture en France n'a point d'intermédiaire entre la science incertaine et la routine opiniâtre ; pour qu'elle devienne plus productive et moins pénible, il faut en faire une industrie, en perfectionnant la pratique par l'instruction.

Ce que le cultivateur doit rechercher et désirer, c'est le moyen de produire davantage avec moins de peine ; atteindre ce double but, tel est donc le résultat que doit se proposer l'instruction qui lui sera destinée.

L'état de cultivateur convient d'abord et spécialement à tous les hommes nés dans cette utile condition, que l'instruction élémentaire rendra progressivement moins pénible et plus lucrative, en associant l'intelligence et la force.

L'état de régisseur est assurément un de ceux qui, avec le moins de risques, présente l'avenir le plus assuré aux fils de cultivateurs qui s'y prépareront avec discernement et sans esprit de routine.

Par esprit de routine, il faut entendre également le dédain et l'engouement irréfléchi des méthodes nouvelles ; les rejeter ou les adopter sans examen, c'est agir dans les deux cas par esprit de routine.

Il suffit d'aller voir, pour ne citer que la France, quel degré de perfectionnement l'agriculture a atteint dans les départements du Nord, de la Drôme et de l'Isère, si l'on veut se convaincre des progrès qui lui restent à faire, et de l'augmentation de produits dont elle est encore susceptible, puisque l'hectare de terre, première qualité, vaut, dans certains points de l'Ardèche par exemple, 12,000 francs, et dans celui du Morbihan 400 francs. Quelque pénible que soit donc encore la condition des cultivateurs, leurs fils doivent se garder d'abandonner l'agriculture pour un métier, un art ou une profession quelconque, car ses chances de bénéfice sont précisément en raison des progrès qui lui restent à faire.

Le travail et le pain manquent souvent aux ouvriers des villes, jamais à ceux qui n'abandonnent pas la terre. Les salaires des artisans sont plus élevés, mais les occasions de dépenses sont nombreuses, tandis que les besoins des cultivateurs sont bornés.

La confiance qu'il sera facile au jeune cultivateur né sans patrimoine d'inspirer, s'il sait mettre à profit l'instruction qu'il aura reçue et l'expérience qu'il aura acquise, lui tiendra lieu de capital. Il sera recherché de toutes parts, et les occasions ne lui manqueront pas d'assurer, par le travail et l'économie, le bien-être et l'éducation de sa famille, quelque nombreuse qu'elle soit ; car la condition de cultivateur a encore cet avantage sur celle de l'artisan des villes, c'est que le grand nombre d'enfants, qui pour ce dernier est un sujet d'inquiétude et de misère, fait le bonheur et la richesse de l'autre.

APTITUDE : Vigueur, bon sens et patience.

INSTRUCTION NATIONALE. — Premier et second degrés (1).

INSTRUCTION PROFESSIONNELLE. — Le programme de l'instruction élémentaire ou nationale, tel que nous l'avons composé, contient les principales connaissances nécessaires aux cultivateurs et régisseurs; celle sur laquelle nous insisterons particulièrement comme indispensable, c'est l'étude de la *tenue des*

(1) Il ne faut pas perdre de vue que cette instruction est toujours supposée une dette de l'État et une obligation commune à tous les citoyens.

livres, étude utile à toutes les classes et à tous les états. L'habitude où sont les cultivateurs de ne tenir aucun compte est peut-être ce qui s'oppose le plus au progrès de l'agriculture et du crédit en France. Le cultivateur est *un fabricant de blé et d'autres denrées* : le plus petit fabricant ou commerçant est tenu par la loi d'avoir des registres en règle de ses opérations. Il faut que les cultivateurs ainsi que les commerçants soient en état de tenir un compte journalier de leurs produits, recettes et ventes, ainsi que de leurs achats, dépenses et frais de toute nature. — Toute production doit avoir son compte comparé de frais et de produits, afin que tout cultivateur, au bout de l'année, puisse établir, sans illusions ni omissions, son *doit* et son *avoir*, et se rendre compte par chiffres — quelles ont été ses opérations le plus ou le moins productives, — quelles sont les dépenses susceptibles de diminution, — quelles sont les économies possibles, etc.

Un commerçant qui n'agit pas ainsi, qui ne diminue pas ses frais pour augmenter ses bénéfices, qui n'étudie pas sans cesse sa fabrication pour la rendre plus régulière, plus économique, plus productive, s'est bientôt ruiné. Les cultivateurs sont aussi des *commerçants et des fabricants d'un genre* de produits; ils doivent donc également raisonner, examiner et noter. En Angleterre, les fermiers sont de vrais négociants; ils paient à jours fixes, ils ont des comptes courants chez leurs banquiers, mais aussi leurs livres sont en règle, car une comptabilité régulière est une des premières conditions à remplir pour établir son crédit.

Pour se faire une idée de toutes les connaissances qui seraient nécessaires au cultivateur qui voudrait raisonner tout ce qu'il ferait et entreprendrait, il faut suivre les opérations que demande une terre à défricher, un terrain à exploiter. La première chose à faire, c'est le choix du domaine, sa division, la destination de chaque partie : cela seul demande qu'on possède les éléments de géométrie, de géologie, de physique, de chimie. Pour le cultiver, il faut des machines ; pour les construire, quelques notions de mécanique sont nécessaires si on ne veut s'exposer à employer en vain une trop grande quantité de forces. Pour les travaux ordinaires ces connaissances suffisent : la géologie et la chimie apprennent jusqu'à quel point il faut opérer un défoncement pour augmenter l'épaisseur de la terre arable; mais s'il est nécessaire de faire des irrigations ou des dessèchements, les éléments des machines hydrauliques deviendront nécessaires. La botanique et la physiologie végétale doivent seules décider du choix des plantes, du sol qui leur convient, dans quel ordre elles doivent se succéder, soit pour alléger les fatigues du terrain, soit pour lui faire acquérir même de la fertilité par certaines semences, en changeant les fourrages en engrais. Pour toutes ces opérations l'emploi des animaux devient nécessaire : comment préférer les plus utiles à ceux qui le sont moins, ceux qui sont plus en rapport que d'autres par leurs besoins et leurs habitudes ; comment les élever, les améliorer, les guérir, si on ne possède aucune connaissance de la zoologie, de l'hygiène animale, de la médecine vétérinaire ? Outre les éléments des sciences que nous venons d'énumérer, si l'agriculteur veut savoir quelle est l'habitation qui est la plus convenable à lui-même, à ses animaux, à ses récoltes, il sentira le besoin de quelques notions d'architecture, et il se convaincra aisément qu'il ne doit pas être étranger à la comptabilité, lorsqu'il voudra se rendre compte de l'état de son établissement, et à la statistique commerciale, lorsqu'il saura que cela lui donnera les moyens de trouver des débouchés plus favorables à ses produits.

Telles sont les connaissances que demande l'agriculture rationnelle : quand on les compare aux habitudes routinières de la plupart des cultivateurs, on ne doit pas être étonné de voir ce développement lent et insensible du premier des arts, de celui qui forme la base de la véritable richesse nationale.

Dès que l'instruction sera plus générale dans les campagnes, les rapports des habitants entre eux deviendront plus agréables.

L'homme aisé trouvera qu'il est aussi honorable d'être cultivateur, qu'officier ministériel ou fonctionnaire public.

Alors l'argent ne manquera plus à l'agriculture.

Une louable émulation se fera sentir en tout,

on sera glorieux de mener au marché un beau cheval, une belle génisse ; de là, des améliorations progressives dans les races, et des profits assurés pour ceux qui y auront concouru par leur intelligence et leurs capitaux ; ce qui, dans l'état actuel, éloigne de la carrière agricole les hommes instruits et bien élevés, ce sont les relations peu agréables qu'ils sont obligés d'avoir avec des gens sans éducation qui ne peuvent conclure un marché s'ils ne le terminent au cabaret.

Des cours d'économie usuelle et agricole, d'histoire naturelle, de droit rural, de gestion domaniale, s'ouvriraient à l'envi dans les communes, si une bonne instruction agronomique rendait les propriétaires aptes à gérer eux-mêmes leurs domaines. Il n'est aucun d'eux, aussitôt l'émulation excitée, qui ne s'empressât de consacrer ses loisirs à faire un cours aux cultivateurs de sa commune ; — à leur apprendre comment ils peuvent améliorer leur bien-être intérieur ; — construire plus rationnellement leurs habitations ; — préparer plus économiquement et plus sainement leurs aliments et leurs boissons ; — augmenter le produit de leurs champs, — s'en rendre compte ; — gérer leurs fermes, placer leurs économies ; — élever convenablement leurs enfants ; — enfin se donner à peu de frais diverses jouissances dont ils sont privés moins souvent encore par la misère que par l'ignorance. Ces cours donneraient aux propriétaires instruits et aisés l'influence dont il est désirable de voir en possession tous les hommes utiles et capables.

Les bons traités élémentaires, les journaux utiles, usuels, spéciaux et à bas prix, manquent encore en France, mais ils ne manqueront plus dès que les écoles auront mis le nombre des lecteurs en rapport avec le chiffre de la population.

Pour lire avec fruit, le cultivateur n'aura qu'à rapporter toutes ses observations aux préceptes qui se graveront sans efforts dans sa mémoire par l'application et l'épreuve qu'il sera appelé à en faire chaque jour. La pratique et la théorie, en se rectifiant mutuellement ainsi, doteront en peu de temps le plus simple cultivateur de cet esprit judicieux d'observation sans lequel il n'y a point de succès en agriculture.

―――

ÉTABLISSEMENTS D'INSTRUCTION SPÉCIALE.

Il y a en France deux écoles agronomiques, l'INSTITUT DE GRIGNON et l'INSTITUT DE ROVILLE; mais le prix qu'y coûte l'enseignement les rend inaccessibles à la classe des fils de cultivateurs.

A l'exception des écoles vétérinaires d'Alfort, de Lyon et de Toulouse, la classe intéressante et nombreuse des fils de cultivateurs n'a donc pas de moyens d'instruction qui lui soient spécialement destinés!

Cette lacune, qui suffirait pour expliquer le déclassement de la population rurale et l'état stationnaire de l'agriculture en France, exige impérieusement qu'on la comble par la création d'écoles d'agriculture et d'horticulture gratuites ou à bas prix, d'écoles d'arboriculteurs, de bergers, de postillons et de charretiers, d'éleveurs de bétail, etc.

Il est à regretter que l'INSTITUT AGRICOLE DE COETBO, qui avait été fondé en 1833 dans le département du Morbihan, n'ait pu se soutenir sur ses bases primitives et qu'il ait rencontré pour obstacles des intérêts personnels inconciliables avec la haute pensée de désintéressement et de bien public qui avait présidé à son établissement.

L'Institut agricole de Coëtbo différait des Instituts de Roville, de Grignon et de Grand-Jouan, par les points suivants :

La pension et l'instruction y étaient gratuites. — A Roville, la seule faculté d'y suivre les cours théoriques se paie 300 francs.

L'Institut gratuit agricole de Coëtbo ne s'était pas proposé d'être une ferme-modèle d'une exploitation productive, telle que celle de Grignon; mais seulement d'être une école normale pratique de professeurs agricoles, au sein de laquelle auraient pu venir puiser les départements et les propriétaires qui auraient désiré former des établissements ruraux.

Les élèves n'y suivaient pas seulement des cours, ils exécutaient tous les travaux extérieurs de culture, et étaient chargés de tous les soins intérieurs, tels que pansement des animaux, service des étables, etc. Ils avaient pour champ d'expérience trois cents hectares, et pour travaux d'hiver, la conversion des productions du sol en produits manufacturés.

L'Institut agricole de Coëtbo différait de celui d'Hoffwil par les points suivants :

Aucune distinction, aucune inégalité n'était admise entre les élèves, soit dans les soins dont ils étaient l'objet, soit dans les études, soit enfin dans la répartition des travaux à l'intérieur ou à l'extérieur.

Les élèves, tous égaux, étaient tous appelés successivement à vérifier par la pratique, — dans des conditions préalablement étudiées et éclairées par la théorie, — la valeur des méthodes et des instruments nouveaux recommandés par les autorités agricoles de la France et de l'étranger.

L'Institut agricole de Coëtbo s'était proposé pour but de former un corps d'*ingénieurs agricoles*, en état de diriger les travaux des plus importantes exploitations, car ils devaient apprendre par la pratique aidée de la théorie, quels sont :

Les modes de culture les plus productifs;

Les instruments les plus utiles;

Les perfectionnements qui restent encore à subir à la fabrication des boissons;

Le mode de préparation des aliments le plus économique et le plus sain;

Les moyens de convertir sur place avec avantage les productions brutes du sol, en produits manufacturés de commerce, pour diminuer les frais de transport, éviter les déchets, et utiliser les résidus;

Les meilleures méthodes de reproduction et d'amélioration des races chevalines, bovines, bêtes à laine, porcs, animaux de basse-cour, etc.;

Les pratiques les plus expéditives pour ajouter, soit à la force, soit à la valeur des bestiaux, et prévenir les accidents et les maladies;

Les procédés de travail les plus rationnels, c'est-à-dire les moins pénibles et les plus lucratifs.

En faisant à son instruction le sacrifice de deux années de son temps, chaque élève devait s'assurer un avenir honorable, et jouir d'un présent utilement employé, auquel il n'avait point à pourvoir.

Ses besoins étaient convenablement prévus et satisfaits; de plus, s'il se distinguait par son travail, des primes d'encouragement lui étaient décernées aux frais de l'Institut.

L'Institut agricole de Coëtbo avait été fondé sur cette conviction, qu'il resterait peu de conquêtes à demander à l'imagination des hommes, si l'on rassemblait sur un même point, pour les expérimenter et les faire concourir entre eux, les procédés de culture, les instruments aratoires en usage dans toutes les localités de France et de l'étranger, où ils sont différents; afin d'établir par la comparaison — leur supériorité spéciale ou relative; — de constater avec certitude et publicité quels sont, dans des conditions déterminées, les productions exotiques qui doivent remplacer les produits indigènes, — les instruments les plus économiques, les procédés les plus productifs.

ÉCOLES ROYALES VÉTÉRINAIRES.

Les écoles royales vétérinaires sont au nombre de trois, et sont situées :

A Alfort. Directeurs : MM. Yvart.
Lyon. Bredin.
Toulouse. Dupuy.

CONDITIONS D'ADMISSION DES ÉLÈVES.

Nul ne peut entrer dans une école vétérinaire sans l'autorisation du ministre.

Cette autorisation n'est accordée que pour des places d'*élèves payant pension*.

Un jeune homme, pour être admis, doit : être âgé de 16 ans au moins et de 25 ans au plus ; écrire lisiblement ; posséder la langue française par principes et de manière à pouvoir écrire correctement sous la dictée ; savoir forger, en deux chaudes, un fer pour un pied de cheval ou de bœuf. Les jeunes gens de 20 ans et au-dessus doivent aussi justifier qu'ils ont satisfait à la loi sur le recrutement.

Ceux qui ne réunissent pas bien toutes ces conditions ne sont pas reçus.

Les pièces à joindre aux demandes d'admission sont : l'acte de naissance du candidat ; un certificat constatant qu'il a été vacciné ou qu'il a eu la petite-vérole, et un certificat de bonnes vie et mœurs.

Elles peuvent être adressées directement par les parents, ou par l'intermédiaire de MM. les préfets ; mais il faut toujours qu'elles parviennent au ministre du commerce et des travaux publics avant le 1er *septembre au plus tard*.

L'époque de l'ouverture de l'examen préparatoire est fixée aux premiers jours d'octobre de chaque année. La durée du cours d'études est de quatre ans.

EXTRAIT DU RÈGLEMENT DES ÉLÈVES.

Art. 1er. Tous les jeunes gens autorisés à se présenter à l'examen préparatoire pour l'admission des élèves devront être rendus à l'école du 1er au 7 octobre.

A leur arrivée, ils se présenteront à la direction de l'école, où il leur sera remis une carte d'admission. Sur le vu de cette carte le régisseur percevra leur pension pour le trimestre, le garde-magasin leur délivrera les objets de coucher, et le surveillant leur assignera la place qu'ils occuperont dans les chambres ou dortoirs.

2. Les sujets auxquels le résultat de l'examen préparatoire aura été favorable prendront immédiatement rang parmi les élèves. Le 1ᵉʳ novembre suivant, ils devront avoir en leur possession le trousseau et les livres et instruments prescrits par le règlement.

Les jeunes gens qui n'auront pas été admis par le jury d'examen quitteront l'école le 15 octobre. Il leur sera fait remise de leur pension pour la seconde quinzaine du même mois et pour les deux mois suivants (1).

3. Les élèves ne pourront quitter l'école sans l'autorisation du directeur, qui, après s'être assuré qu'ils ne sont plus détenteurs d'objets mobiliers appartenant à l'établissement, leur délivrera une carte de départ et le laissez-passer pour la sortie de leurs effets.

4. LA PENSION, FIXÉE A 360 FRANCS PAR AN, sera acquittée par les élèves entre les mains du régisseur, par trimestre, d'avance et sans frais. Le recouvrement en sera fait du premier au cinquième jour de chaque trimestre.

Lorsque des élèves seront en retard pour le paiement de leur pension, le directeur préviendra les parents de ces élèves que, si leur pension pour le trimestre courant n'est pas acquittée dans le courant du premier mois du même trimestre, ils seront renvoyés le premier du mois suivant.

. . . .

16. Les élèves qui contracteront des dettes seront d'abord réprimandés, ensuite punis, et enfin renvoyés, s'ils ne font pas cesser les réclamations de leurs créanciers.

17. Les élèves demeurent responsables des objets mobiliers qui leur seront délivrés par l'école.

. . . .

20. Il est défendu aux élèves d'avoir, dans leurs chambres ou

(1) Soit que les jeunes gens aient été refusés par le jury, soit qu'ils n'aient pas, par un motif quelconque, fait usage de l'autorisation qui leur aurait été accordée, ils ne pourront se présenter à l'école l'année suivante qu'en vertu d'une nouvelle autorisation.

dans les salles d'étude, des armes d'aucune espèce, sous peine de confiscation.

. . . .

28. Les dimanches, les jours de fête et l'après-midi des jeudis sont les seuls jours de congé.

. . . .

29. Il est défendu aux élèves de sortir de l'école, les jours de travail, même aux heures de récréation, sans en avoir obtenu la permission expresse du directeur. Cette permission ne pourra être accordée que pour des affaires assez pressantes pour ne pas être remises au plus prochain jour de congé. Dans ce cas, la permission, pour être valable, devra énoncer le lieu où se rendra l'élève et l'heure à laquelle il rentrera.

30. Il pourra être accordé des congés de quinze jours au plus par le directeur de l'école, aux élèves que le mauvais état de leur santé ou des affaires indispensables appelleront chez leurs parents: dans le premier cas, l'état de l'élève sera constaté par le médecin-chirurgien de l'école; s'il s'agit d'affaires de famille, le directeur de l'école s'assurera, comme il le jugera convenable, si elles exigent en effet la présence des élèves dans leurs familles, et s'ils y sont appelés par leurs parents.

En cas d'insuffisance, dûment constatée, du congé accordé à un élève, le directeur de l'école pourra accorder une prolongation de quinze jours.

31. Tout élève qui ne rentrera pas à l'expiration de son congé ou de sa prolongation de congé, sera considéré comme ayant abandonné l'étude de l'art vétérinaire; il sera rayé du contrôle des élèves, et ne pourra rentrer à l'école qu'en vertu d'une décision du ministre.

. . . .

33. Lorsqu'un élève tombera malade, il recevra à l'infirmerie tous les soins qu'exigera son état. Si la maladie paraît devoir être grave et de longue durée, le directeur de l'école fera transférer, s'il y a possibilité, l'élève chez ses parents.

. . . .

35. Les élèves auront un habillement uniforme, consistant en:

Un habit de drap bleu de roi, croisé sur le devant, avec collet montant et rabattu; les poches plates fermées sur le côté; sept grands boutons en cuivre doré, portant le nom de l'école, de chaque côté sur le devant de l'habit; deux grands boutons dans chacun des plis de derrière, et deux petits boutons pour fermer les manches.

Un pantalon et un gilet en drap pareil à celui de l'habit; sept à huit petits boutons fermant le gilet. Bottes, ou guêtres en casimir noir avec souliers à cordons.

Chapeau rond, orné d'une ganse noire arrêtée par une petite boucle bronzée.

En été, le pantalon, le gilet et les demi-guêtres en blanc ou en coutil gris sont tolérés.

36. Hors de l'école, les élèves seront expressément tenus de porter leur uniforme; ils en seront également revêtus pour paraître à l'appel du matin les dimanches et fêtes, ainsi que pour assister aux solennités qui exigent de la tenue et de la décence.

37. Pendant les jours de travail les élèves porteront un habit-veste en drap bleu pareil à l'habit uniforme.

APERÇU DE LA DÉPENSE

POUR LE TROUSSEAU, LES LIVRES ET LES INSTRUMENTS.

L'uniforme, composé des objets désignés à l'article 35 du règlement ci-dessus, coûtera environ. . . . . 170 fr

1 Casquette en drap. . . . . . .
6 Chemises de toile. . . . . . .
4 Cravates en percale. . . . . .
2 *Idem.* de taffetas noir. . . . .
6 Mouchoirs de poche. . . . . .
4 Paires de bas de coton blanc. .
2   *Idem.*   chinés. .
3 Bonnets de coton. . . . . . .
6 Serviettes en toile ordinaire. . .
2 Essuie-mains, *idem.* . . . . }Ensemble environ 150 fr
2 Tabliers de toile à bavette et à poche. . . . .
1 Tablier de cuir pour la forge. .
1 Paire de fausses-manches en toile bleue. . . . .
1 Peigne à démêler, en corne. . .
1 Peigne fin d'ivoire. . . . . .
1 Brosse à habits. . . . .
1 Brosse à souliers. . . . . . .

Livres et instruments, ensemble environ 200 francs ; et, par quart, pour chaque année d'étude. . . . . 50 fr.

Nota. Les élèves ne sont pas obligés de s'adresser aux fournisseurs reconnus par les écoles, pour se procurer les objets ci-dessus détaillés. L'administration se borne à exiger que les jeunes gens soient toujours pourvus de ces objets. Néanmoins, dans l'intérêt des parents, et afin de prévenir toute espèce d'abus, les directeurs des écoles prennent les mesures nécessaires pour faciliter aux élèves les moyens de pourvoir économiquement aux frais de leur habillement et à l'acquisition de leurs livres et instruments.

On peut estimer encore à 1000 francs environ, pour quatre ans, les frais d'entretien, de blanchissage et autres, ceux de menus plaisirs compris ; ou de 200 à 300 francs par an : la moindre somme les premières années, et la plus forte les deux dernières, à cause du renouvellement d'une partie du trousseau.

Ces indications sont données ici tant pour servir de guide aux familles que pour les prémunir contre des demandes souvent exagérées que certains élèves ne craignent pas de leur faire. Les parents feront donc bien, dans l'intérêt même de leurs enfants, de se renfermer, autant que possible, dans les approximations ci-dessus.

Enfin il peut arriver qu'un élève soit obligé d'étudier plus de quatre ans, avant de terminer ses études et d'obtenir le titre de vétérinaire. C'est ce qui a lieu pour ceux que le jury, chargé d'examiner les élèves à la fin de chaque année scolaire, ne trouve pas assez instruits pour les faire passer dans une classe supérieure.

DES BOURSES OU PLACES GRATUITES.

Il y a, pour les écoles d'Alfort, Lyon et Toulouse, quatre-vingt-six bourses, dont une par département à la nomination du préfet, sous l'approbation du ministre, et trente-quatre bourses à la nomination directe du ministre ; en tout cent vingt bourses pour les trois écoles. Elles sont toutes divisées en demi-bourses, et ne sont accordées qu'aux élèves qui ont fait preuve de bonne conduite, de zèle et de succès dans leurs études. Les notes semestrielles sont un document toujours consulté par le ministre, qui prend aussi en considération la position peu fortunée des familles. Ainsi un élève payant pension peut, après six mois d'études, obtenir une demi-bourse, et l'année suivante, s'il continue de le mériter par son travail et sa conduite, avoir la bourse entière. C'est au mois de mai que la répartition des demi-bourses vacantes a lieu chaque année.

Dans plusieurs départements, tels que la Charente-Inférieure, Maine-et-Loire, Nord, Pas-de-Calais, Basses-Pyrénées et autres, les préfets ont encore à disposer de quelques bourses de plus, payées au moyen des fonds votés annuellement par les conseils généraux. Ces bourses s'obtiennent en général aux mêmes conditions que les précédentes.

PLACES D'ÉLÈVES MILITAIRES, A L'ÉCOLE D'ALFORT.

Le ministre de la guerre nomme et entretient à l'école d'Alfort quarante élèves militaires, dont les places sont entièrement gratuites ; conséquemment, la pension, le trousseau, les livres et instruments et les frais d'entretien sont au compte de ce ministère.

Elles sont données de préférence et dans l'ordre suivant, savoir :

1° Aux fils de vétérinaires militaires ;
2° Aux fils de sous-officiers de cavalerie ;
3° Aux enfants de troupe admis dans les régiments de cavalerie.

Les demandes pour les places d'élèves militaires doivent être adressées au *ministre de la guerre*.

II.

PROPRIÉTAIRES AGRONOMES. — FERMIERS.

« Si j'avais à élever un jeune prince, je voudrais que nous prissions, lui et moi, une ferme dans son parc, que nous mènerions à nos risques et profits. Nous nous garantirions du gibier, nous paierions la dîme et la taille; nous serions collecteurs à notre tour. Nous connaîtrions les débouchés des productions de notre culture; nous saurions le prix des marchés; nous examinerions les dépenses, les produits et les charges; nous aurions l'attention de satisfaire régulièrement au paiement du fermage et de ménager des ressources pour faire face aux accidents désastreux et à l'entretien des fonds de notre établissement. Nous apercevrions combien les impositions imprévues et arbitraires sont destructives. Nous sentirions les effets funestes des prohibitions de commerce, qui préjudicieraient à nos ventes et à nos achats; des droits de péages, de douanes, de visites, et des manœuvres inquiétantes qui pourraient nous suggérer des affaires litigieuses et ruineuses avec la police fiscale. Enfin, nous connaîtrions tous les rapports de notre état avec la marche du Gouvernement et avec tout ce qui nous environnerait. Je ne sais si cette manière de faire connaissance avec le monde (car l'éducation n'est pas autre chose), n'en vaudrait pas bien une autre. Cette épreuve utile, à laquelle je soumettrais un prince, à plus forte raison convient-elle à la jeunesse de tous les états. »

Le marquis de MIRABEAU.

CONSIDÉRATIONS DE CLASSE ET DE FORTUNE. — C'est parmi les fils de propriétaires aisés que l'instruction universitaire fait peut-être le plus de victimes, car il est rare qu'on ne s'empresse pas de les envoyer sans réflexion dans un collége, d'où ils ne sortent que pour aller sans guide, sans expérience, sans surveillance, suivre avec la foule des jeunes gens de leur âge les cours d'une Faculté, courir dans une ville populeuse les hasards de la mauvaise compagnie, compromettre leur fortune par des det_ tes, et leur santé par des excès; et cela, au lieu de recevoir une bonne instruction rurale qui les mette en état, dès l'âge de quinze à vingt ans, d'être les régisseurs ou les fermiers de leur père, d'administrer leur patrimoine, de l'améliorer, de donner l'exemple des bonnes méthodes appliqués avec discernement à la culture des terres; de se mettre enfin à la tête de la génération nouvelle, et de la réforme agricole, qui seule en France peut mettre un terme à la progression du prolétariat, à la démoralisation du peuple, au déclassement des générations, à l'influence funeste des capitales et des grandes villes, aux dissensions politiques et aux révolutions sociales; lorsque les populations augmentent, et que les produits ne s'accroissent pas, la misère seule est en progrès; lorsque les manufactures s'encombrent, et que les ouvriers cessent d'être occupés, des révolutions se préparent par des émeutes; car la force qui les réprime un instant ne fait que les amonceler plus grosses et plus terribles. Gare aux états entraînés sur la pente des dilapidations! Gare aux populations qui abandonnent les travaux des champs pour ceux incertains des villes! Gare surtout aux propriétaires parasites qui pensent qu'ils ne sont pas tenus de rendre au sol par leurs soins autant qu'il leur donne par ses produits, et qui s'imaginent que le travail et l'instruction, indispensables pour *acquérir*, ne sont pas nécessaires pour *conserver!*

De grandes catastrophes les menacent!

Quelle serait belle au contraire la destinée des propriétaires encore jeunes, si nous parvenions, par un meilleur système d'instruction, à les ramener vers la condition dont ils s'éloignent ; si nous parvenions, en deux mots, à leur faire comprendre l'avantage de joindre à la qualité de propriétaire celle d'agronome !

Un grand problème d'équilibre social sera résolu, lorsque les propriétaires riches se feront administrateurs de leurs domaines, et lorsque les propriétaires n'ayant qu'un patrimoine insuffisant le vendront pour s'en former un capital et se faire fermiers.

Alors on ne contestera plus à la propriété les priviléges que lui accordent nos lois politiques, lorsqu'elle prendra rang d'industrie, lorsque les propriétaires, suivant une direction droite, se prépareront par une instruction rationnelle à l'honorable condition de propriétaire — agronome, ou à celle de fermier industriel.

Alors les conseils municipaux deviendraient des pépinières d'hommes instruits, pratiques et capables, économes du temps, intéressés à l'ordre et à toutes les améliorations, accoutumés à juger la valeur des choses sur leur aspect utile et applicable, n'ayant pas besoin d'écrire leur opinion pour la dire, instruits par expérience des vexations qui se commettent sur chaque point, des abus à réformer et des vœux à satisfaire. Alors les contribuables auraient des représentants éclairés, des mandataires indépendants ; leurs intérêts ne seraient pas sacrifiés à des discussions sans objet, qui, en prolongeant démesurément les sessions parlementaires, éloignent des affaires publiques tous les hommes capables et consciencieux, qui ont des considérations de fortune à ménager, des devoirs de profession ou de famille à remplir.

Les propriétaires n'ayant qu'un patrimoine insuffisant, et qui le vendraient pour se faire fermiers, auraient sur les fermiers actuels l'avantage de leur instruction et d'un capital. Les terres morcelées se recomposeraient ainsi d'elles-mêmes par les fermages.

Les propriétaires tiennent entre leurs mains les destinées de la France ; car en donnant aux terres qu'ils possèdent toute la valeur dont elles sont susceptibles, ils ne peuvent manquer d'acquérir par cela même une influence de localité qui, les faisant passer graduellement par l'élection, par les conseils municipaux, par les fonctions de maire, par les conseils d'arrondissement, par les conseils généraux, doit les amener inévitablement à la représentation des intérêts du pays, et leur donner la connaissance approfondie de ses besoins.

Quand les révolutions ont détendu les liens sociaux, ébranlé d'anciennes croyances, créé des convictions nouvelles, mis en présence les opinions et les intérêts contraires, un gouvernement n'a qu'un moyen de mettre un terme au désordre et de ressaisir cet ascendant moral nécessaire à l'exercice de l'autorité dont l'investit les lois, c'est de régénérer la population par un système d'instruction publique qui pénètre tous les esprits de l'esprit de l'époque.

Ce que les gouvernements ont négligé de faire, tous les pères de famille doivent se réunir pour le tenter, s'ils veulent que l'avenir de leurs fils ne ressemble pas au passé qu'ils ont subi.

Si les propriétaires désœuvrés ont des ennemis, les propriétaires jeunes, actifs, intelligents, n'en auront plus, dès qu'ils auront compris que leurs intérêts ne sauraient être mieux administrés qu'en restant dans leurs propres mains.

Dans cette manière de considérer la propriété patrimoniale, non plus comme une qualité, mais comme une profession, il y a une grande pensée de hiérarchie sociale, une abondante source de richesse publique, un nouvel élément de la représentation municipale et parlementaire.

Les propriétaires qui n'administrent pas par eux-mêmes, qui désertent les travaux des champs pour les loisirs des villes, trahissent leur cause, ils dépouillent le sol qui les fait vivre des capitaux dont il a besoin pour rester fertile; ils abandonnent l'élection à l'intrigue; ils s'isolent de toutes les améliorations; ils désertent les libertés qu'ils devraient défendre; ils obligent les conseils municipaux à ne se recruter que d'hommes sans instruction et sans intelligence, qui, à leur tour, les excluent, lorsque, par hasard, ils se présentent pour en faire partie; ils recherchent les fonctions rétribuées et dédaignent celles de maires; ils arrivent enfin à la tribune législative avant de s'être formés par les discussions municipales aux débats parlementaires; là, ignorants et muets, ils écoutent plaider, et grossissent, sans considération et sans influence, la majorité des députés passifs; ils siégent sans être en état de démêler exactement un abus d'une amélioration; ils votent enfin le budget qu'ils improuvent, ne sachant comment le réduire, et sortent de la chambre pour en accuser l'ignorance et l'incapacité.

Il n'en serait pas ainsi, si les jeunes gens destinés à devenir propriétaires recevaient une instruction en harmonie avec leur condition sociale. Si, au lieu de recevoir 2 ou 3 pour cent au plus de la terre, leur industrie lui faisait produire deux ou trois fois ce revenu, ce qu'un fermier, faute de capital et de méthode, peut rarement faire; s'ils apprenaient l'ordre en le pratiquant; s'ils étudiaient dans leur municipalité le mécanisme représentatif pour en rectifier les rouages; s'ils s'appliquaient à observer quels sont les intérêts publics en souffrance, quelles sont les libertés gênées par le monopole, quelle est la licence non réprimée par les lois, quels sont enfin les obstacles que rencontre le développement des industries.

Le grand ministre qui comprit le mieux, à notre sens, les intérêts de la France, Sully, pensait comme nous que la qualité de grand propriétaire a ses obligations, que c'est la profession la plus noble de toutes; mais aussi que, comme toutes les professions, elle a des devoirs à remplir ; qu'attirer à la cour les riches propriétaires, c'est tarir les sources du travail et de la richesse, c'est sécher les mamelles de l'État ; aussi Sully ne cessait-il de presser le roi, son ami, d'éloigner de sa cour par une indifférence affectée les gentilshommes dont le luxe ne venait se déployer à Paris qu'au préjudice de la fertilité du sol, et qu'au détriment du bien-être de leurs vassaux.

Quelque grande, sage et féconde qu'on la puisse imaginer, jamais une révolution politique ne produira une aussi riche moisson de libertés, d'ordre, de morale et de bien-être publics, que le peut faire la simple et modeste réforme qu'ici nous appelons de tous nos vœux et que commandent, dans l'enseignement d'une classe de citoyens, le double intérêt de la monarchie et de la propriété.

Par ce simple fait de la réunion en la même personne de la science agronomique et de la propriété foncière, du capital et de l'instruction, la France verrait bientôt s'augmenter considérablement la production du sol et diminuer ses frais d'exploitation rurale. La dépense de main-d'œuvre et l'excès de forces absorbées par les travaux pénibles de l'industrie agricole ne tarderaient pas à se réduire par la méthode rigoureuse et la précision chiffrée qui distinguent les opérations manufacturières, tandis que l'économie des déchets et l'emploi des résidus non utilisés deviendraient au contraire l'objet d'une augmentation inappréciable de richesse reproductive ; — d'une part, les découvertes journalières des sciences chimiques et physiques applicables et appliquées à la préparation des engrais destinés à prévenir et à réparer l'épuisement du sol, en varieraient à l'infini les effets fertilisants ; — d'autre part, l'importation judicieuse et la naturalisation en France de plantes et graines exotiques, renouvelleraient avantageusement les plantes et graines indigènes, inférieures ou dégénérées. L'amélioration du sort des classes laborieuses, qui peut s'obtenir par une préparation à la fois plus économique, plus saine et plus variée des aliments, par une fabrication perfectionnée des boissons, par un meilleur mode de reproduction des races et d'engrais des bestiaux, par un meilleur système de construction, ne serait plus alors une chimérique tentative.

En France, jusqu'à présent, l'agriculture, à peu d'exceptions près, n'a jamais été que la profession de tous les hommes incapables d'en exercer une autre ; c'est qu'en effet tout conspire à nous en détourner dans l'instruction classique. Fils des universités, quand nous quittons leurs bancs, notre mémoire est fatiguée des versions de la fable et de l'histoire, des formes invariables d'une rhétorique sans éloquence et sans but, et nous ignorons de quels bienfaits la France est redevable à Parmentier, et quand nous héritons du patrimoine paternel, nous foulons sous nos pieds les landes et les jachères, sans savoir quelle richesse nous dédaignons, à une époque où l'on se montre cependant si avide de fortune! et si nos fermiers sont inhabiles, nous sommes hors d'état de les reprendre et de leur servir de guide ; et quand nous dépassons les murs de nos villes, l'ingénuité de nos questions fait hausser les épaules du paysan que nous taxons superbement d'ignorance et de routine.

Dans un pays qui compte six millions de propriétaires terriens, n'est-ce pas une lacune honteuse de l'enseignement, que cet oubli si complet de l'agriculture dans l'instruction publique?

Réparons-le donc sans retard par des études spéciales, qui équivaudront à une augmentation de patrimoine, et rendront moins sensibles dans les familles les effets des partages par voie de successions. S'enrichir par l'accroissement des produits du sol, ce sera créer du travail ; et créer du travail est l'œuvre la plus morale, car elle prévient le désordre des mœurs et la périodicité des révolutions; l'aumône entretient la misère, le travail seul la fait disparaître.

Aptitude. — Esprit d'ordre et d'observation, — persévérance et prévoyance, — art du commandement.

Instruction nationale:—Premier et second degrés.

Instruction professionnelle :
Instruction élémentaire supérieure plus approfondie ;
Législation rurale et communale ;
Statistique ;
Histoire naturelle ;
Éducation et amélioration des races ;
Architecture et mécanique rurales.

En recommandant aux propriétaires l'étude de ces connaissances, nous ne saurions en déterminer la juste limite qu'en établissant des examens.

Il faudrait, selon nous, que tout jeune agronome fût en état de répondre aux questions suivantes :

1° Quels sont les méthodes, les instruments et le genre de culture le plus convenables, selon la qualité du sol, la température, le prix des produits, leur emploi, leur condition favorable ou défavorable de débouchés; quels sont enfin les procédés de travail les plus rationnels, c'est-à-dire les moins pénibles et les plus lucratifs?

2° Quels sont les principes qui doivent présider au mode de préparation le plus économique et le plus sain des aliments, et à la fabrication des boissons?

3° Quelles sont, dans des conditions données, les meilleures races d'animaux, sous le rapport de la reproduction, du travail, du produit et de l'engrais; — quelle est l'influence de dégénérescence exercée sur leur nature, par le climat, le sol, le mode de nourriture ; — quelle est l'hygiène qui leur convient ; — quelles sont enfin les meilleures méthodes de reproduction et d'amélioration, et les pratiques les plus expéditives pour ajouter, soit à la force, soit à la valeur des bestiaux?

4° Quels sont les modes de construction, d'habitation, d'exploitation, d'usine, etc., les plus rationnels, selon la destination donnée et le prix des matériaux ; — quels sont les avantages qui doivent faire préférer tels appareils, machines et instruments à d'autres analogues?

5° Quels sont les moyens les plus simples d'administrer avec ordre et économie, sous les rapports de l'accroissement du capital et des revenus, différentes exploitations, soit à titre de propriétaires ou de fermiers, — comment les améliorer, les assurer et les garantir par les voies légales, etc.; — quel est le capital d'exploitation nécessaire selon l'étendue, quelles sont les ressources locales, etc.?

6° Quels sont les produits manquants ou excédants — dans la localité, — dans le département, — en France et à l'étranger; — quelles sont les considérations qui peuvent influer sur la consommation, ou sur les frais de la production; — quels sont les établissements industriels profitables en raison du nombre des débouchés et du prix revenant des matières premières; — ceux frappés de stérilité en raison de l'encombrement des produits ou d'une concurrence inégale; — quelles sont les cultures susceptibles d'y être appropriées avec avantage; quels sont enfin les meilleurs moyens de convertir sur place avec avantage les productions brutes du sol, en produits manufacturés de commerce, — pour diminuer les frais de transport, — éviter les déchets — et utiliser les résidus?

Ce que surtout ils devront bien savoir: c'est que la force et le temps sont argent, et doivent être calculés comme tels; c'est que tout objet n'a de valeur intrinsèque et relative, susceptible d'être exactement calculée, qu'autant qu'on peut établir pour le vendre tout ce qu'il a coûté.

Si les propriétaires agronomes ne doivent pas essayer tout ce qu'ils trouvent dans les traités de culture, il n'en importe pas moins qu'ils se tiennent toujours au courant de tout ce qui se fait dans les pays avancés, selon le sol, le climat, les méthodes et les instruments en usage, afin que leur imagination travaille et s'exerce. Le sol est plus inconstant qu'on ne croit, il se lasse des mêmes cultures trop long-temps répétées, il se dégoûte de donner toujours, sans varier, les mêmes récoltes; il veut, pour produire avec toute sa vigueur, que l'imagination de l'agronome le stimule. Le véritable agronome doit moins chercher dans les ouvrages agricoles, des procédés ou des exemples à imiter, qu'un levain qui fasse fermenter ses idées. Il ne doit pas copier, mais réfléchir; les idées que la mémoire emprunte, sans que l'imagination se les approprie, sont comme le blé que l'on emmagasine pour le conserver; il ne se reproduit pas.

A tous les propriétaires, nous ne dirons donc pas: Imitez tout ce qui vous sera décrit; nous dirons, au contraire: Apprenez tout ce qui se fait ailleurs, n'imitez rien servilement; modifiez tout, n'essayez que sur la plus petite échelle, appliquez-vous à exercer votre esprit d'observation par la réflexion et par la comparaison, et vous verrez alors que les bons ouvrages sont féconds en résultats productifs.

ÉTABLISSEMENTS D'INSTRUCTION SPÉCIALE.

Institution royale agronomique de Grignon. — L'école d'agriculture de Grignon, dont l'ouverture date du 1er mai 1831, a été fondée dans le but de donner aux jeunes gens qui se destinent à la culture une instruction tout à la fois théorique et pratique.

Le domaine de Grignon, composé de 1,100 arpents, offre des terres labourables de diverses natures, des bois d'essences très-variées, des cours d'eau propres à des usines, un vaste étang, des prairies irrigables et des pièces d'eau desséchées.

On a adopté tous les instruments dont l'utilité réelle a été reconnue, soit en France, soit en Angleterre, soit en Allemagne; quelques-uns ont reçu à Grignon même de notables perfectionnements, et d'autres ont été inventés et soumis à la sanction d'une expérience journalière.

Les étables renferment tous les animaux sur lesquels s'appuient les travaux et les spéculations agricoles d'élevage ou d'engraissement.

Les attelages sont formés de juments de race cauchoise et du Perche, de bœufs d'Alsace, du Limousin, du Cholet, du Nivernais.

La vacherie est composée de taureaux de race suisse (Schwitz), de trente vaches suisses, normandes et croisées, de vingt-six élèves de différents âges et de divers degrés de croisement.

Les troupeaux, qui s'élèvent à 1,000 têtes, présentent les races mérinos, anglaise, artésienne, solognaise, vendômoise, métis-mérinos, anglo-mérinos, anglo-artésien.

La porcherie réunit les diverses races anglaise, anglo-chinoise, anglo-américaine.

Une machine à battre de premier ordre, une féculerie, une fabrique de fromages, un jardin botanique, des pépinières, un jardin maraîcher, des plantations de mûriers, complètent l'instruction pratique.

L'instruction théorique des sciences et arts applicables à l'agriculture et à l'emploi immédiat de ses produits dure deux ans.

Enseignement : On enseigne la première année :

1° Les mathématiques élémentaires et leur application à l'arpentage, au lever des plans et aux nivellements ;

2° La topographie, le nivellement et le dessin graphique ;

3° La physique et la chimie élémentaires d'application ;

4° La botanique élémentaire et la physiologie végétale, avec leur application à la culture et aux plantations ;

5° Les principes généraux de l'art vétérinaire ;

6° Les principes raisonnés de la culture et du service des fermes ;

7° Les principes d'économie rurale appliqués à l'emploi des capitaux et à l'administration intérieure des fermes ;

8° La comptabilité en partie double.

La seconde année, on enseignera :

1° Les principes de culture dans leurs applications spéciales à l'art de produire et à l'emploi des produits ;

2° Les mathématiques appliquées à la mécanique et à l'hydraulique, et les éléments d'astronomie ;

3° La physique et la chimie appliquées aux analyses des terres, des eaux, des engrais, etc., aux distillations et à l'emploi économique de la chaleur ;

4° La minéralogie et la géologie appliquées aux exploitations des diverses substances fossiles, aux sondages et aux recherches des eaux souterraines ;

5° L'horticulture du potager et du verger, l'art forestier, et la connaissance des insectes utiles et nuisibles ;

6° L'architecture rurale, dans les applications aux constructions des bâtiments, des chemins, à la conduite et conservation des eaux, aux devis et dessins des plans, à la fabrication des chaux, mortiers, ciments, bétons et bitumes, et leur emploi ;

7° La législation relative aux propriétés rurales ;

8° Les principes d'hygiène pour les hommes et les animaux.

Les cours sont distribués de manière que ceux qui comportent le plus grand nombre d'expériences et d'applications sur le terrain, aient lieu pendant l'été, et les autres pendant l'hiver.

Instruction théorique. — Il y a à Grignon une salle où les élèves internes sont tenus de se rendre et d'étudier aux heures fixées par un règlement intérieur.

Les élèves libres y sont admis sur leur demande expresse ; mais s'ils troublaient l'ordre établi, ils en seraient immédiatement exclus.

Les cours et les études commencent à six heures en été et à sept heures en hiver. Leur ordre est fixé par un réglement intérieur.

L'après-midi du samedi et la matinée du lundi sont exclusivement consacrées à des instructions pratiques.

Instruction pratique. — Les élèves ne peuvent manier les instruments aratoires qu'autant qu'ils se sont soumis à un apprentissage préalable du service de la ferme, et qu'ils sont reconnus avoir l'aptitude nécessaire pour éviter les fautes et les accidents.

Chaque semaine, des élèves de service suivent le service intérieur de la ferme. Ils tiennent note des observations qu'ils ont pu faire, et des questions sur lesquelles ils ont besoin d'éclaircissement ; ils les transmettent au principal, qui, de concert avec le directeur, donne chaque soir les réponses nécessaires aux élèves.

CONDITIONS D'ADMISSION : Deux classes d'élèves sont admises à l'école d'agriculture :

Des élèves libres et des élèves internes.

Aucun élève ne peut être admis comme élève libre, s'il n'est âgé de vingt ans révolus. Chaque élève libre a une chambre particulière.

Les élèves internes doivent être âgés de quinze ans au moins.

Les élèves libres ne sont soumis à aucun réglement intérieur ; cependant ils doivent loger à l'établissement, et prendre leurs repas à la table commune.

Les élèves internes sont soumis à un réglement intérieur d'ordre pour leur conduite et l'emploi de leur temps, qui est distribué en études théoriques et pratiques : il leur est présenté avant leur entrée, et ils doivent promettre de l'observer strictement.

Ils ne peuvent sortir de l'établissement que les fêtes et dimanches. Le nombre de ces sorties sera déterminé par les parents.

Ceux d'entre eux qui se distingueraient seront, chaque année, sur la proposition du principal, approuvée par le conseil d'administration, cités dans les *Annales de l'Institution*, avec une mention honorable.

Aucun élève interne ne recevra le titre d'élève de l'Institution royale agronomique de Grignon, s'il n'a suivi tous les cours qui y seront professés, et si sa conduite n'a été irréprochable.

Ce titre sera également accordé, sur leur demande, aux élèves libres qui rempliraient les mêmes conditions. Chaque année, la liste des élèves reçus sera imprimée dans les *Annales*.

Ceux des élèves libres qui veulent participer à ces instructions pratiques y sont admis; mais ils doivent alors s'engager a se conformer exactement à l'ordre établi.

Le prix de la pension des élèves libres est de 1,300 fr. par année de cours, payables par trimestre et d'avance, pour l'instruction, le logement et la nourriture; le blanchissage se paie à part.

Le prix de la pension des élèves internes est de 1,500 francs, payables par trimestre et d'avance, pour l'instruction, le logement, la nourriture, le chauffage commun, l'éclairage, les soins médicaux, le blanchissage et l'entretien du trousseau. Ils sont logés dans des dortoirs en cellules.

Ceux qui désireraient avoir des chambres particulières paieront 300 francs de plus.

Il n'y a aucune rétribution accessoire, sous quelque prétexte que ce soit : cependant les fournitures des objets de bureau et de dessin sont au compte des élèves.

Le conseil d'administration de Grignon, dans le but de propager, autant qu'il est en lui, l'instruction agricole en France, a décidé, le 16 février 1832, qu'il serait fondé vingt-cinq bourses, de 500 fr. chaque, pour autant d'élèves internes, dont la pension se trouvera ainsi réduite à 1,000 fr.

Pour être admis à cette faveur, l'élève ou ses parents devront adresser au directeur de l'établissement leur demande appuyée, 1° d'un certificat du maire, constatant que le candidat est de bonnes vie et mœurs, et qu'il a reçu une instruction première; 2° d'une déclaration des parents, portant que leur fortune ou le nombre de leurs enfants ne leur permettent pas de payer le prix intégral de la pension; 3° d'un extrait des impositions payées soit par l'élève, soit par ses père et mère. Ces demandes seront enregistrées, et les élèves seront reçus d'après la date de leur inscription.

Les jeunes gens ainsi admis auront droit à la même instruction, et seront l'objet des mêmes égards que les autres élèves, parmi lesquels l'aptitude et la bonne conduite peuvent seules établir des distinctions.

Les élèves libres et les élèves internes doivent apporter un trousseau en entrant.

Les lettres doivent être adressées franches de port à M. Bella, directeur de l'Institution royale agronomique de Grignon, poste restante, à Neauphle (Seine-et-Oise).

Institut agricole de Roville. — Le but essentiel de l'Institut de Roville étant de former des sujets capables de diriger des exploitations rurales, l'instruction théorique et pratique de l'agriculture proprement dite continue d'y former la base de l'enseignement ; et comme l'instruction la plus solide est toujours celle que l'on acquiert par l'observation et l'expérience, un des principaux moyens de l'enseignement consiste à fixer constamment l'attention des élèves sur les diverses opérations de la ferme, tant dans la partie matérielle des procédés de culture, que dans toutes les branches de l'administration et de la comptabilité. A cet effet, les élèves assistent tous les soirs à l'*ordre*, dans lequel les chefs de service rendent compte des travaux de la journée, et reçoivent des instructions détaillées et motivées sur ceux du lendemain, et où l'on écrit, sous leur dictée, tous les articles de comptabilité relatifs aux travaux du jour. Chaque matin, les élèves accompagnent M. de Dombasle dans une tournée dirigée sur les parties de la ferme où s'exécutent les travaux.

Une leçon en forme de conférence est faite chaque semaine par M. de Dombasle, et l'on y discute les points de pratique ou de théorie qui sont présentés par écrit sous forme de questions, par chacun des élèves individuellement. Un cours méthodique d'agriculture est fait par un professeur spécial ; il occupe une leçon par semaine en été et deux en hiver.

Les élèves suivent également des cours particuliers de botanique, de physiologie végétale, de minéralogie, de géométrie appliquée à l'arpentage des terres, d'art vétérinaire et de comptabilité en parties doubles, appliquée aux besoins de l'agriculture. Ce dernier cours commence le 1er novembre de chaque année, et dure quatre mois. Ceux de botanique et de physiologie végétale commencent en avril et se continuent pendant toute la belle saison.

Aucune connaissance préliminaire n'est rigoureusement exigée pour l'admission des élèves ; cependant on ne pourrait recevoir ceux qui ne sauraient bien lire, écrire et compter. Les élèves sont admis à toutes les époques de l'année.

Il est impossible de nourrir ni loger aucun élève à l'établissement ; ils trouvent chez les particuliers du lieu des pensions dont les prix varient de 25 à 35 fr. par mois pour nourriture et logement. La rétribution payée à l'établissement pour l'instruction est de 300 fr. par an, payable par trimestre et d'avance. On reçoit aussi des inscriptions, pour un mois seulement, à raison de 30 fr.

Outre les élèves, on reçoit à l'établissement, sous la dénomination d'*apprentis*, des jeunes gens qui y reçoivent l'instruction dans le maniement des instruments perfectionnés d'agriculture, et dans la pratique des procédés agricoles qui sont en usage dans la ferme. Les apprentis font le même service que les domestiques de la ferme ; ils mangent avec eux, couchent comme eux dans les écuries ; et sont rigoureusement assujettis à la même discipline et à la même subordination. On ne reçoit comme apprentis que des hommes de 18 ans au moins, et déjà bien habitués à la conduite des chevaux ou des bœufs.

L'instruction des apprentis se paie à raison de 30 fr. pour un mois, de 54 fr. pour 3 mois, et de 72 fr. pour 6 mois. L'apprenti qui s'engage à rester pendant un an, reçoit l'instruction gratuitement. Dans tous les cas, la nourriture se paie à part, à raison de 24 fr. par mois. L'apprenti qui s'engage à rester pendant un an doit déposer à son entrée une somme de 150 fr. pour garantie de cet engagement ; cette somme lui est rendue à l'expiration de l'année ; mais il n'a aucun droit à la réclamer s'il quitte avant cette époque, ou si l'on est forcé de le renvoyer pour cause de mécontentement grave.

A dater de 1831, on a établi à Roville un cours de culture d'arbres forestiers.

ÉCOLE ROYALE FORESTIÈRE DE NANCY.

Directeur, M. Salomon. — *Sous-directeur*, M. Parade.

Professeurs, MM. Lamouroux, histoire naturelle.
Musquelier, mathématiques.
Laurent, dessin.
Hinschecliffe, langue allemande.

Le nombre des élèves est fixé à 24. Les candidats doivent être âgés de 19 ans au moins, de 22 au plus, au 1er novembre de l'année du concours.

Les examens pour les places d'élèves de l'École forestière sont ouverts chaque année à Paris et dans les principales villes du royaume, à la même époque que ceux de l'École polytechnique, et sont faits par les mêmes examinateurs. Le programme est publié tous les ans dans le *Moniteur*, trois mois au moins avant que cet examen ait lieu. Les jeunes gens qui désirent concourir pour l'admission à l'École forestière, sont tenus d'adresser à M. le directeur de l'administration, avant le 1er juin de chaque année, les pièces suivantes :

1º L'acte de naissance, revêtu des formalités prescrites par les lois, et constatant que l'aspirant aura, au 1er novembre, 19 ans accomplis, et n'aura pas plus de 22 ans.

2º Un certificat, signé d'un docteur en médecine ou en chirurgie, et dûment légalisé, attestant qu'il est d'une bonne constitution, qu'il a été vacciné, ou qu'il a eu la petite vérole.

3º Un certificat en forme, constatant qu'il a terminé son cours d'humanités.

4º La preuve qu'il possède un revenu annuel de 1,200 fr., ou, au défaut, une obligation par laquelle ses parents s'engagent à lui fournir une pension de pareille somme pendant son séjour à l'École forestière, et une pension de 400 fr. à la sortie de l'École, jusqu'à l'époque à laquelle il sera employé comme garde-général en activité.

Les candidats sont examinés sur les objets ci-après, savoir :

1º L'arithmétique complète et l'exposition du nouveau système métrique; 2º la géométrie élémentaire et le dessin; 3º l'algèbre, jusqu'aux équations du second degré inclusivement; 4º la trigonométrie; 5º la langue française; 6º ils traduiront, sous les yeux de l'examinateur, un morceau d'un des auteurs latins, de la force de ceux qu'on explique en rhétorique.

Les élèves admis à l'École forestière y restent deux ans, et ils y suivent les cours qui y sont établis; ils subissent un examen de sortie; ceux qui satisfont à cet examen sont envoyés près d'inspecteurs dans les arrondissements les plus importants, pour y acquérir des connaissances pratiques, et lors des vacances, ils sont promus au grade de garde-général, dès qu'ils ont fait preuve de l'instruction nécessaire pour exercer des fonctions actives.

Les deux Instituts agronomiques de Grignon et de Roville, dont nous venons de reproduire les prospectus, acquerraient une importance plus grande et une utilité plus réelle, si pour y entrer et pour en sortir les élèves étaient soumis à l'obligation d'un examen.

Sans l'extrême difficulté de s'y faire admettre, l'École polytechnique exciterait infiniment moins l'ambition et l'émulation des jeunes gens.

Ce qui manque donc en France à l'agriculture, ce sont des écoles rurales gratuites pour les *fils de cultivateurs*, et un grand collége agronomique, une sorte de faculté des sciences rurales pour les *fils de propriétaires* qui pensent avec nous qu'une telle qualité a ses devoirs et ses obligations qui ne sauraient être méconnus, sans dommage porté au fonds social qui forme la richesse publique.

Le jour où l'on se pénétrerait enfin de la nécessité de donner aux *fils de propriétaires* une instruction qui les mette en état de tirer de la gestion de leurs patrimoines l'augmentation de produit qui résulte de l'union intelligente d'une industrie et d'un capital, ce jour-là les professions libérales, les fonctions et les emplois publics salariés, — vers lesquels affluent maintenant, par suite d'un intérêt mal compris, tous les fils de propriétaires, — verraient leur encombrement se dissiper au profit des fils de famille, instruits et laborieux, mais privés de patrimoine.

Au gouvernement nous dirons donc :

Réduisez le nombre des bourses données dans vos colléges, et créez des écoles rurales qui soient accessibles aux classes inférieures; supprimez une de vos écoles militaires, et consacrez les fonds qu'elle vous coûtait à l'établissement et à l'entretien d'un lycée agronomique, d'où il sorte des ingénieurs agricoles renommés et des propriétaires agronomes.

Sachez que la conversion de l'agriculture en industrie, opérée par un bon système d'instruction spéciale, peut seule résoudre enfin ce problème de civilisation, impérieusement posé aux gouvernements modernes par les peuples que les révolutions ont instruits de leur puissance, à savoir : que tout homme intelligent, moral et laborieux, avec huit heures par jour d'un travail RATIONNEL, puisse : nourrir substantiellement, loger sainement, vêtir convenablement sa famille, — en assurer l'avenir et le présent, — profiter d'un loisir de six heures pour s'instruire utilement et élever honorablement ses enfants dans la profession à laquelle il sera redevable de son bien-être.

Hâtez-vous donc de faire ce qui peut décupler la richesse nationale, améliorer le sort des classes pauvres, et mettre un terme aux crises sociales qui agitent périodiquement la France.

L'Autriche, qui possédait déjà le bel établissement pomologique d'Harrac, a récemment créé, sous le titre de Georgicon, des écoles de perfectionnement pour l'agriculture à Altemberg, à Kessthely, à Etska; le Wurtemberg, qui n'a que six cent trente-sept lieues carrées, et qu'un million et demi d'habitants, accorde annuellement 800,000 fr. d'encouragement à l'agriculture; la France, avec une superficie trente-deux fois plus étendue, n'accordait, il y a cinq ans, que 90,000 fr., qui ont été portés à 400,000 fr., mais qui ne sont pas même employés en entier. Ainsi, le Wurtemberg destine à l'encouragement de l'agriculture plus de 1,000 fr. par lieue carrée; et la France, aujourd'hui, n'y consacre encore que 16 fr. 60 c.; il y a cinq ans, cet encouragement ne s'élevait qu'à 3 fr. 75 c. par lieue carrée.

Nous avons commencé par une citation du marquis de Mirabeau, nous finirons par le passage suivant extrait de l'*Essai sur la nécessité et les moyens de faire entrer dans l'instruction publique l'enseignement de l'agriculture*, par M. François de Neufchâteau.

« Quel bonheur pour la France, si les propriétaires des terres, en général, connaissaient l'importance de résider eux-mêmes, au moins une partie de l'année, sur leurs biens ruraux, pour les améliorer! s'ils sentaient la nécessité d'y appliquer de grands capitaux, et s'ils pouvaient diriger leurs fermiers vers des moyens d'exploitation plus simples et plus utiles? *L'ignorance des maîtres nuit encore plus à la terre que l'ignorance des colons.* Aussi ne doit-on pas être surpris que la routine règle seule les stipulations des baux; que les hommes d'affaires, les notaires publics n'en sachent souvent pas plus que les citadins les moins éclairés; qu'enfin, dans les lois mêmes, dans les projets de codes, dans les discussions auxquelles ces codes donnent lieu, l'on ait le chagrin d'observer que des hommes, d'ailleurs très-savants, paraissent ignorer l'effet que tel ou tel article doit produire sur l'agriculture, c'est-à-dire, pourtant, sur l'agent principal et le premier moteur de la machine sociale! »

Nous compléterons enfin ces deux citations par une troisième empruntée à M. le prince de Talleyrand.

« Dans un pays agricole, tout doit naître cultivateur; on sera momentanément magistrat, guerrier, législateur; mais les travaux champêtres feront l'occupation habituelle de l'homme, et chacun y trouvera le délassement, ou même la récompense de ses fonctions de citoyen : un tel changement de mœurs, multipliant dans les campagnes les expériences, contribuera nécessairement à y accroître les bonnes méthodes, et à y faire fructifier les principes que les livres élémentaires auront déjà pu y introduire. »

ARTS ET MÉTIERS.

OUVRIERS. — ARTISANS.

> « Messieurs, cinquante ans d'existence commerciale et
> » manufacturière m'ont mis plus d'une fois à même de ré-
> » fléchir sur la malheureuse situation des jeunes gens sor-
> » tant du collége, qui me demandaient, ou pour qui les
> » parents sollicitaient des places, et dont je ne pouvais sa-
> » tisfaire les demandes. Combien n'en ai-je pas vu se frap-
> » per le front de désespoir, et les plus sensés se plaindre
> » amèrement que leurs parents ne les eussent pas fait in-
> » struire de préférence à manier le rabot ou la lime! »
>
> (Ternaux, député, *Discours du* 3 *avril* 1829.)

Considérations de classe et de fortune. — La condition d'artisan est le lot forcé de tous les enfants de la classe pauvre des villes; beaucoup de fils de cultivateurs abandonnent imprudemment leurs champs pour la prendre, c'est le contraire qui devrait être fait, maintenant surtout que l'emploi des machines et l'application de certains moteurs tendent, en raison du perfectionnement et de l'économie de la fabrication, à se substituer à la force des hommes.

Les machines sont appelées à restituer à l'agriculture les bras que l'industrie lui avait enlevés; ce qu'il faut désirer, c'est qu'elles le fassent graduellement et sans crise. Aussi ne saurait-on trop insister sur le danger de préférer les travaux des villes à ceux des campagnes.

L'instruction élémentaire, en se répandant dans les

classes ouvrières, aura bien pour effet — de perfectionner la main-d'œuvre de beaucoup d'états, — de la rendre moins chère au fur et à mesure qu'elle exigera plus d'intelligence et moins de force, — de réformer quelques habitudes vicieuses, — de populariser le sentiment de la prévoyance ; on verra un moins grand nombre d'ouvriers dépenser en un seul jour, le dimanche ou le lundi, tout ce qu'ils auront pu épargner en s'imposant les privations les plus dures pendant toute la durée de la semaine ; mais cette amélioration de leur sort ne sera pas suffisante, si une grande réforme ne s'opère dans tout notre système de travaux publics ; si la prospérité générale n'augmente pas sensiblement la masse des consommateurs ; mais surtout si l'affluence des campagnes vers les villes n'a pas lieu en sens contraire, c'est-à-dire, si beaucoup d'artisans, après avoir quitté leurs champs, n'y retournent pas chercher du travail ou porter leur industrie, élever plus économiquement leur jeune famille, ou prendre possession du faible patrimoine dont la mort d'un parent les aurait laissés héritiers.

Les artisans, n'ayant qu'un avenir toujours dépendant des circonstances, ne sauraient trop s'appliquer à se faire remarquer par leur aptitude et leur supériorité dans leur métier ; ils devront surtout prendre l'habitude de faire sur chaque journée de travail la part de la journée sans ouvrage ; car de toutes les conditions, celle qui impose le plus l'économie et la prévoyance, c'est assurément la condition d'artisan, encore soumise à tant de vicissitudes.

En Angleterre, le simple ouvrier possède toute l'instruction nécessaire à sa profession; à l'habileté pratique, le contre-maître joint des connaissances scientifiques qui trouvent une application continuelle dans son atelier. Et c'est sans nul doute à l'habileté de cette classe précieuse d'hommes que l'on doit attribuer la principale cause de l'immense supériorité de l'industrie britannique.

Aptitude : Dextérité manuelle, — intelligence.

Instruction nationale: — Premier et second degrés.

Instruction professionnelle : — Apprentissage dans un atelier.

ÉTABLISSEMENTS D'INSTRUCTION SPÉCIALE.

COURS DU CONSERVATOIRE DES ARTS ET MÉTIERS, A PARIS.

Cet établissement est spécialement destiné à recevoir le modèle en grand ou réduit, ou, à défaut, le dessin ou la description des machines, instruments, appareils ou outils propres à l'agriculture et aux arts mécaniques.

On fait au Conservatoire des cours *publics* et *gratuits* qui ont pour objet :

La Chimie appliquée aux arts ;
La Géométrie et la Mécanique appliquées aux arts ;
L'Économie industrielle ;
La Physique et la démonstration des machines ;
La Culture ;
La Mécanique et les constructions agricoles ;
La Chimie agricole.

L'administration du *Conservatoire des arts et métiers* délivre des cartes d'admission pour les cours *gratuits* de dessin, qui comprennent :

La Géométrie descriptive ;
Le dessin des machines ;
Le dessin de la figure.

ÉCOLES ROYALES D'ARTS ET MÉTIERS DE CHALONS-SUR-MARNE ET D'ANGERS.

Une ordonnance du roi, du 25 septembre 1833, a ramené ces écoles à leur véritable destination, qui est de former des chefs d'ateliers et des ouvriers instruits et habiles.

Le régime de ces établissements est purement civil : l'instruction y est à la fois théorique et pratique. L'instruction théorique comprend les mathématiques, la grammaire française, l'écriture, le dessin des machines, des ornements et le lavis.

Les élèves sont formés à l'instruction pratique dans quatre ateliers, savoir :

Forges ;
Fonderies et moulages divers ;
Ajustage et serrurerie ;
Tours, modèles et menuiserie.

Les élèves, à leur entrée à l'école, sont classés dans ceux des ateliers qui se rapprochent davantage de l'art ou du métier dans lequel ils ont fait l'apprentissage dont il sera parlé ci-après. Toutefois, si, après une année d'épreuves, ils manifestent plus de goût et d'aptitude pour un autre atelier, ils peuvent y être admis, lorsque leur aptitude a été reconnue par un jury pris parmi les fonctionnaires de l'école.

Nul maître externe ne peut être introduit ni toléré, sous aucun prétexte, dans l'intérieur des écoles, et aucun élève externe ne peut être admis aux cours ni aux travaux.

Il y a dans chaque école pareil nombre
De demi-bourses ;
De bourses à trois quarts gratuites ;
Et de bourses entièrement gratuites.

Il y a 75 bons de dégrèvement, 50 à Châlons, et 25 à Angers, chacun d'un quart de pension, que le gouvernement accorde pour servir de récompense et d'encouragement à ceux des élèves qui s'en sont montrés dignes par leurs progrès et leur bonne conduite, sans distinction des boursiers ou des pensionnaires.

Il n'y a d'admission d'élèves qu'une fois l'an, au 1er octobre, époque du renouvellement de l'année scolaire.

Les conditions générales d'admission sont :

1° Être âgé au moins de quatorze ans et au plus de dix-sept, au moment de l'entrée à l'école ;

2° Être d'une bonne constitution, avoir eu la petite-vérole ou avoir été vacciné ;

3° Savoir lire, écrire et posséder les quatre premières règles de l'arithmétique.

Le nombre des élèves que les écoles royales d'arts et métiers reçoivent comme *pensionnaires*, et entièrement à la charge de leurs parents, est fixé à 100 pour l'école de Châlons, et à 50 pour celle d'Angers

Classification des places d'élèves boursiers.

Les élèves boursiers sont nommés par le ministre du commerce et des travaux publics.

Une place à pension entière, une à trois quarts de pension, une à demi-pension, sont spécialement affectées à chaque département du royaume.

La Société d'encouragement pour l'industrie nationale a le droit de présentation à huit places à l'école de Châlons, savoir : six à bourse entière et deux à trois quarts de bourse, à la charge par elle de s'engager à placer, à leur sortie de l'école, dans des établissements industriels, au moins quatre des boursiers qu'elle aurait choisis.

L'école de Châlons reçoit 156 élèves fournis par les 52 départements dont les noms suivent : Ain, Aisne, Allier, Alpes (Basses), Alpes (Hautes), Ardèche, Ardennes, Aube, Aveyron, Bouches-du-Rhône, Calvados, Cantal, Corse, Côte-d'Or, Creuse, Doubs, Drôme, Eure, Eure-et-Loir, Gard, Hérault, Indre, Isère, Jura, Loire, Haute-Loire, Loiret, Lozère, Marne, Haute-Marne, Meurthe, Meuse, Moselle, Nièvre, Nord, Oise, Pas-de-Calais, Puy-de-Dôme, Rhin (Bas), Rhin (Haut), Rhône, Haute-Saône, Saône-et-Loire, Seine, Seine-et-Marne, Seine-et-Oise, Seine-Inférieure, Somme, Var, Vaucluse, Vosges, Yonne.

Les 34 autres départements, savoir : Arriége, Aude, Charente, Charente-Inférieure, Cher, Corrèze, Côtes-du-Nord, Dordogne, Finistère, Haute-Garonne, Gers, Gironde, Ille-et-Vilaine, Indre-et-Loire, Landes, Loir-et-Cher, Loire-Inférieure, Lot, Lot-et-Garonne, Maine-et-Loire, Manche, Mayenne, Morbihan, Orne, Pyrénées (Basses), Pyrénées (Hautes), Pyrénées-Orientales, Sarthe, Sèvres (Deux), Tarn, Tarn-et-Garonne, Vendée, Vienne et Vienne (Haute), envoient leurs élèves à l'école d'Angers.

Les demandes des places d'élèves boursiers, autres que celles qui sont réservées aux départements et à la Société d'encouragement, doivent être adressées au ministre du commerce et des travaux publics, soit directement, soit par l'entremise des préfets.

Conditions d'admission aux places d'élèves boursiers.

Nul ne pourra obtenir une bourse si, après examen, il n'a pas été déclaré admissible par un jury départemental nommé par le préfet.

Cette condition est de rigueur, tant pour les places réservées aux départements que pour celles auxquelles le ministre nomme directement.

Outre les trois conditions générales d'admission, les candidats aux bourses doivent avoir fait, pendant un an, l'apprentissage d'un des arts et métiers analogues à ceux qui sont enseignés dans les écoles.

Pour assurer l'exécution de cette dernière condition, le candidat doit se faire inscrire, dès le commencement de son apprentissage, sur un registre qui est tenu à cet effet au chef-lieu de la préfecture.

Si le candidat n'habite pas un chef-lieu de préfecture, son inscription peut avoir lieu sur la présentation d'un certificat du maire de sa commune, légalisé par le sous-préfet.

Les examens ont lieu au mois d'août de chaque année.

Le jury d'examen établit une liste d'admissibilité, sur laquelle les élèves examinés sont inscrits par ordre de capacité.

Le jury porte en tête de la liste les candidats qui, outre les connaissances rigoureusement exigées, peuvent démontrer les premiers éléments de la géométrie, ou qui possèdent le dessin linéaire.

Pièces à fournir par les candidats aux bourses.

Tous les candidats doivent fournir :

1° L'extrait de l'acte de leur naissance ;

2° Un certificat des autorités du lieu de leur domicile, attestant leur bonne conduite et celle de leurs parents ;

3° Un certificat, délivré par un officier de santé, constatant qu'ils ont été vaccinés ou qu'ils ont eu la petite-vérole, et que leur constitution est saine et robuste ;

4° L'engagement des parents ou tuteurs des candidats de payer, pour le sujet qu'ils présentent, au moment même de son entrée à l'école, une somme de deux cents francs, représentative de la valeur du trousseau qui leur sera fourni ;

5° L'engagement des parents ou tuteurs des candidats aux places d'élèves à demi-pension et à trois quarts de pension gratuite, de payer, de trois mois en trois mois et d'avance, soixante-deux francs cinquante centimes, ou trente-un francs vingt-cinq centimes, suivant la quote-part de pension qui reste à leur charge.

Les engagements spécifiés aux n°s 4 et 5 ci-dessus sont cautionnés, si une caution est jugée nécessaire pour en garantir l'exécution.

Il est d'autant plus indispensable de les remplir exactement, que tout élève en retard de payer aux époques prescrites, soit le prix du trousseau ou la quote-part de la pension à sa charge, est renvoyé à ses parents ;

6° Une expédition du procès-verbal de l'examen subi devant le jury départemental.

De l'admission aux écoles d'arts et métiers des élèves boursiers.

Le ministre du commerce et des travaux publics adresse à chaque élève sa lettre de nomination, sur la présentation de laquelle il est reçu à l'école.

A son arrivée, il subit un nouvel examen, et s'il ne se trouve pas posséder les connaissances exigées, conformément au certificat du jury d'après lequel il a été nommé, il sera irrémissiblement renvoyé à ses parents et la nomination annulée, l'école ne pouvant suppléer à l'instruction préliminaire exigée au moment de l'admission.

De l'uniforme et du trousseau.

Les élèves sont vêtus uniformément.

Pour le prix du trousseau mentionné plus haut, chaque élève reçoit :

Six chemises ;

Six mouchoirs de poche ;

Quatre serviettes ;

Quatre serre-têtes ou bonnets de coton ;

Quatre paires de chaussettes ;

Deux cols noirs ;

Un habit de drap gris foncé, coupé en frac droit, collet de même, sans passe-poil ni parement, avec des boutons jaunes, portant ces mots : *Ecole royale d'arts et métiers* ;

Un pantalon, un gilet, même couleur que l'habit ; des guêtres en drap noir ;

Un chapeau rond, forme civile, orné de la cocarde nationale ;

Une veste ronde pour le travail, un gilet, un pantalon, des guêtres, un bonnet ou casquette ;

Un pantalon et des guêtres de toile ;

Deux paires de souliers ;

Deux peignes ;

Brosses d'habits et de souliers.

Ces effets sont entretenus et renouvelés aux frais de l'école qui les a fournis ; ils sont remis à l'élève, à sa sortie, dans l'état où ils se trouvent.

Des élèves pensionnaires.

Les élèves aux frais de leurs parents sont admis à raison de cinq cents francs par an pour la pension entière.

C'est le directeur de chaque école qui prononce leur réception, sauf à en référer au ministre du commerce et des travaux publics, s'il venait à s'élever quelques difficultés pour leur admission, et c'est à ce directeur que doit être adressée directement la demande.

Les élèves pensionnaires, qui doivent remplir les conditions générales d'admission, sont dispensés de la justification de l'apprentissage et de subir examen devant le jury départemental.

Ils adressent directement au directeur les pièces qu'ils doivent fournir pour justifier des conditions qui leur sont imposées, telles que l'acte de naissance, certificat de vaccine, engagement des parents de payer le prix de la pension, etc.

Ils doivent immédiatement, en entrant à l'école, payer *deux cent quarante francs* pour le prix de leur trousseau.

Les élèves pensionnaires sont d'ailleurs admis à prendre part aux bons de dégrèvement s'ils s'en rendent dignes par leur progrès et leur conduite, et à prendre part aux avantages assurés aux élèves des écoles d'arts et métiers par les articles 26, 27, 28 et 29 de l'ordonnance du roi du 25 septembre 1832, qui concernent les examens et les récompenses.

Examens et récompenses.

A la fin de l'année, des examinateurs nommés par le ministre du commerce et des travaux publics se rendent dans les écoles. Leur examen porte tant sur la partie théorique que sur la partie pratique.

Ils prennent connaissance des résultats de l'examen d'avril passé devant le jury, de l'ouvrage fait dans les ateliers par chaque élève, de leurs dessins. Ils font opérer les élèves devant eux ; les notes sur leur conduite leur sont communiquées, et, d'après tous ces éléments, ils prononcent sur les promotions d'une classe à une autre, et sur les exclusions s'il y a lieu.

Les examinateurs président à la distribution des prix ; ils désignent, parmi les élèves de la troisième année, les jeunes gens qui se sont le plus distingués par leurs progrès.

Chacun de ces élèves recevra une médaille d'argent portant son nom, avec ces mots : ÉCOLE D'ARTS ET MÉTIERS ; RÉCOMPENSE

Le nombre de ces récompenses ne peut excéder, chaque année, trente pour l'école de Châlons, et quinze pour celle d'Angers.

Si, parmi les élèves qui ont reçu les médailles, il en est dont l'état, à la sortie de l'école, n'ait pas été assuré aux termes de l'article 8 de la présente ordonnance, ils sont placés, par les soins du ministre du commerce et des travaux publics, ou dans des arsenaux ou dans des manufactures du royaume, aux frais de l'État, pendant une année.

ÉCOLE GRATUITE D'ARTS ET MÉTIERS, dite LA MARTINIÈRE, A LYON.

De la nature des études. — L'institution fondée par le major-général Martin est une école destinée à l'enseignement gratuit des sciences et des arts dans leurs rapports avec l'industrie lyonnaise, et spécialement avec la fabrication des étoffes de soie.

L'instruction, dans l'école de la Martinière, est à la fois théorique et pratique.

L'instruction théorique comprend : l'arithmétique et son application aux premiers éléments de la comptabilité commerciale; les premières notions d'algèbre, la géométrie élémentaire et ses principales applications; la géométrie descriptive comprenant les préliminaires de cette science, avec de nombreux exercices de projection et les cas les plus simples de l'intersection des surfaces, le tracé et les propriétés des principales courbes employées dans les arts (sections coniques, hélice, épicycloïde, etc.); le tracé des éléments principaux des machines (vis, engrenages, etc.); les principes de la mécanique, la description des machines et des métiers, et principalement de ceux qui sont employés dans la fabrique de Lyon; les branches de la physique applicables aux arts, et spécialement à l'industrie lyonnaise; la teinture des soies et des étoffes avec des notions générales de chimie, et des notions suffisamment étendues sur les matières premières employées dans la fabrique de Lyon, et notamment sur la soie, sur le blanchiment, les apprêts, etc.; le dessin perspectif et projectif, principalement d'après le relief, appliqué aux arts mécaniques et le dessin de la mise en carte, comme auxiliaire indispensable du cours de fabrication; enfin un cours de théorie de fabrication des étoffes de soie, auquel tous les autres cours devront plus ou moins se rapporter.

Le mode d'enseignement est surtout expérimental.

Les exercices manuels se composent principalement de la partie pratique de la fabrication des étoffes de soie, et accessoirement de travaux préparatoires d'ateliers appropriés aux forces des élèves.

Les élèves sont astreints à suivre tous les cours généraux de l'école; ils peuvent, sur la demande de leurs parents, être dispensés des cours spéciaux. Cette dispense est donnée par le directeur.

L'enseignement complet de l'école est distribué en deux divisions, à chacune desquelles les élèves sont attachés pendant la durée de l'année scolaire. Ils peuvent néanmoins redoubler les études de l'une des divisions, mais ils ne doivent, sous aucun prétexte, rester à l'école une quatrième année.

Les élèves ne passent d'une division à une autre qu'à la suite d'un examen qui constate leur aptitude à suivre de nouvelles études. Tout élève qui, après deux années passées dans la première division, sera reconnu incapable de suivre les études de la deuxième, ne pourra plus rester dans l'établissement.

De l'admission des élèves. — Les élèves doivent appartenir à des familles peu aisées, domiciliées à Lyon, ou dans le département du Rhône, et ne sont admis que sur la demande de leurs parents ou de leurs tuteurs.

L'âge des candidats doit être de dix ans au moins, de quatorze ans au plus, sauf les cas d'exceptions qui sont appréciés par le conseil supérieur.

Ils doivent être porteurs d'un certificat de bonne conduite de l'école primaire où ils ont été instruits.

Ils doivent être d'une constitution saine, et justifier qu'ils ont eu la petite vérole ou la vaccine.

Ils doivent avoir reçu l'instruction primaire élémentaire, telle qu'elle est définie par l'art. 1er de la loi du 28 juin 1833.

Des examens d'admission, à la suite desquels les candidats admis sont classés par ordre de mérite, ont lieu toutes les années à des époques fixées.

NOTA. L'École n'admet pas d'élèves externes.

ÉCOLE ROYALE GRATUITE DE DESSIN, DE MATHÉMATIQUES ET DE SCULPTURE, EN FAVEUR DES ARTS MÉCANIQUES.

Paris, rue de l'École-de-Médecine, 5.

Les élèves peuvent être reçus par l'administration de l'école dès l'âge de neuf ans, pourvu qu'ils sachent lire et écrire.

Chaque élève paie, le jour de son admission, 1 franc par carte désignant chaque genre d'étude, plus 50 centimes pour le règlement qui lui est remis.

Après trois mois d'absence sans motifs légitimes, les élèves sont considérés comme ne suivant plus les cours de l'établissement, et ils doivent se faire inscrire de nouveau pour être admis.

Les genres d'études sont :

1º Géométrie, arithmétique, toisé, etc. ;
2º Architecture, coupe des pierres, charpente ;
3º Figure et animaux ;
4º Ornements et fleurs ;
5º La sculpture (modelage).

Toute personne peut, en payant à l'école une somme de quarante francs par an, fonder une bourse et en disposer en faveur d'un enfant, qui reçoit de l'administration un étui de mathématiques et les objets nécessaires au dessin.

Aucun délai n'est fixé pour le temps pendant lequel on peut suivre les cours de l'école gratuite de dessin.

ÉCOLE ROYALE SPÉCIALE ET GRATUITE DE DESSIN POUR LES JEUNES PERSONNES.

Paris, rue de Touraine, 7.

Cette école, qui est placée dans les attributions du ministre de l'intérieur, est ouverte aux jeunes personnes qui se destinent aux arts et aux professions industrielles.

On y enseigne tous les genres de dessin :

      La figure,
      L'ornement,
      Le paysage,
      Les animaux,
      Les fleurs.

MM. les membres de la commission de surveillance établie pres cette école, décernent chaque année, à la suite d'un concours, des médailles d'argent et un grand prix d'honneur.

Dans un grand nombre de villes de départements, d'honorables citoyens consacraient leurs loisirs à faire des cours industriels. Ces cours ne sauraient être trop encouragés et trop recommandés; ils révèlent la capacité des hommes qui les font, et l'aptitude de ceux qui les suivent. Il en naît un rapprochement favorable au perfectionnement des choses et à l'amélioration des hommes.

COMMERCE.

COMMERÇANTS ET NÉGOCIANTS.

J'ai long-temps dirigé les études dans une maison d'éducation célèbre, où il y avait une classe de commerce ; cette classe comprenait toutes les études nécessaires aux professions industrielles et agricoles ; l'enseignement était excellent, le professeur plein de talent et de zèle. Eh bien ! sur 300 élèves que renfermait le collége, je n'ai jamais pu en réunir plus de 10 ou 12 dans la classe de commerce ; et pourtant la clientelle de la maison se composait en majeure partie d'industriels. Mais, à mes instances répétées, que répondaient les parents? — « Je ne veux pas que mon fils soit un âne...; il faut qu'il fasse les mêmes études que les autres. — Mais il n'obtiendra aucun succès dans les lettres ; et il peut devenir un excellent fermier, un bon militaire, un commerçant parfait. — N'importe ; il fera ses études classiques jusqu'au bout; nous verrons après ? » Ce qu'on voyait au bout de l'expérience, c'est que la vanité du père avait sacrifié l'enfant ; et qu'incapable de devenir un négociant distingué, faute des études nécessaires à cette profession, le rhétoricien l'était tout autant de devenir un bon avocat ou un bon professeur, pour n'avoir fait qu'incomplètement celles qui pouvaient le conduire à cette destinée. Le rhétoricien manqué n'était qu'un sot, et ne pouvait plus devenir un homme utile.

Ayez donc des écoles usuelles, séparées de vos colléges, où la vanité des parents n'ait rien à redouter de la comparaison d'études supérieures avec des travaux plus modestes, où la concurrence de destinées plus hautes ne décourage pas vos enfants. Vous voulez l'égalité dans la société ; commencez par la mettre dans les études, et soyez sûr qu'elle n'existera qu'à une condition, c'est que les études soient séparées aussi exactement que les destinées ; car c'est le moyen qu'aucune profession ne soit jamais sacrifiée à une autre, et que toutes s'estiment un jour en se rapprochant dans le monde.

CUVILIER-FLEURY. (*Journal des Débats.*)

CONSIDÉRATIONS DE CLASSE ET DE FORTUNE. — Le commerce convient peu à la classe pauvre en raison des capitaux qu'il exige, et des risques auxquels il expose ceux qui s'y livrent. La classe riche a mieux à faire : le commerce est la condition de la majorité des hommes qui composent la classe moyenne.

Le nombre des fraudes et celui des risques s'est considérablement accru dans le commerce, depuis que les anciennes maisons, renommées de père en fils dans une branche commerciale, se sont progressivement éteintes, sans qu'il s'en reformât de nouvelles.

La bonne foi et la probité d'une maison de commerce, anciennement, se légitimait par le temps ; la confiance qu'elle avait inspirée faisait de sa raison commerciale une notabilité héréditaire dont on était fier, et qu'on tenait à conserver pure ; les traditions se transmettaient de père en fils : maintenant les grandes maisons ne basent plus leurs opérations que sur un succès éphémère de vogue ou de circonstance. Les petites maisons ne spéculent plus que sur la falsification des denrées et des produits ; aussi, dès qu'un chef de maison a réalisé ses bénéfices, le voit-on, sa famille et lui, changer aussitôt de condition, parce qu'après lui avoir procuré la fortune, elle ne lui donne pas la considération sans laquelle on jouit mal de la première.

Malgré la concurrence, qui, généralement en France, se montre peu ingénieuse, et tend plus à détruire qu'à améliorer, il peut encore se faire, dans l'état de commerçant, d'honorables fortunes, en s'attirant, par une grande bonne foi, la confiance des consommateurs ; en vendant les meilleures qualités, le prix juste et fixe ; en se contentant d'une commission équitable, qui sera d'autant plus productive qu'elle sera plus faible pour être plus souvent répétée.

Un chef de maison, qui, à la fin de sa carrière, n'aurait réussi qu'à fonder le crédit de sa maison et qu'à élever honorablement sa famille, lui laisserait encore un bon patrimoine, et peut-être même un patrimoine plus assuré qu'il ne le serait en rentes ou fonds de terre; car un jeune homme sans profession sauve difficilement sa fortune des écueils de la dissipation ou de l'intrigue; ces dangers le menacent moins, lorsqu'il a le nom de son père à faire respecter, qu'il a sa clientelle à conserver, et qu'il reste sous la tutelle de vieux amis qui le surveillent et l'encouragent.

Ce sentiment que nous voudrions faire naître, tous les fils le ressentiraient si leurs père et mère ne leur donnaient, les premiers, le mauvais exemple d'une vanité que n'excuse pas l'affection.

Tout enseignement qui n'assure pas à l'enfant qui le reçoit, à défaut d'une profession spéciale, au moins un état modeste qu'il puisse toujours exercer, est un sacrifice regrettable, imposé à la majorité des familles.

Il fait sortir inconsidérément le fils de la condition du père, il appauvrit inutilement le présent de l'un, il expose imprudemment l'avenir de l'autre.

Le propre des parents étant généralement de supposer leurs enfants doués d'éminentes facultés intellectuelles, tous pensent que développer ces facultés par l'instruction, c'est mettre la destinée de leur fils à l'abri des vicissitudes sociales, c'est leur assurer infailliblement un honorable moyen de pourvoir aux nécessités de leur existence.

Ils se trompent!

L'enseignement des écoles primaires est encore trop imparfait pour atteindre ce but, et l'enseignement des colléges ferme aux jeunes générations plus de carrières qu'il ne peut lui en ouvrir;

Ainsi, pour l'accès qu'il donne à la jeunesse parmi trois ou quatre professions obstruées, il l'éloigne de tous les arts manuels, qui, pour devenir plus lucratifs et moins pénibles, n'attendent, de la part de ceux qui les exercent, que des connaissances qui leur soient judicieusement appropriées.

Ce que, dans toutes les conditions sociales, il importerait de savoir parfaitement, est précisément ce que les colléges négligent d'enseigner.

Voyez, après cinq années d'études, s'ouvrir les portes d'un collége communal; suivez le flot des jeunes gens qui le quittent; ils sont pleins de confiance dans l'instruction qu'ils ont acquise, et c'est une exception lorsqu'ils savent parler correctement leur langue maternelle; leur écriture est informe et illisible; aucun d'eux ne serait en état de soumettre la fortune ou l'industrie de sa famille à l'ordre et aux formes d'une comptabilité régulière...

Ceux-ci, dont les parents peuvent continuer l'instruction universitaire, — et relativement c'est le très-petit nombre, — s'éloignent de leurs familles pour suivre les cours d'une faculté de droit ou de médecine. Vingt mille francs et dix années au moins d'études : tel est le prix qu'auront à payer les plus laborieux et les plus économes, avant d'avoir même mesuré les carrières auxquelles les admet leur diplôme.

Ceux-là, plus pressés de retirer le produit du capital consacré à leur instruction, s'abusent jusqu'à supposer qu'une apostille, qu'une pétition, qu'un voyage leur suffiront pour obtenir accès dans l'une des administrations publiques.

Plusieurs années s'écoulent en sollicitations et en démarches, que le plus souvent leurs vœux ne sont pas satisfaits, et que leurs illusions ne sont pas encore détruites ; le désespoir les saisit, le besoin les presse, il leur faut enfin changer de résolution !

C'est alors seulement, qu'entre eux, plus d'un se surprend à regretter et la profession de son père avec sa clientelle, et les dix mille francs consacrés à l'acquisition d'une instruction incomplète et impuissante.

Que feront-ils?..... La possession d'une langue morte, et l'exercice d'une profession autre que celles désignées sous le nom de *libérales*, paraissent inconciliables... Dans leur esprit, le collége et l'atelier s'excluent, et au fait, l'instruction incomplète qu'ils ont reçue n'a jamais été pour eux ce qu'elle devrait toujours être, — *l'apprentissage d'une profession*.

Après avoir abandonné l'espoir d'obtenir la place qu'ils sollicitaient dans une administration publique, ils se flattent d'être plus heureux auprès de quelques grandes administrations privées; ils s'abusent encore, toutes les places y sont envahies; long-temps ils cherchent, — enfin ils trouvent accès dans une maison de commerce; la moralité connue de leurs familles est une considération dignement appréciée, leur avenir enfin ne va plus dépendre que de la confiance qu'ils sauront inspirer par leur aptitude et leur zèle... Mais, fatal contretemps, ils ont le titre de bachelier ès-lettres, et jamais l'art de tenir une comptabilité ne leur a été enseigné; — trois emplois sont vacants, celui de dépositaire de la caisse sociale, celui de chef de la correspondance, celui enfin d'expéditionnaire; — ils ne sauraient en remplir aucun des trois... Dans la composition de leurs thèmes latins et de leurs versions grecques, dans leurs illusions de futurs « *hommes remarquables*, » ils ont négligé d'apprendre à écrire LISIBLEMENT... Ils ont dédaigné de s'appliquer au seul art qui devait un jour rendre leur instruction productive!

Il est à remarquer, à ce propos, que, par suite du sot préjugé qui s'est attaché à l'art calligraphique, — en raison peut-être de l'importance de mauvais goût qu'il a commencé par se donner, — les jeunes gens les plus heureusement doués de la faculté d'apprendre, sont d'ordinaire ceux qui, dans l'enfance, se sont appliqués à écrire le plus imparfaitement ; il en résulte par suite qu'ils sont souvent les premières victimes des études par lesquelles ils se sont fait distinguer.

L'art matériel de bien écrire, dont il est fait si peu d'estime dans les colléges, est, hors de là, dans toutes les transactions de la vie d'autant plus apprécié, qu'en France il est aussi rare qu'en Angleterre, en Belgique, en Hollande, il est général.

Aussi, lorsque beaucoup d'hommes instruits ne peuvent obtenir le plus modeste emploi, les bons expéditionnaires sont-ils généralement recherchés ; toutefois, peu de considération leur étant accordée, attendu qu'ils sont communément dépourvus d'éducation, d'instruction et d'intelligence, il arrive qu'en même temps qu'il y a surabondance de jeunes gens sans emploi, il y a dans le commerce disette d'auxiliaires jeunes, sûrs, actifs, instruits et moraux, en état de dresser un compte, d'écrire ou de transcrire une lettre, avec la correction et la netteté qui attestent l'ordre d'une bonne administration.

L'art d'administrer, cependant, est nécessaire dans toutes les conditions sociales, qu'on soit appelé à régir sa fortune ou bien à la fonder ; d'autre part, le commerce est, de toutes les carrières, la plus vaste et celle qui présente en France le plus d'avenir, il embrasse l'agriculture et l'industrie, il lie entre eux tous les arts manuels ; s'il exige de la part de ceux qui s'y destinent beaucoup de qualités, en retour il ne leur demande qu'une instruction peu dispendieuse à acquérir.

Aptitude : Esprit calculateur, activité, habitude d'ordre et d'économie, probité et bonne foi.

Instruction nationale :—Premier et second degrés.

Instruction professionnelle : — Statistique et Géographie. — Législation commerciale. — Langues vivantes. — Comptabilité. — Belle écriture. — Opérations commerciales.

ÉTABLISSEMENTS D'INSTRUCTION SPÉCIALE.

ÉCOLE SPÉCIALE DU COMMERCE.

Boulevard Saint-Antoine, 59, *à Paris* (1).

Directeur : M. Blanqui aîné, professeur d'économie industrielle au Conservatoire des arts et métiers.

Cette école est placée sous la surveillance et la protection d'un conseil de perfectionnement composé comme il suit :

M. Jacques Laffitte, président; MM. Delagrange, ancien avocat à la cour de cassation; baron Locré, ancien secrétaire du conseil-d'état; Ch. Dupin, Héricart de Thury, Rossi, membres de l'Institut; Mallet aîné, banquier; M.-A. Jullien; Guérin de Foncin, négociant; Louis Marchand, ancien maire du septième arrondissement; Dulong, secrétaire perpétuel de l'Académie des sciences.

L'enseignement de l'école spéciale du commerce convient à tous les jeunes gens qui se destinent aux professions industrielles, à la carrière des finances, des consulats, de l'administration.

(1) L'école spéciale du commerce doit être prochainement transférée boulevard des Filles-du-Calvaire, 22.

Il est organisé de manière à combler les lacunes essentielles qui existent dans le système universitaire, et à rendre faciles aux jeunes gens les moyens de s'assurer un avenir indépendant. Le grand nombre d'étrangers qui y affluent constamment en ont fait l'établissement le plus favorable à l'étude des langues vivantes.

OBJETS DE L'ENSEIGNEMENT.

L'enseignement de l'école spéciale du commerce comprend :

L'étude du français, de l'allemand, de l'anglais, de l'italien et de l'espagnol;

La calligraphie et la géographie commerciale ;

L'arithmétique, l'algèbre et la géométrie ;

La comptabilité et l'étude des changes ;

La chimie appliquée aux arts et les éléments de la technologie ;

Le dessin linéaire appliqué aux machines et aux grands appareils de l'industrie ;

Le droit commercial ;

L'économie industrielle ;

La littérature nationale et comparée ;

L'histoire du commerce ;

Et l'étude des matières premières de l'industrie, telles que les cotons, les soies, les bois de teinture, les sucres, les cafés, etc., et la droguerie en général.

Les échantillons de ces produits sont déposés dans un musée qui appartient à l'établissement.

DIVISION DE L'ENSEIGNEMENT.

L'école du commerce est partagée en trois divisions principales ou *comptoirs*. On ne peut passer d'un comptoir à un autre avant d'avoir subi un examen sur toutes les matières enseignées dans le comptoir précédent. La durée des études est de deux ou trois années, suivant les connaissances que les élèves possèdent en entrant.

Premier comptoir. — Les premiers soins se portent sur la réforme de l'écriture. Les élèves reçoivent des leçons tous les jours; ils sont tenus d'écrire plusieurs pages sous les yeux du professeur. On les exerce ensuite à rédiger des tableaux difficiles d'après des modèles placés sous leurs yeux. Ils commencent l'étude de l'arithmétique, avec ses applications à toutes les opérations de l'industrie, le système décimal, l'extraction des racines, les règles de proportion, d'intérêt et de société, les logarithmes et leur emploi dans les opérations de change et d'arbitrages. En même temps commence le cours de matières premières, dans lequel sont étudiées, sur des échantillons authentiques, toutes les substances qui forment l'objet des spéculations mercantiles, telles que les sucres, cafés, indigos, soieries, cotons, laines, bois de teinture, etc. Chaque élève est tenu, en outre, de suivre un cours de langues vivantes, à son choix. Les étrangers et les nationaux sont exercés à des analyses grammaticales, destinées à les fortifier dans l'étude du français. La géographie et la statistique leur font connaître les marchés les plus intéressants et les usages des diverses places de commerce. Ils étudient, de plus, dans un cours d'histoire spécial, les révolutions commerciales qui ont agité la face du monde et influé sur ses progrès.

Des leçons de chimie générale et de dessin linéaire complètent les travaux de ce comptoir.

Deuxième comptoir. — Aucun élève ne peut passer du premier au second comptoir sans avoir subi un examen sur toutes les branches de l'enseignement précédemment désignées, et sans avoir été admis à la majorité des suffrages d'un jury d'examen composé du directeur, de deux professeurs et de deux élèves des comptoirs supérieurs. Les travaux du second comptoir sont les mêmes que ceux du premier, excepté l'étude de l'arithmétique, qui est remplacée par celle de la géométrie, de la comptabilité et des changes. Le cours d'économie industrielle appartient à cette division, ainsi que l'étude du droit administratif et du droit commercial. Le code de commerce est copié en entier par chaque élève, qui doit y ajouter les explications données par le professeur pendant la durée de son cours; le cours d'économie industrielle a pour but d'éclairer les élèves sur les questions de banques, d'emprunts, de douanes, d'entrepôts et de machines. C'est là qu'ils apprennent à résoudre les problèmes relatifs au régime colonial, à l'impôt, aux traités de commerce, à la distribution des richesses dans le corps social. Les leçons de droit administratif leur font connaître l'organisation de l'administration française comparée à l'administration étrangère, et la compétence des autorités administratives en matière de contentieux.

Troisième comptoir. — Parvenu au troisième comptoir, après avoir subi de nouveaux examens, l'élève s'établit dans une place de l'ancien ou du nouveau monde, sous une raison commerciale. On lui confie un capital ; il ouvre ses livres ; achète et vend des marchandises, fait la banque, expédie des navires, assure, commissionne, correspond avec tous les pays et se livre à une suite d'opérations basée sur des prix courants authentiques. C'est un véritable négociant exposé à toutes les chances du commerce par l'omission d'une formalité, par l'ignorance ou l'oubli d'un seul article de loi. Rien ne lui manque pour bien diriger ses affaires ; ni la connaissance des langues, ni celle des mathématiques, des changes, du droit commercial, des matières qu'il achète, du pays d'où elles sont tirées. Tous ses livres doivent être en règle ainsi que l'exigent nos lois, cotés et paraphés, numérotés et timbrés ; il achète des fonds publics par le ministère d'un agent de change, des marchandises par l'entremise de courtiers choisis parmi ses camarades ; il discute, dans des conférences sérieuses, les plus hautes questions commerciales et du droit des gens.

Ce plan d'enseignement est complété par des cours d'histoire naturelle, de géométrie descriptive et de dessin linéaire, dans lesquels les élèves étudient les plantes utiles, les constructions industrielles et les machines. Chaque élève est tenu de fournir une suite d'épures et de cartes géographiques, dessinées de sa propre main. Pendant toute la durée de ces travaux, l'instruction littéraire n'est point négligée. Un cours spécial de littérature est consacré à l'examen des ouvrages les plus remarquables de notre langue et de l'étranger, à la biographie des auteurs et à de nombreuses citations de leurs écrits. Les élèves sont tenus de rédiger tous ces cours et de représenter leurs cahiers, qui sont régulièrement visités (1).

(1) Le conseil de perfectionnement délivre chaque année un diplôme de capacité aux élèves qui ont subi leurs examens définitifs, et qui trouvent habituellement, au moyen de ce titre, des emplois avantageux dans la carrière industrielle et commerciale.

PRIX DE LA PENSION.

Le prix de la pension est fixé à 1,400 fr. par année, à raison de 500 fr. pour le premier trimestre de chaque année ; 400 fr. pour le second, 300 fr. pour le troisième, et 200 fr. pour le quatrième, payables d'avance, sans déduction pour absence, vacance, maladie ou renvoi de l'élève en cas d'inconduite. Le premier trimestre court à dater du jour de l'entrée.

Les élèves âgés de moins de quinze ans paient 1,200 fr. par an dans la même proportion ; les demi-pensionnaires 1,100 fr., et les externes 500 fr.

Le prix de la pension comprend la fourniture du lit complet, la nourriture, le blanchissage, le chauffage, l'éclairage, et tous les cours indiqués à l'article *enseignement*, excepté le dessin linéaire et le cours de chimie, qui coûtent chacun une somme de 3 fr. par mois, pour frais de modèles et de produits chimiques.

INDUSTRIE.

FABRICANTS ET MANUFACTURIERS.

« Il fut, dit-on, un temps où les hommes mangeaient du gland; le pain alors était du luxe, et ce luxe n'est plus pour l'homme civilisé que la première des nécessités. Sans doute aussi il fut un temps où, comme encore de nos jours chez les sauvages, les hommes marchaient nus : ils ne s'en affligèrent guère probablement tant qu'ils furent incertains de leur subsistance. Voyez le progrès! Nourris, les hommes se vêtissent ; vêtus, ils songent à se parer. Autre perfectionnement : vêtus, ils veulent s'abriter ; ils façonnent les creux d'arbres, les cavernes ; puis viennent les huttes en terre, les chaumines ; ensuite la maison de bois, l'édifice en pierre, les palais, le Panthéon et le Louvre. Mais quoi! dans ces murs où l'homme défie l'intempérie des saisons, il faudra que l'homme ou reste debout, ou s'allonge à terre? Non : Déjà l'homme s'est créé des besoins que naguère il ne soupçonnait pas : les siéges, le lit, le carrelage, les tentures sont successivement imaginés, puis la pierre spéculaire qui tient lieu de vitres. Que d'embellissements les uns à la suite des autres, jusqu'aux mosaïques, aux riches tapis, aux tentures de velours, aux bas-reliefs, aux incrustations de marbre, aux statues, aux bronzes, aux fresques, etc.! Et jamais l'amélioration précédente, qui, quelques années plus tôt, semblait un rêve ou de la folie, n'a fait tort à la suivante ; jamais la dernière imaginée ne peut se flatter d'être la dernière.

Que les immenses progrès de l'industrie, du commerce et des exploitations du sol n'effraient donc pas ceux qui veulent s'élancer dans cette carrière, divisible en mille autres, chacune plus vaste que toutes les professions libérales! Quels que soient les perfectionnements auxquels on arrive, il en restera toujours à faire ! A quelque richesse que parviennent les sociétés ou les individus, on se créera des goûts nouveaux, de nouveaux besoins ! De quelques secrets que nous déroberons la connaissance à la nature, elle en gardera bien d'autres pour les générations et les capacités à venir! L'espace qui s'ouvre devant l'industriel est donc vraiment indéfini, puisqu'en résumé les besoins d'une part n'ont point de bornes, les possibilités de l'autre n'ont point de limites. Chaque amélioration peut donner naissance à des améliorations nouvelles, comme le flambeau qu'on vient d'allumer peut, sans rien perdre de l'intensité de son éclat, en allumer un second, auquel s'en allumera un troisième, et ainsi de suite indéfiniment.

AJASSON DE GRANSAGNE.

CONSIDÉRATIONS DE CLASSE ET DE FORTUNE. — L'étude de la mécanique, de la chimie et de la physique, que nous avons mise au nombre des connaissances obligées de l'instruction élémentaire gratuite, ne peut manquer d'avoir une heureuse influence, dont toutes les industries se ressentiront, et particulièrement l'industrie manufacturière. Ce que nous avons dit pour les négociants et commerçants s'applique également aux manufacturiers et fabricants. La classe riche et la classe moyenne tendent à s'associer pour les exploitations dont le développement a besoin de grands capitaux.

Cette alliance ne saurait être trop encouragée dans l'intérêt du pays. Ce sera un grand pas de fait vers le bien-être général, que de détourner de l'agiotage, en faveur de l'industrie, les grandes fortunes flottantes.

Nul en Angleterre, même le paresseux, ne rougit du travail; l'aristocratie britannique regarde comme un honneur de faire valoir ses terres, elle se plaît à prendre part, de toute façon, aux entreprises manufacturières et commerciales, les plus humbles comme les plus elevées; elle n'y fait pas de pertes, car elle n'y fait pas de fautes, ainsi qu'il est arrivé si fréquemment en France à de hauts personnages, après la chute de l'empire. Autant ceux-ci sont peu au fait de tout ce qui touche ces opérations, autant les grands seigneurs anglais connaissent la banque, les manufactures, les assurances, la mécanique, la géographie commerciale et la tenue des livres. Aussi n'hésitent-ils pas à confier des capitaux à des entreprises dont ils sont capables d'apprécier les chances, et dont ils comprennent la marche et les phases. C'est ainsi que, chez eux, toute idée utile et grande est sûre de trouver accueil et argent. En France, au contraire, ces mêmes idées ne sont reçues qu'avec défiance : qui prête un sou sur elles, le hasarde, et fait presque une charité, car il ne sait s'il prête ou s'il donne. Aussi, la plupart du temps, est-ce le charlatanisme qui soutire les capitaux, tandis que l'idée utile, peu adulatrice de sa nature, s'expatrie et va chez nos voisins, témoins Papin ou Brunel, chercher des gens qui la comprennent, l'aident, et s'enrichissent à l'aider.

Ce qui fait qu'en France la grande majorité des familles tient encore ses enfants à l'écart de la carrière industrielle, c'est l'idée fausse que l'agriculture, l'industrie et le commerce n'exigent pas d'études spéciales approfondies, qu'un peu d'expérience ou d'intelligence suffit à leur pratique. Cette erreur profonde a de graves conséquences : elle retarde le développement de la richesse publique ; elle laisse au travail le boulet que l'ignorance le condamne péniblement et honteusement à traîner; elle laisse subsister, entre le pauvre et le riche, une inégalité trop grande et conséquemment dangereuse. L'espèce humaine s'élève toutes les fois qu'elle parvient à faire accomplir, par une force autre que la sienne, un travail pénible ou répugnant; le progrès industriel consiste à réduire, le plus possible, la part de la force corporelle et à étendre au contraire davantage celle de la puissance intellectuelle.

Aptitude. — Génie inventif, — esprit d'ordre, — dextérité.

Instruction nationale : — Premier et second degrés.

Instruction professionnelle : — Mécanique. — Minéralogie. — Chimie et physique appliquées et approfondies. — Législation de l'industrie et des douanes. — Machines. — Procédés industriels en usage en Angleterre. — Langue anglaise. — Statistique des produits manufacturiers.

ÉTABLISSEMENTS D'INSTRUCTION SPÉCIALE.

ÉCOLE CENTRALE DES ARTS ET MANUFACTURES,

Rue de Thorigny, au Marais, à Paris.

L'école centrale est destinée spécialement à former des ingénieurs civils, des directeurs d'usines, des chefs de fabriques et de manufactures ; elle forme également des professeurs de sciences appliquées, doués d'une capacité toute spéciale ; car l'homme chargé de professer la pratique doit être ingénieur, les sciences appliquées ne pouvant être enseignées convenablement que par des hommes qui ont vécu long-temps dans les ateliers. Ainsi, l'école centrale a pour objet d'alimenter l'industrie d'hommes capables de prendre la direction de ses établissements et de ses grands travaux, tout en procurant aux jeunes gens doués de quelque disposition pour l'étude des sciences appliquées, un état indépendant, honorable et lucratif.

Tout, dans l'organisation de l'école, est dirigé vers ce double but.

OBJETS DE L'ENSEIGNEMENT.

L'enseignement comprend les matières suivantes :

Chimie (analyse chimique et chimie industrielle);
Géométrie descriptive;
Physique générale et physique industrielle;
Construction des machines et métallurgie du fer (fabrication du fer et de l'acier);
Constructions et travaux publics;
Exploitation des mines, métallurgie générale, minéralogie, géologie;
Théories des machines et métallurgie du fer (hauts fourneaux);
Machines à vapeur;
Géométrie et mécanique rationnelles;
Physiologie et histoire naturelle appliquées à l'industrie;
Chimie générale;
Langue anglaise;
Dessin; — Travaux graphiques.

DURÉE DES ÉTUDES.

Les études durent trois ans. La première année ne comprend que les études générales, également obligatoires pour tous les élèves. Pendant cette espèce d'éducation préparatoire, qui sert déjà de première initiation à la science industrielle, chaque élève a pu examiner la spécialité qui convient le mieux à ses goûts, à sa capacité ou à sa position sociale, et consulter ses parents en leur donnant les bases d'une décision si importante. Chacun d'eux déclare, en conséquence, au commencement de la seconde année, celle à laquelle il se destine, et l'école se divise ainsi en groupes. Tous les cours sont encore suivis par tous les élèves; mais les dessins et les manipulations se partagent en deux séries, l'une générale et l'autre spéciale. Tous les élèves exécutent les manipulations générales et les dessins généraux ; chacun dans sa spécialité s'occupe des autres. On a pu parvenir de cette manière à combiner les études générales nécessaires à tous, et les études approfondies nécessaires à chaque élève dans sa direction particulière. Cette organisation a permis d'introduire dans l'enseignement de l'école un plus grand nombre de cours, et de développer davantage ceux qui en font la base.

D'après cette organisation, les élèves sont partagés en trois divisions, et chacune des deux premières divisions en quatre sections. Les élèves nouvellement admis forment la *troisième division* ; la *deuxième* se compose des élèves qui ont suivi les cours d'études de la première année, et satisfait aux conditions d'examen qui la terminent ; enfin, la *première division* se compose des élèves qui ont suivi les cours et subi les examens de la deuxième.

Tout élève doit déclarer, au commencement de la seconde année, la section dans laquelle il veut entrer.

Première section. CONSTRUCTION DES MACHINES, ARTS MÉCANIQUES.

Deuxième section. CONSTRUCTIONS, ARTS PHYSIQUES : travaux publics, architecture civile et industrielle ; chauffage, éclairage, salubrité des villes et des grands établissements.

Troisième section. CHIMIE. *Chimie minérale* : poteries, porcelaine, verrerie, minium ; produits chimiques en général, acide sulfurique, acide hydrochlorique, soude, chlorure de chaux, aluns, sulfates de fer et de cuivre, chromates, salpêtre ; art de l'essayeur ; affinage des métaux précieux, etc., etc. *Chimie organique*, *Arts agricoles* : teinture, couleurs, vernis, acide pyroligneux, vinaigre, acétates, céruse, crèmes de tartre, acide tartrique, sucre de cannes et de betteraves, amidon, toiles peintes et papiers peints, distilleries, brasseries, huiles, graisses, cire, savons, tannerie, charbon animal, bleu de Prusse, gélatine, etc., etc.

Quatrième section. EXPLOITATION DES MINES, MÉTALLURGIE.

DIPLÔMES ET CERTIFICATS DE CAPACITÉ.

Le diplôme d'ingénieur civil est accordé aux élèves qui ont satisfait à toutes les épreuves du concours.

Le certificat de capacité est accordé à ceux qui n'ont satisfait qu'à certaines de ces épreuves.

ADMISSION DES ÉLÈVES.

L'école n'admet que des externes âgés de seize ans au moins.

Les élèves ne sont admis à l'école centrale qu'après avoir subi un examen (à Paris, devant les professeurs attachés à l'école; dans les départements, devant les professeurs de mathématiques des colléges royaux ou communaux), d'après lequel le conseil des études constate qu'ils sont en état d'en suivre les cours avec profit.

Voici le programme des connaissances exigées pour l'admission dans la division de première année :

1° *Arithmétique et algèbre.* Les quatre règles d'arithmétique, avec l'usage des décimales; la connaissance du système des mesures décimales. — La réduction, la multiplication, la division des fractions, leur transformation en décimales. — Les quatre règles sur les monomes et les polynomes algébriques; on insistera sur la multiplication des polynomes, mais on ne demandera que quelques notions de la division. La formule du binome pour l'exposant entier. L'extraction des racines carrées et cubiques des nombres avec une certaine approximation en décimales.—La résolution de l'équation du premier degré à une inconnue. On insistera sur la pratique du calcul. — De la possibilité de résoudre plusieurs équations à plusieurs inconnues; applications pour le premier degré, et particulièrement à la question des partages proportionnels. — Théorie des proportions déduite des équations qui expriment l'égalité des deux rapports. — Somme des progressions par différence et par quotient. Théorie des exposants négatifs et fractionnaires. — Notions complètes des logarithmes considérés comme exposants variables; usage des tables les plus simples. — Résolution de l'équation du deuxième degré.

2° *Géométrie élémentaire.* Notions des angles; leur mesure. — Des angles entre une sécante et deux parallèles. — Somme des angles d'un triangle. — De l'égalité des triangles et des figures rectilignes. — De deux sécantes coupées par des parallèles. — Toutes les propriétés du triangle rectangle. — Construire une moyenne proportionnelle entre deux lignes. — De la tangente à une courbe; construire la tangente au cercle. — Mesure des aires planes rectilignes. — Les aires des polygones semblables sont comme les carrés des côtés homologues. — Volumes des différents solides terminés par des plans. — Les volumes des polyèdres semblables sont comme les cubes des côtés homologues. — Tout ce qui se rattache à la perpendicularité et au parallélisme entre des plans et entre des plans et des droites. — De deux sécantes coupées par un système de plans parallèles.

3º *Géométrie des lignes et des surfaces courbes.* — Surface du cercle; calcul du rapport de la circonférence au diamètre. Surface du cylindre, du cône, du cône tronqué et de la sphère. — Volume d'un cylindre, d'un cône et d'une sphère.

Nota. On admettra pour cette géométrie curviligne les démonstrations les plus simples, comme celles de Bezout.

4º Les candidats doivent traiter par écrit, en français, un sujet de composition donné. Leur écriture doit être lisible, leur orthographe correcte. (Ceci n'est de rigueur que pour les élèves français. Les élèves étrangers seront admis pourvu qu'ils entendent la langue française de manière à pouvoir suivre les cours.)

5º Les candidats doivent construire, à une échelle donnée, avec la règle et le compas, quelques problèmes de géométrie élémentaire.

Il est à désirer que les candidats sachent très-bien ce qu'on exige d'eux pour leur admission; qu'ils soient familiarisés avec l'algèbre et exercés aux applications de la géométrie élémentaire à deux et à trois dimensions. Sans une bonne instruction préparatoire, tout progrès à l'École Centrale est impossible, et les jeunes gens qui s'y destinent doivent se convaincre que, pour posséder à fond les matières de leur examen, il faut qu'ils étudient plus que le programme de l'école.

Les connaissances exigées pour l'admission à l'École Polytechnique comprennent en outre la résolution générale des équations numériques, la géométrie analytique, les éléments de géométrie descriptive, la statique, le dessin d'une académie, et le latin.

PRIX DE L'ENSEIGNEMENT.

Le prix de l'enseignement est de 775 fr. par an, payables en trois époques, ainsi qu'il suit :

Première époque, 19 novembre, 375 fr ;
Deuxième époque, 15 février, 200 fr. ;
Troisième époque, 15 mai, 200 fr.

La somme de 375 fr., que tout élève doit payer avant le 20 novembre, demeure dès lors acquise, en entier, à l'établissement, quel que soit le temps que l'élève passe à l'école, et aucune partie de ces 375 fr. ne peut être affectée au deuxième ou au troisième versement.

Indépendamment des 775 fr., les élèves sont tenus de verser chaque année, à la caisse de l'école, 25 fr., qui sont destinés à subvenir à leurs menues dépenses, à payer les objets perdus, cassés ou détériorés par leur faute. Le décompte de cette somme leur est fait à la fin de l'année, et on leur en remet un bordereau détaillé. Le dépôt de ces 25 fr. additionnels se fait le 19 novembre, en même temps que le premier versement.

L'élève se pourvoit à ses frais des objets suivants nécessaires à l'enseignement :

Un tablier de chimie (2 fr.); une paire de fausses manches (90 c.); un étui de mathématiques (27 fr.); une éponge (30 c.); un godet de porcelaine (20 c.); deux règles (2 fr. 30 c.); deux équerres (1 fr. 50); deux pinceaux et une hampe (1 fr. 10); deux planches (8 fr.); un morceau de gomme élastique (15 c.); un morceau de colle à bouche (10 c.); une écritoire (40 c.); un exemplaire des Tables de Logarithmes de Lalande (3 fr. 50 c.); un bâton d'encre de Chine (1 fr.); une tablette de carmin (2 fr.); une tablette d'indigo (75 c.); une tablette de sépia (75 c.).

ÉCOLE DU COMMERCE ET DES ARTS INDUSTRIELS,

Rue de Charonne, 95, *à Paris.*

Directeur : M. PINEL DE GRANDCHAMP.

Cette école, fondée à Charonne en 1831, est placée sous la surveillance d'un conseil de perfectionnement composé comme il suit :

MM. le duc de DOUDEAUVILLE, pair de France, ancien président du conseil de perfectionnement de l'école Polytechnique, président du conseil de perfectionnement du Conservatoire et des écoles des arts et métiers; le duc de CHOISEUL, pair de France ; le duc de CARAMAN, pair de France; le duc de MONTÉBELLO, pair de France, ambassadeur en Suisse; le duc de FESENZAC, pair de France; le duc de LIANCOURT ; le comte A. de MONTESQUIOU; le comte de CLARAC, conservateur des antiques du Musée royal; le baron REYNAUD, examinateur pour l'admission à l'école Polytechnique et aux écoles de Saint-Cyr, de marine et des forêts, docteur de la Faculté des sciences ; HUERNE DE POMMEUSE, ancien député, membre de l'Académie des sciences morales et politiques, et de la Société royale et centrale d'agriculture; EUGÈNE HUMANN, ancien élève de l'école Polytechnique, maître des requêtes au conseil-d'état ; JULES MARESCHAL, inspecteur honoraire des beaux-arts ; DESLONCHAMPS, avocat ; B. VASSEUR, maître de forges ; SCHRŒDER, directeur de forges; J. SÉGUIN, ingénieur civil.

L'école a pour but de joindre à l'instruction générale que l'on reçoit dans les colléges et les institutions de l'Université, une instruction spéciale, propre à disposer les jeunes gens à suivre avec avantage la carrière du commerce et celle de l'industrie; toutefois, il convient de dire que l'enseignement qu'on y reçoit y est plus industriel que commercial.

On a réuni, dans ce système d'instruction, tous les éléments d'une éducation positive, complète et nécessaire pour former des négociants, des manufacturiers, et, en général, des hommes capables de se livrer avec succès à toutes les spéculations industrielles.

L'instruction de cette école est également utile aux jeunes

gens que leur position de fortune dispense de se créer un état, mais qui, dans la suite, auront à chercher un emploi fructueux de leurs capitaux. Ils peuvent y acquérir une instruction théorique et pratique qui les mettra, plus tard, à même de juger et de surveiller les opérations de commerce et d'industrie auxquelles ils voudraient s'intéresser.

Ce qui distingue surtout l'école de Charonne des autres établissements fondés jusqu'à ce jour, c'est la création de vastes ateliers de construction de machines qui, sous la direction d'un mécanicien habile, offrent, aux élèves qui se destinent à l'industrie manufacturière, le moyen de faire une application journalière des théories scientifiques qui leur sont enseignées, et de juger, par leur propre expérience, des modifications que la pratique apporte toujours dans l'exercice des arts industriels.

Ces études spéciales sont précédées, pour les plus jeunes élèves, d'une instruction générale qui renferme à peu près le même enseignement que celui des colléges et des institutions de l'Université, avec cette différence cependant, que l'étude de la langue française et des mathématiques élémentaires forme la base de ce système d'enseignement, et que les cours de langues anciennes ne se font que trois fois par semaine, comme ceux des langues vivantes.

L'école de Charonne forme quatre grandes divisions, subdivisées chacune suivant le nombre et le degré d'instruction des élèves.

Ces divisions sont ainsi établies :

1° *Éducation élémentaire;*
2° *Classes préparatoires aux divisions commerciales et industrielles;*
3° *Division commerciale;*
4° *Division industrielle.*

I. DIVISION ÉLÉMENTAIRE.

Objets de l'enseignement.

Lecture,
Écriture,
Éléments de la grammaire française,
    »   l'arithmétique,
Dessin de la figure et de l'ornement.

II. DIVISION PRÉPARATOIRE.

Objets de l'enseignement.

Langue française,
    » latine,
    » allemande,
    » anglaise,
Arithmétique,
Éléments d'algèbre,
Histoire,
Géographie,
Calligraphie,
Dessin de la figure et de l'ornement.

III. DIVISION COMMERCIALE.

Le temps des études est divisé en deux années.

1re *Année.*

Objets de l'enseignement.

Calligraphie,
Langue française,
    » allemande,
    » anglaise,
Géographie,
Arithmétique,
Éléments d'algèbre,
Comptabilité commerciale,
Eléments du droit civil,
Dessin de la figure et de l'ornement.

2e *Année.*

Objets de l'enseignement.

Calligraphie,
Rhétorique française et grammaire raisonnée,
Langue allemande,
    » anglaise,
    » espagnole,
Géométrie élémentaire,

Trigonométrie rectiligne,
Chimie avec application aux besoins usuels,
Éléments de physique.

Droit commercial.

Tribunal de Commerce.

Tous les exercices sur les opérations de commerce, de banque et de comptabilité, sont mis en jeu par des opérations fictives de tout genre, à l'aide desquelles les élèves deviennent tour à tour simples commis, commis intéressés, négociants, banquiers. Ils ont une bourse, un tribunal de commerce, etc., de sorte que tout se passe pour eux comme les choses se passent dans la réalité, et que les élèves prennent ainsi peu à peu l'habitude des affaires (1).

IV. DIVISION INDUSTRIELLE.

Le temps des études est divisé en trois années.

1re *Année.*

Objets de l'enseignement.

Algèbre,
Géométrie,   } avec application au lever des plans et
Trigonométrie,   }   au nivellement.
Géométrie analytique indéterminée,
Dessin linéaire et dessin des machines,
Langue anglaise,
Comptabilité commerciale,
Droit commercial,
Chimie,
Physique.

(1) Tout individu qui sort de l'École après avoir suivi avec succès les cours de la division commerciale, est en état d'occuper un emploi dans une maison de commerce, et de gagner tout de suite de 1,000 à 1,200 fr.

2ᵉ Année.

Objets de l'enseignement.

Géométrie descriptive avec application à la théorie des ombres,
  à la perspective,
  à la coupe des pierres et à celle des charpentes,
  à la gnomonique et au tracé des engrenages,
Géométrie des côtes,
Géométrie analytique indéterminée,
Statique,
Détails de construction et architecture,
Dessin lavis des machines,
Chimie,
Physique.

3ᵉ Année.

Objets de l'enseignement.

Cours élémentaire de machines.

Principes de { hydrostatique.
                dynamique.
                hydrodynamique.

Moteurs. . { animés.
             hydrauliques.
             à l'air.
             à la vapeur, et description complète des divers systèmes de machines à vapeur.

Aperçu sur les chemins de fer et les ponts suspendus.
Dessin et topographie.
Projections sténographiques.
Analyse transcendante, calcul des probabilités.
Mécanique rationnelle.
Minéralogie,
Hygiène et histoire naturelle appliquées à l'industrie (1).

(1) Tout élève qui sort de la division industrielle, qui a profité de l'instruction qu'on y reçoit, qui conséquemment a obtenu un brevet de capacité, par suite des examens annuels, est capable de gagner tout de suite de 1,500 à 2,000 fr. dans une fabrique, usine ou

CONDITIONS DE LA PENSION.

Le prix de la pension est fixé ainsi qu'il suit :
1º Pour ceux des élèves qui entrent à l'école avant l'âge de treize ans. . . . .   800 fr.
2º Pour ceux qui entrent après treize ans, mais avant seize ans accomplis.   1,000
3º Pour ceux qui entrent après seize ans accomplis.   1,300
4º Pour les externes (au-dessus de seize ans) . .   500
Les élèves paient, une seule fois en entrant, pour fournitures diverses, pour les études et le dessin, le coucher complet, etc., etc.   130
Les livres se paient à part.

TROUSSEAU. — ENTRETIEN.

Le trousseau détaillé dans le prospectus de l'*École de Charonne* peut être évalué 650 fr.

L'entretien d'un élève coûte de trois à quatre cents francs par an, suivant l'âge.

entreprise, telles que : filatures de cotons, de lins, — fabriques de toiles, de toiles peintes, de sucre de betteraves, de quincailleries, d'huiles, de cardes et métiers pour les filatures, de machines à vapeur, de produits chimiques, — forges et fonderies, moulins à blé, — blanchisseries, — teintureries, — verreries, — papeteries mécaniques, — entreprises et constructions de chemins de fer, canaux, ponts suspendus, etc., etc.

PRYTANÉE DE MENARS (1),

FONDÉ

PAR LE PRINCE JOSEPH DE CHIMAY,

ET DIRIGÉ, SOUS SES AUSPICES,

PAR M. L'ABBÉ CHAMPAVIER,

Chanoine honoraire de Blois, ancien principal du collége de la ville de Montélimar, et conseiller d'arrondissement du département de la Drôme.

> Les sommités sociales ne devraient jamais oublier que les garanties d'ordre et de conservation qu'elles réclament reposent sur le bien-être et la prospérité des classes inférieures.
>
> Le prince JOSEPH DE CHIMAY.

Le *Prytanée* de Menars a maintenant passé par les épreuves les plus difficiles qui attendent les établissements nouveaux.

Le système d'éducation suivi à l'*Institut* (première division du *Prytanée*) n'est pas à la rigueur une nouveauté, au moins quant au principe, et les écrivains les plus distingués de notre époque, ceux dont l'opinion en cette matière est d'un grand poids par leur haute position dans l'Université, ont déjà plusieurs fois signalé les inconvénients d'une éducation commune pour tous; mais le *Prytanée* est la première application des théories d'éducation spéciale.

Éducation spéciale, tel est donc l'*Institut* de Menars ; c'est là surtout ce qui le sépare de toutes les institutions connues ; c'est là, il faut bien le dire, la nouveauté de laquelle on s'est d'abord inquiété, accoutumés que nous sommes à marcher, en matière d'éducation, dans les voies tracées, quels que soient les écueils, les inconvénients, les contre-sens qu'ait signalés l'expérience.

(1) Ce bel établissement, situé à Menars, près Blois, sur les bords de la Loire, se compose de trois divisions, c'est de tous les essais de réforme en matière d'instruction publique, le plus louable qu'on ait tenté.

Ces idées d'éducation spéciale n'ont pas encore bien pénétré dans le public, mais elles ne tarderont pas à s'y faire jour, à s'y développer. On sentira bientôt généralement le besoin de voir s'élever des instituts, des écoles, des colléges, de quelque nom qu'on veuille les appeler, plus en harmonie avec l'état présent des choses, avec les mœurs nouvelles, avec le mouvement et la direction des esprits ; où les enfants puissent recevoir une éducation qui réponde mieux aux exigences diverses de position, de fortune ou d'ambition de famille, exigences auxquelles il faut satisfaire pour ne blesser aucun sentiment, pour ne froisser aucun intérêt. Appeler tous les hommes aux mêmes études, c'est mal connaître la diversité des intelligences, c'est mal comprendre la vie, où rien n'est uniformément nivelé. Ne soumettons que les enfants à cette règle commune, joug inflexible et salutaire, la discipline et le devoir. Étudions leurs dispositions naturelles ; facilitons-leur l'entrée des carrières où ils sont appelés, ils y marcheront grands et forts ; ne les poussons pas dans des voies qui leur répugnent, et où ils végéteraient sans honneur, sans profit pour la société et pour eux-mêmes.

Ce serait avoir fait beaucoup pour le bonheur des hommes, ce serait avoir mérité l'éternelle reconnaissance des pères de famille, que d'avoir trouvé l'application la plus heureuse des théories d'éducation spéciale. Cette œuvre si grande et si belle est fille du temps : on n'a pas l'orgueil de croire que le *Prytanée* l'a accomplie, mais il s'honorera toujours de l'avoir commencée.

L'industrie est un des éléments les plus sûrs de la prospérité des nations. Sans elle, tout languit ; avec elle, un peuple, même pauvre, finit toujours par s'enrichir et par obtenir sur les autres une prééminence honorable. Mais, pour que cette source de bien-être ne soit pas empoisonnée et ne porte pas avec elle un principe destructeur, il faut que ceux qui l'alimentent joignent à une solide instruction pratique la connaissance exacte de leurs devoirs sociaux.

Aussi, est-ce d'après ces considérations que, de tout temps, les esprits réfléchis et vraiment philanthropes ont porté leur sollicitude attentive sur l'éducation de la classe industrielle et ouvrière ; et cependant, malgré leurs vues généreuses, il reste encore beaucoup à faire de ce côté.

Quand un père veut faire apprendre à son fils un métier qui puisse devenir pour lui une petite fortune, il n'a maintenant d'autre ressource que de le mettre en apprentissage auprès d'un ouvrier plus ou moins habile. Celui-ci, qui ne voit le plus souvent dans son apprenti qu'une espèce de machine dont il doit tirer profit, l'abrutit par de mauvais traitements, si son intelligence est peu développée, ou l'abandonne à peu près à lui-même, s'il voit qu'en lui apprenant tout ce qu'il sait, il peut se créer un rival dangereux par la suite. Dans tous les cas, l'éducation morale étant entièrement négligée, l'enfant, devenu homme, n'a plus que le souvenir presque effacé des principes que la sollicitude paternelle lui avait inspirés dans son bas âge.

Ainsi, la société souffre doublement d'un pareil état de choses. Cette éducation routinière, la seule suivie par les ouvriers, jette d'une part dans son sein des jeunes gens d'une moralité peu sûre, et, de l'autre, entrave le perfectionnement des arts qui contribuent à son bien-être et à sa prospérité.

C'est pour remédier à ces inconvénients, c'est pour satisfaire à la nécessité d'une éducation plus convenable à cette intéressante partie de la société, qu'a été créée la troisième division du Prytanée sous le nom d'*École d'Arts et Métiers*.

Entre tous les avantages que présente cette école, et qui ressortent assez de l'exposé qui va suivre, on remarquera sans doute que l'instruction primaire et l'instruction morale, si négligées d'habitude pour les apprentis, tiennent ici le rang qu'on doit leur donner, quand on veut former à la fois de bons citoyens et de bons ouvriers.

ÉCOLE D'ARTS ET MÉTIERS.

Cette division, quoique sous la même direction que les deux premières (Institution et École de Commerce), est parfaitement distincte et séparée des deux autres.

CONDITIONS D'ADMISSION.

Les élèves sont reçus depuis l'âge de quatorze ans jusqu'à dix-sept.

Ils doivent fournir en entrant :

1° Leur acte de naissance ;

2° Un certificat de vaccine ou de petite vérole ;
3° Un certificat de bonnes vie et mœurs.

Toutes ces pièces, légalisées par le maire de la commune, sont rendues à la sortie de l'élève.

Les élèves vivent militairement dans l'École, où ils sont casernés.

OBJETS DE L'ENSEIGNEMENT.

Dans cette division, comme dans les deux autres, l'étude de la religion est la première étude, et la surveillance des mœurs, la première surveillance.

L'instruction ordinaire dans l'école dure trois ans.

Première année.

Lecture, écriture, principes de grammaire française, arithmétique.

Commencement de la profession choisie.

Deuxième année.

Orthographe, dessin linéaire, dessin d'ornement, géométrie pratique, tenue de livres en partie simple.

Continuation de la profession.

Troisième année.

Dessin linéaire, dessin d'ornement, géométrie descriptive et notions de mécanique.

Continuation de la profession.

Les travaux manuels sont fixés, quant à présent, aux arts et métiers de :

Agriculteur,	Menuisier en bâtiments,
Jardinier-Fleuriste,	Serrurier en bâtiments,
Forgeron,	Sellier-Bourrelier,
Charron-Carrossier,	Tailleur,
Ebéniste,	Cordonnier.

(D'autres ateliers sont en voie d'organisation.)

Ces différentes professions sont classées chacune dans un atelier spécial.

L'élève, dès son entrée à l'École, est placé dans celui des ateliers qui paraît convenir le mieux à ses parents, à ses goûts et à ses forces physiques. Il reste à l'essai pendant un mois. Après, il est définitivement classé dans l'atelier de la profession pour laquelle on lui reconnaît plus d'aptitude.

A la fin de chaque année, une commission examine les élèves. Cet examen est suivi d'une distribution de prix.

A l'expiration de la troisième année, les élèves qui ont fini leur instruction sont encore examinés par un jury spécial qui délivre les diplômes de capacité, ou simplement des certificats de séjour à l'École, suivant le mérite relatif des élèves sortants.

CONDITIONS DE LA PENSION.

Le prix de la pension est fixé à 250 fr. par an.

Un certain nombre de bourses est réservé à l'administration.

La pension se paie par trimestre et d'avance. Un trimestre commencé se paie en entier, sans déduction pour quelque absence que ce soit.

Les parents s'engagent par écrit à ne pas retirer l'élève avant l'expiration des trois années, sous peine de payer un dédit de trois cents francs.

L'établissement a la faculté de renvoyer, sans aucune indemnité, l'élève qui, par sa conduite, aurait encouru cet acte de rigueur

S'il se trouvait un élève dont l'intelligence ne se prêtât à l'étude d'aucune des professions enseignées, les parents pourraient obtenir la résiliation de l'arrangement fait avec l'établissement, en s'entendant préalablement avec le directeur. Toutefois cette faculté d'annuler l'acte d'engagement dépend entièrement du directeur, et ne pourra jamais être réclamée comme un droit.

TROUSSEAU.

Chaque élève doit avoir le trousseau suivant :

Pour les dimanches et fêtes.

1 veste de tenue.
1 pantalon d'hiver.
1   id.   d'été.
1 chapeau rond en cuir verni.
1 col noir.
3 chemises de toile blanche.

Pour les jours ouvriers.

1 habillement complet pour l'hiver.
1   id.   id. pour l'été.
1 casquette.
3 cravates de couleur.
3 chemises   id.

Pour autres effets.

1 couchette en fer.
1 paillasse.
1 matelas.
1 traversin.
2 paires de draps bonne toile.
1 couverture de laine.
1   id.   de coton.
3 bonnets de coton.
6 mouchoirs de couleur.
6 serviettes de toile.
1 couvert en fer étamé.
1 peigne et un démêloir.
1 brosse à habits.

Le renouvellement et l'entretien du trousseau restent à la charge des parents. L'élève, à sa sortie volontaire ou non, laisse sa literie à l'établissement. Le reste lui est rendu dans l'état où il se trouve.

Lorsque les parents le désirent, l'établissement fournit le trousseau complet au prix de 300 fr., et il se charge du renouvellement et de l'entretien moyennant une somme annuelle de 50 fr.

Toutes demandes relatives à l'*École des Arts* doivent être adressées franc de port au directeur général du Prytanée.

CAISSE D'ÉPARGNES ET DE RÉCOMPENSES.

A la fin de chaque trimestre, il est fait un relevé exact du bénéfice net qui ressort des travaux exécutés dans chaque chantier.

La totalité de ce bénéfice est affectée aux élèves comme récompense, aux contre-maîtres à titre d'encouragement, et aux améliorations, dans le régime intérieur de l'école.

La part des élèves est réglée dans le conseil dans une séance extraordinaire, suivant l'aptitude et le progrès constatés. Celle des contre-maîtres, en prenant pour base la répartition au marc le franc, peut varier de un à trois, selon le zèle dont ils auront fait preuve.

La part de chaque élève est divisée en deux autres parts égales, la première destinée à ses menus plaisirs, la seconde affectée à la caisse d'épargnes.

Cette caisse, fondée dans l'École, outre le pécule des élèves, reçoit aussi les épargnes des contre-maîtres ou chefs de chantiers.

Les versements y sont constatés par récépissés sur un livret distribué à chaque créditeur, et soumis, sur les livres de l'École, aux règles de la comptabilité. Ils produisent intérêt à 4 p. 100 tous les ans ; les intérêts sont cumulés lors de la balance générale du compte de l'École.

A la sortie de l'élève ou du contre-maître, son compte est réglé et soldé définitivement s'il le désire ; autrement on continuera de lui servir l'intérêt à 4 p. 100.

CAISSE DE PRÉVOYANCE.

Tout élève ou contre-maître ayant eu des fonds à la caisse d'épargnes de l'École, aura droit aux secours d'une autre caisse dite de prévoyance.

Le fonds de cette caisse sera formé : 1° des retenues exercées sur l'argent des menus plaisirs des élèves en cas de mauvaise conduite ; 2° du droit de un franc par an payé par chacun des créditeurs de la caisse d'épargnes ; 3° des dons et legs volontaires ; 4° du cumul des intérêts.

La caisse de prévoyance de l'École d'arts et métiers est destinée à fournir des secours aux ouvriers associés malades ou infirmes.

Tout élève ou contre-maître, lorsqu'il a quitté l'École, est tenu de se rattacher à elle par une correspondance au moins semestrielle. Le contrevenant à cette disposition perd, à l'expiration du septième mois, ses droits aux secours à la caisse.

DROIT.

MAGISTRATS, — AVOCATS, — AVOUÉS, — NOTAIRES, ETC.

> Les deux Facultés de Médecine et de Droit, à Paris seulement, ont depuis cinq ans augmenté de moitié en sus, et de 4,000 étudiants qu'elles comptaient, ont passé à 6,000. Si tous ceux qui ont fait leur cours de droit et qui possèdent diplôme, usaient de l'autorisation qu'ils ont de plaider, toutes les causes tant criminelles que civiles de la France, également réparties entre eux, se réduiraient pour chacun à deux procès par an.
>
> AJASSON DE GRANDSAGNE.

CONSIDÉRATIONS DE CLASSE ET DE FORTUNE. — L'instruction des colléges n'ouvrant depuis vingt années qu'une seule porte à la jeune génération, celle des professions libérales, elle s'y est élancée en foule.

La Magistrature, le Parquet, le Barreau, la Procédure, le Notariat sont encombrés de sujets; mais quelque vastes et variées que soient les carrières ouvertes par l'étude du droit, les chances de succès n'y sont pas proportionnées au nombre des obstacles qu'il faut franchir avant de parvenir à s'y faire une position indépendante. Lorsqu'on n'y succède pas à son père, il est nécessaire, pour y entrer dignement et pour n'y être point exposé à compromettre légèrement son avenir, de posséder une fortune patrimoniale, ou de jouir d'un revenu qui permette de subsister honorablement pendant quelques années au moins.

On a fait le relevé suivant (1) :

« Le nombre des avocats près les vingt-sept cours royales de France est de 1,956.

» En 1832, ils ont eu à soutenir :

» Appels civils, 7,171.

» Affaires civiles en première instance, 12,782.

» Appels de police correctionnelle, 3,171.

» Affaires correctionnelles en première instance, 27,530.

» Affaires de grand criminel, 2,398.

» Au total, cela donne un chiffre de 53,000 affaires que l'on peut admettre comme base d'un calcul approximatif parce qu'il varie peu chaque année.

» Or, on peut estimer chaque cause ainsi qu'il suit :

» Appel civil, 50 fr.

» Affaire civile en première instance, 15.

» Appel de police correctionnelle, 20.

» Affaire correctionnelle en première instance, 5.

» Affaire de grand criminel, 40.

» Ce qui donne un total de 847,270 fr. : à répartir entre 1956 avocats, c'est-à-dire, environ 433 francs pour chacun d'eux.

---

(1) *Coup-d'œil sur l'état de l'instruction publique en France*, par M. Collard (de Martigny).

» On peut, si on le désire, doubler cette somme par le produit des consultations ; ce serait alors 866 francs qui, en supposant une répartition égale, formeraient les émoluments ordinaires d'un avocat en cour royale. »

Les pères de famille qui destinent leurs fils aux fonctions d'avocats au conseil du roi, d'avoués, de notaires, d'huissiers, de greffiers, etc., etc., s'ils sont prudents, commenceront par se rendre un compte exact du nombre de ces charges en France, de leur prix, variable selon les localités, et avant d'envoyer leurs fils au collége, ils mettront de côté le capital approximativement nécessaire pour l'achat d'une de ces charges ; car ils commettraient généralement une erreur, s'ils supposaient que leurs fils puissent la payer avant de l'avoir exercée.

Ceux que nos conseils ne détourneront pas des professions auxquelles l'étude du droit ouvre accès n'ont rien autre de mieux à faire que de se conformer au programme des connaissances exigées pour le *baccalauréat ès-lettres* (1). Ce grade leur donnera entrée aux Facultés de droit.

Entendue en ce sens restreint, qu'elle est une préparation nécessaire à l'étude du droit, laquelle est indispensable à l'exercice des fonctions de magistrat et des professions d'avocat et d'avoué, l'*instruction universitaire* peut être considérée comme l'une des principales branches de l'*instruction professionnelle*. Ainsi donc, on le voit, dans

(1) Voir page 112.

l'ordre de nos idées, il n'y a qu'à ajouter de nouveaux rameaux à l'arbre de l'enseignement, mais il n'y en a point à abattre.

Sous le triple rapport des mœurs, de la santé et de l'instruction des jeunes gens qui les fréquentent, les écoles de droit (et particulièrement l'École de droit de Paris) sont l'objet de justes et de graves reproches qui appellent à la fois l'attention du gouvernement et la méditation des familles.

La conservation de la santé des jeunes gens,—disons-le en passant,—considérée sous le point de vue élevé de l'amélioration physique de l'espèce humaine, est une chose dont on s'occupe trop peu, bien qu'aucune cependant n'importe plus essentiellement au présent des familles et à l'avenir des sociétés.

Sous ce rapport et sous plusieurs autres, la centralisation de l'enseignement à Paris exerce de pernicieux effets sur lesquels il serait désirable qu'une enquête judicieuse et sévère eût lieu.

Des institutions qui, comme les Facultés de droit et de médecine, attirent chaque année à Paris des milliers de jeunes gens, dans toute la vigueur de l'âge et des passions, les séparent de leurs familles et les astreignent à résider loin d'elles pendant trois ou quatre années, de telles institutions portent avec elles des germes féconds de détérioration et de démoralisation publique! Il serait temps d'y réfléchir mûrement, car un pays ne saurait prévoir l'avenir qu'il se prépare, lorsque la jeunesse est ainsi abandonnée à elle-même, sans direction et sans surveillance, au milieu d'une population d'un million d'individus. Lorsque l'enseignement public, tel qu'il est constitué en France, est ainsi destructif de l'esprit de famille, comment veut-on qu'il soit conservateur de l'ordre social?

Mais ne nous arrêtons ici qu'à l'École de droit de Paris. Six à sept cents jeunes gens, entièrement libres dans le choix de leurs études comme dans l'emploi de leur temps, assistent au cours d'un professeur qui, n'ayant à sa disposition aucun moyen de contrôle ni de correction, est nécessairement dépourvu de toute influence et de toute autorité, et conséquemment ne peut ni diriger ses élèves dans leurs études, ni leur prescrire un travail régulier, ni juger de ce travail, ni même éveiller leur émulation.

Avant l'heure de la leçon, les jeunes gens arrivent de toutes parts, généralement dans des dispositions d'esprit peu favorables au travail qu'exige l'étude des subtilités des lois romaines et des questions de procédure.

La leçon commence. Le professeur, qui ne veut pas faire trois fois par semaine une explication d'une heure et demie, temps fixé pour la durée de la leçon, dicte d'abord aux élèves pendant une demi-heure le texte du Code civil dans un ordre particulier: c'est une demi-heure perdue entièrement; une autre demi-heure est encore perdue pour l'appel nominal; il ne reste plus par conséquent qu'une demi-heure à employer.

Dans ce court espace de temps, le professeur éclaircit les difficultés que présente le texte de la loi, et examine quelques questions de droit.

Ainsi, des élèves qu'on envoie à Paris pour s'instruire dans une science que la vie tout entière d'un homme laborieux peut à peine embrasser dans toutes ses parties, ne reçoivent à chaque leçon qu'une demi-heure d'explications utiles, et par conséquent dans le cours de l'année scolaire, que cinquante-quatre heures de véritable instruction (1).

Voilà ce qu'il est important que sachent les parents!

(1) L'état de choses actuel est d'autant fâcheux, que, malgré l'importance de leur enseignement et le grand nombre de leurs élèves, les Facultés de droit n'ont point de représentant spécial dans le conseil royal. Les professeurs se trouvent ainsi en quelque sorte isolés au milieu de l'Université, privés des conseils et des encouragements qui devraient diriger leurs efforts, soutenir leur émulation ou récompenser leurs succès; n'ayant pas, en un mot, dans toute la hiérarchie du corps enseignant, un juge compétent de leurs travaux et de leurs doctrines.

La conséquence inévitable de ce défaut de surveillance, c'est le relâchement de la discipline, et une bizarre variété d'usages se substituant à l'unité de la règle. Dans telle Faculté, par exemple, les leçons sont rigoureusement de deux heures; dans telle autre, de trois quarts d'heure au plus; ici le professeur est astreint à dicter, pendant une heure, un cahier que le plus grand nombre des élèves n'écrit pas; là il s'en affranchit impunément. Dans une école l'argumentation aux thèses roule uniquement sur les Institutes et le Code civil, considérés comme base de toute la législation civile; dans les autres, cette épreuve porte sur tant de sujets différents et secondaires, qu'elle devient illusoire par le peu de temps qu'il est possible d'accorder à chacun d'eux. Ici une raisonnable exigence de travail, ailleurs une molle et ridicule indulgence dans la collation des grades....

De Fougères, député, professeur de droit.
(*Moniteur* du mardi 5 juin 1838. — Col. 1535.)

Mais ces élèves ont à subir, avant d'être reçus licenciés, quatre examens et une thèse ; dès lors ne sont-ils pas obligés de se livrer à une étude sérieuse après la leçon du professeur ?

Les titres, il est vrai, ne se vendent plus, mais ils se donnent. Les examens sont trop faciles. Les questions qu'on adresse aux élèves sont absolument calquées sur le texte du Code civil : « A quel âge peut-on contracter mariage ? Quelles sont les qualités requises pour être tuteur ? Combien y a-t-il de sortes d'hypothèques ? »

Les professeurs ne s'écartent jamais de ces questions épineuses. Or, qu'un élève de bonne foi réponde : faut-il plus de quinze jours de travail pour soutenir parfaitement de pareils examens ? Il est vrai que l'étude du droit romain présente au premier coup-d'œil beaucoup plus de difficultés ; mais comme les professeurs interrogent en français, et que les élèves ont la liberté de répondre dans la même langue, si l'élève, fort de quelques connaissances superficielles, veut se donner la peine de lire une traduction des Institutes, avec les leçons du célèbre Heinneccius, il sera bientôt successivement reçu bachelier, licencié et enfin docteur.

Rien de plus facile, nous le savons, que de critiquer une institution établie ; il ne faut pas de génie pour détruire, il n'en faut que pour fonder ; aussi n'est-ce qu'avec une réserve extrême que nous userons ici de notre double droit de critique et d'initiative, et encore ne le ferons-nous que sous la forme dubitative de questions adressées aux hommes compétents.

Pourquoi l'enseignement du droit ne serait-il pas libre ?

Pourquoi astreindre les étudiants en droit à prendre tous les trois mois des inscriptions qui trop souvent se délivrent sous de faux noms ?

Pourquoi donner aux jeunes gens ce prétexte de quitter leurs familles, de se soustraire à leur surveillance, d'aller dissiper loin du foyer domestique les économies paternelles ?

Pourquoi ne pas convertir le prix des seize inscriptions et des quatre examens qu'il faut payer avant de passer son examen de docteur, en un droit cumulatif de diplôme, dont le prix s'élèverait ou s'abaisserait selon que l'on voudrait restreindre ou encourager l'étude du droit ?

Ne suffirait-il pas que des inspecteurs généraux, ainsi que cela a lieu pour l'École Polytechnique par exemple, parcourussent annuellement les vingt-sept ressorts de cours royales, et fissent subir aux jeunes gens qui se proposeraient d'être reçus étudiants, bacheliers, licenciés et docteurs en droit, des examens publics, avec faculté de leur conférer les grades, mais jusques au titre de licencié inclusivement.

M. Plasman, juge d'instruction au tribunal civil d'Orléans, a publié sur ce sujet un mémoire où les mêmes idées que les nôtres sont émises ; nous en extrayons les passages qui suivent :

« Je voudrais qu'une loi créât à Paris, et ce qui serait mieux encore peut-être, dans trois chefs-lieux de département déterminés par le gouvernement, une École de jurisprudence, sur les mêmes bases que l'École Normale et que l'École Polytechnique.

» Ce plan exige une étude particulière; mais avant de me livrer aux développements qu'il nécessite, une grave question naît de la liberté de l'enseignement; il faut l'examiner et la résoudre.

» Si, en effet, cet enseignement libre est admis dans chaque ville principale, ou au moins dans chaque chef-lieu de cour royale, comme époque de progrès, mais en même temps de transition nécessaire à une entière liberté, qui conférera les grades? devant quelle autorité les élèves seront-ils appelés pour soutenir leurs examens? Si l'enseignement est libre, les professeurs ne sont plus que de simples particuliers, ils n'ont aucun caractère légal; le gouvernement ne peut donc leur abandonner le pouvoir de conférer des titres. D'ailleurs, si les professeurs avaient le droit d'admettre ou de refuser les élèves, les querelles d'école, de thèses du moyen-âge renaîtraient; chaque docteur passionné pour ses systèmes ne recevrait que les élèves qui suivraient ses doctrines, et repousserait peut-être les élèves des autres professeurs (1); il faut donc

---

(1) Combien de fois n'ai-je pas vu des élèves avoir des boules rouges parce qu'ils n'avaient pas lu l'ouvrage de l'un des professeurs qui les interrogeaient! *(Note de M. Plasman.)*

que le gouvernement intervienne en quelque sorte comme juge du camp.

» Or, il ne nous paraît avoir d'action possible que par deux modes de procéder : par un jury choisi parmi les magistrats et les jurisconsultes de chaque département, ou bien par des inspecteurs-généraux qui visiteraient tous les ans les lieux où seraient établies les écoles.

» Le jury me paraît présenter des difficultés graves, et je vois tout de suite s'y glisser des influences de localité, de coterie, de famille, et de petites passions de province qu'il faut écarter.

» Je crois donc qu'il y a lieu de se décider, sans hésiter, pour des inspecteurs-généraux qui feraient subir aux élèves des examens publics, et leur conféreraient les grades jusqu'au titre de licencié inclusivement.

» On adopterait avec succès le mode consacré pour l'École Polytechnique, en ayant soin de changer souvent les inspecteurs, et de déterminer par le sort, la veille de leur départ, la route qu'ils auraient à parcourir ; ils fourniraient au gouvernement des notes sur chaque élève, notes qu'on pourrait consulter avant de faire un choix. Il serait possible cependant que l'on pût concilier avec avantage l'institution du jury avec celle des inspecteurs-généraux.

» Mais ces formes, ces précautions, bonnes pour le baccalauréat et la licence, seraient insuffisantes pour être revêtu de la dignité de docteur.

» Je voudrais qu'on ne pût parvenir à ce grade qu'après avoir travaillé à une école supérieure, que j'appellerais *École normale de jurisprudence*, et où les élèves désignés par les inspecteurs-généraux, et nommés par le gouvernement, seraient obligés de résider et d'étudier pendant dix-huit mois, et c'est de cette école spéciale que sortiraient les professeurs et une partie des magistrats dans la proportion que je vais indiquer.

» Les jeunes gens désignés habiteraient dans l'École de jurisprudence, comme les élèves dans l'École Polytechnique.

» Une conférence aurait lieu trois fois par semaine dans cette école. Indépendamment des cours, les jeunes gens s'y exerceraient dans l'art de la parole ; une chaire de droit public et de droit administratif y serait créée, ainsi qu'un cours de procédure pratique ; et à l'expiration des dix-huit mois, ces jeunes gens auraient le droit d'élever des écoles, ou seraient nommés, suivant les besoins du service public, aux places de substitut de procureur du roi, de juge, de sous-préfet, de chef de bureau dans les administrations publiques, d'après leur genre de talent et le vœu qu'ils manifesteraient.

» La moitié des places vacantes leur serait réservée de droit ; le gouvernement répartirait l'autre moitié sur d'autres sujets étrangers à cette école spéciale et qui se seraient signalés dans les divers barreaux de la France.

» J'astreindrais cependant ceux qui voudraient

entrer dans la magistrature à faire un stage pendant une année comme avocats; trois années sont tout-à-fait inutiles.

» L'exécution de ce plan (non dans les détails, qui peuvent être critiqués, mais dans sa base) est à mes yeux le seul moyen de répandre sur tout l'empire les bienfaits de la science du droit, encore si arriérée dans beaucoup de provinces. On relèverait ainsi la considération et le respect dus à toutes les magistratures.

» L'amour-propre, qui naît des concours, l'orgueil d'être admis à une école supérieure, le désir de s'y distinguer et d'en sortir revêtu d'une dignité honorable, doubleraient l'ardeur de la jeunesse.

» Dans un pays où l'indifférence religieuse a relâché tous les liens sociaux, il ne reste plus en quelque sorte que l'amour-propre pour dernier mobile de la vie humaine.

» Loin de détruire cet unique et dernier ressort des gouvernements, tâchons d'en ranimer le principe vivifiant, d'enflammer l'imagination de la jeunesse par des distinctions honorables, distinctions qui ne peuvent blesser nos idées d'égalité, puisqu'elles ne prendront leur source que dans le privilége inévitable du travail et de la capacité.

» Je viens de dire que l'exécution de ce projet était le seul moyen de relever le respect dû à la magistrature; et ici que la gravité de la discussion, et que le besoin qui me domine de dire ce que je crois être la vérité, me fassent pardonner ma franchise.

» Je reconnais et je suis heureux de proclamer hautement que la magistrature se compose presque entièrement d'hommes honorables.

» Probité inaltérable, modération dans les principes, mesure et sagesse même dans la conduite privée, réunion de toutes les qualités du père de famille, amour de ses devoirs, voilà les nobles caractères de la magistrature française.

» C'est beaucoup sans doute, ce n'est pas assez pour un peuple aussi haut placé dans l'opinion de l'univers ; si des qualités de l'honnête homme je passe à l'examen du magistrat, sauf les capacités qui se trouvent dans plusieurs cours royales et dans quelques tribunaux, je ne vois plus ensuite que des hommes qui, sous le rapport de la science du jurisconsulte, sont au-dessous de leurs fonctions.

» Qu'on ne donne pas à mes paroles une étendue qu'elles ne comportent pas. Je n'entends pas dire que ces magistrats ne sont pas des hommes d'esprit et de capacité, dans le sens que le monde attache à ce mot, mais c'est la science de leur état que je cherche en eux, et cette qualité si nécessaire manque à un grand nombre.

» D'où vient cela? c'est que l'édifice pèche par la base, c'est qu'il n'y a pas véritablement d'instruction pour le droit. Parmi les magistrats vous trouverez des littérateurs très-distingués, des mathématiciens, des poètes même, très-rarement un jurisconsulte, et presque jamais un homme exercé aux affaires, et les saisissant d'une manière supérieure. Plus de la moitié ne feraient pas un ordre, une liquidation, ne régleraient pas avec intelligence une difficulté de taxe, ne présideraient pas une cour d'assises, ne pourraient pas rédiger un jugement.

» D'où vient cette faiblesse dans les sujets? des premières études, d'une mauvaise direction suivie dès l'origine, des vices de la première instruction. C'est ainsi que l'enfance se ressent toute sa vie des défauts d'une première éducation.

» Ayez de fortes études en droit, ne recevez les jeunes gens dans l'École Normale que lorsqu'ils auront donné des garanties de travail et d'intelligence; il en sortira des magistrats qui toute leur vie seront dominés par l'amour de la science et l'amour de leur état.

» Ce plan est d'ailleurs pour le gouvernement le seul moyen de faire graviter vers lui toutes les capacités.

» Mais à quels signes reconnaître les hommes capables? Je réponds : à leur admission, à leur séjour, à leurs succès dans l'École normale de jurisprudence.

» D'où vient qu'il suffit d'avoir été élève de l'École Polytechnique pour recevoir du public un brevet de capacité?

» C'est que rien que l'admission exige de nombreuses connaissances et un travail des plus opiniâtres, et le public a foi dans l'homme laborieux.

» Or, pourquoi donc exiger moins des magistrats que des militaires?

» Je concevais cette pensée de la part de Napoléon, car il avait surtout besoin d'officiers d'artillerie et de génie expérimentés; il a sinon créé l'École Polytechnique, au moins constamment accordé ses faveurs à cette école et aux sujets distingués qui en sortaient. Mais, depuis la révolution de 1830, ce qu'il faut à la France, ce sont des citoyens éclairés, des administrateurs habiles, des magistrats capables.

» Pourquoi, lorsqu'il s'agit de choisir un député, sommes-nous toujours dans le plus grand embarras? Ce ne sont pas les gens d'esprit qui manquent, il y a foule à la porte du temple; ce qu'on cherche presque toujours en vain, ce sont des hommes vraiment instruits, des hommes versés dans le droit public et dans toutes les sciences qui composent l'économie politique.

» En résumé, que l'homme instruit et capable soit sûr d'arriver, qu'une loi fixe sa carrière et son sort, et toutes les capacités, devenues satellites du gouvernement, au lieu de le gêner dans sa marche, l'éclaireront; il les entraînera sans efforts dans sa sphère d'activité.

» Je pressens toutefois de graves objections. Le magistrat, nous dira-t-on, doit être plutôt un homme du monde qu'un savant; car, pour bien juger les contestations qui divisent les hommes, il faut qu'il pénètre dans les replis les plus cachés du cœur humain, il faut donc qu'il vive constamment au milieu d'eux. Je réponds que l'homme du monde magistrat, s'il manque d'instruction, est un très-mauvais juge, car s'il connaît les hommes, tout se réduit pour lui à une question d'équité ; ce n'est pas le droit qui est sa boussole, ce sont les faits, ce sont les considérations qui s'y rattachent. Ce n'est pas la loi qu'il interprète, ce sont les personnes qu'il juge.

» Je suis loin d'ailleurs de vouloir faire un ermite de l'étudiant en droit ; je ne réclame que des examens sérieux pour être licencié, et une retraite de dix-huit mois pour être docteur et magistrat.

» Mais ce qui manque aux hommes dont se compose la magistrature, ajoute-t-on, ce n'est pas tant la science que la connaissance des affaires. Ce qu'il leur faudrait, ce n'est pas une retraite ; ce serait d'être pendant plusieurs années, avant d'être nommés, premiers clercs de notaire ou d'avoué.— Mais c'est précisément cette science d'expérience que je veux leur donner. Il n'y a qu'un très-petit nombre de jeunes gens qui parviennent à être premiers clercs ; la plupart d'ailleurs se rebutent par la difficulté d'arriver. Aussi ma première pensée serait de créer dans l'École une chaire spéciale de notariat et de procédure pratique (1) ; c'est sur des dossiers, c'est

(1) On m'objectera sans doute que la pratique ne peut s'apprendre que chez l'avoué, que là où il n'y a pas de clients il n'y a pas de dossiers. Je réponds que je choisirais, pour professeurs de ces cours, d'excellents praticiens ; ils présenteraient des espèces, feraient suivre la marche du palais, apprendraient aux étudiants à rédiger des con-

sur des actes que je ferais travailler les élèves, et c'est en unissant les profondeurs de la science du jurisconsulte à l'expérience et à l'habileté du praticien, que j'arriverais à des résultats immenses. »

Nul doute, selon nous, que l'étude du droit ne gagnât beaucoup à une réforme dont le résultat serait de laisser les jeunes gens s'y livrer laborieusement au sein de leurs familles, ou tout au moins sans être obligés de quitter le chef-lieu de la cour royale, dans le ressort de laquelle se trouverait compris le département habité par leurs parents.

Nul doute qu'il ne s'ouvrît bientôt alors, dans les vingt-sept villes chefs-lieux de cours royales, des Écoles préparatoires de droit où toutes les études auraient le droit pour but ; où de préférence les

---

clusions, feraient naître des incidents dans les procédures, de manière à intéresser les élèves, etc.

Dans le cas où le gouvernement ne se déciderait pas à rendre l'enseignement libre tout d'abord, même dans les chefs-lieux de cour royale, rien ne l'empêcherait au moins, pour se rapprocher de la Charte de 1830, de créer autant d'écoles qu'il y a de cours royales. Cette création de 27 écoles n'entraînerait aucuns frais, car quelques sommes qu'on exige des parents pour les leçons et les thèses, ces dépenses ne s'élèveraient pas même à la moitié de celles occasionnées aux familles par le séjour de leurs enfants dans la capitale. Supposons en effet une école suivie seulement par 50 élèves payant 400 fr., total 20,000 fr., on trouverait aisément en province trois magistrats ou avocats professeurs qui se contenteraient chacun d'un traitement de 2,000 fr.; resterait 14,000 fr. pour le local et les frais occasionnés par les tournées des inspecteurs-généraux. Le gouvernement peut donc créer 27 écoles sans aucune dépense, et il y aura grande économie pour les familles, car il n'y a pas de père qui ne dépense au moins 1200 fr. pour son fils par chaque année de séjour à Paris.

(*Note de M. Plasman*)

auteurs latins, grecs, français seraient choisis parmi ceux qui font autorité en cette matière prise dans sa plus large acception ?

L'idée que nous venons d'émettre rapidement n'est qu'un germe que sauront bientôt un jour ou l'autre développer la sagesse du gouvernement et la sollicitude des familles, si ce germe a toute la fécondité que nous lui supposons, s'il porte réellement avec lui le remède au mal qui résulte, selon nous, de la centralisation de l'enseignement supérieur, telle qu'elle existe à Paris.

Aptitude : — Rectitude et finesse d'esprit, — patience, — amour de l'étude.

Instruction nationale : — Premier et second degrés.

Instruction professionnelle : — Enseignement secondaire et supérieur (voir page 70).

Établissements d'instruction spéciale : — Facultés de droit (Voir pour les conditions diverses d'admission, l'ordre, l'étendue et la durée des études, les examens et grades, pages 93 à 95).

MÉDECINE.

MÉDECINS, — OFFICIERS DE SANTÉ.

Médecins imposés au rôle des patentes, 10,266
Non imposés par exemption, 11,734
———
22,000

(*Projet de loi sur les Patentes.*)

Considérations de classe et de fortune : — Ce que nous venons de dire relativemeut à l'enseignement, à l'étude et à la pratique du droit, n'est pas moins juste pour l'enseignement, l'étude et la pratique de la médecine.

Mêmes difficultés de se faire jour au travers de la foule qui en obstrue l'accès, lorsque le jeune homme qui se prépare à l'exercice de la profession de médecin n'y succède pas à son père, ou ne possède pas un patrimoine qui lui permette d'attendre le temps nécessaire à la formation d'une clientelle, ce qui est toujours difficile, particulièrement dans les grandes villes.

On compte en France 22,000 médecins, et le nombre des jeunes gens qui se font inscrire annuellement à l'effet de suivre les cours des diverses Facultés de médecine est constamment progressif.

L'enseignement de la médecine donne lieu aux mêmes observations que celles que nous avons faites à l'occasion de l'enseignement du droit.

Les mêmes abus ont lieu; le même remède, s'il était efficace pour l'un, le serait donc également pour l'autre.

Voici, au sujet de l'enseignement de la médecine, en quels termes s'exprime un médecin distingué, qui, sous le titre d'*École préparatoire de médecine*, a fondé à Paris un utile établissement que nous ne saurions trop recommander.

« Il existe une lacune entre les études appelées classiques et les études spéciales qui conduisent à une profession. Les études classiques elles-mêmes semblent insuffisantes, puisqu'on voit des élèves sortant des collèges obligés de se *faire préparer* aux examens du baccalauréat, et qu'on lit sur la porte d'un établissement d'éducation, à Paris : *In-stitut* COMPLÉMENTAIRE *des études classiques*.

» Cette lacune a déjà été aperçue, et comblée en quelques genres, par les écoles *préparatoires*, aux Écoles Polytechnique, Militaire, de la Marine, du Commerce, etc. Comment se fait-il qu'on n'y ait pas encore songé pour la médecine, ou du moins qu'aucune tentative efficace n'ait encore été entreprise ?

» Plus tard, peut-être, le gouvernement, considérant la supériorité des études faites dans des écoles où les élèves sont soumis à une surveillance et à une direction spéciale, sera-t-il conduit à fonder une école de médecine sur le plan de l'École d'Alfort ou de l'École polytechnique : ce sera un grand bienfait dont l'initiative lui appartient. Essayons seulement, par une facile expérience, d'indiquer une amélioration progressive et sans secousse.

» L'établissement d'une *École préparatoire de médecine* serait une mesure de transition, et dont on ne tarderait pas à reconnaître les avantages comparativement à l'état actuel des choses.

» D'après l'organisation des Facultés et le nombre des élèves qui s'y présentent chaque année, il y a pour ces derniers une perte considérable de temps et d'argent. Jeté seul, à Paris, au milieu d'un monde nouveau, entouré de séductions de toute espèce, privé de conseils pour sa conduite et de direction pour ses études, quel est l'étudiant qui n'ait perdu presque toute sa première année? Heureux encore s'il n'a perdu que du temps, et s'il n'a pas reçu de plus funestes atteintes sous le rapport de la santé et de la moralité! De là les études incomplètes, puis les veilles pour réparer le temps perdu, le jeûne et les autres privations pour dissimuler les folles dépenses, et, au bout de tout cela, l'ignorance, la maladie et quelquefois le déshonneur, sans parler encore des dangers d'un autre genre que font courir aux jeunes gens les perturbateurs, qui les poussent en avant, et qui, exploitant à leur profit l'inexpérience et l'enthousiasme de leur âge, les engagent dans de funestes voies.

» A Dieu ne plaise que nous exagérions volontairement le mal, et que nous méconnaissions les excellentes intentions de la Faculté! Sans doute, plus qu'autrefois, des avis sur les cours à suivre sont affichés à l'École, et les élèves y sont avertis qu'ils doivent, à la fin de la première année, passer un examen. Mais de ces avis en profite qui veut, et personne n'est responsable du résultat.

» Aucun lien n'existe entre le professeur et les élèves : celui-ci vient chaque jour faire ses leçons ; mais sait-il quels sont ceux qui l'écoutent? Prend-il à eux quelque intérêt d'affection ou d'amour-propre? Non ; sa leçon est faite, son auditoire était nombreux, son devoir est rempli et sa réputation est assurée.

» Mais les parents ont-ils quelque garantie? Leurs enfants suivent-ils assidûment les cours, ou n'y vont-ils que d'une manière irrégulière? et s'ils sont présents aux leçons, en tirent-ils quelque profit, ou font-ils seulement un acte de présence matérielle, comme cela n'arrive que trop souvent?

» Hors des cours, les élèves auraient besoin d'être guidés dans le choix de leurs lectures, de recevoir des répétitions, d'être exercés par des conférences, des compositions, des manipulations, et autres moyens d'enseignement dont le plus grand nombre ne peut disposer ; car il ne faut pas se le dissimuler, l'homme a besoin d'être excité au travail, surtout dans un âge où il n'en voit pas encore parfaitement et immédiatement l'application utile et l'indispensable nécessité.

» Or, est-il à présent quelqu'un qui, par obligation ou par bienveillance, demande aux élèves ce qu'ils ont étudié, ce qu'ils ont appris, qui stimule la paresse, encourage et soutienne le zèle, aide la faiblesse et la sauve du dégoût? N'est-il pas même surprenant qu'il n'y ait pas un plus grand nombre d'élèves qui perdent complètement leur temps?

» Mais ce nombre est énorme encore, et l'on doit en être effrayé. Combien de pères de famille ont payé deux ou trois fois les frais d'examen et de réception de leurs enfants, qui, après avoir subi ou fait subir, tant bien que mal, les actes nécessaires, ont été grossir le nombre de ces médicastres qui déciment les populations, et que l'expérience même n'instruit pas!

» Ce ne sont pas les moyens d'instruction qui manquent; ils sont multipliés presque jusqu'à la surabondance; il ne s'agit que d'en régler et d'en surveiller l'emploi. D'ailleurs l'expérience est là qui parle plus haut que les théories : au tableau qui précède, et qui certes aurait pu être rembruni encore, sans qu'il y eût d'exagération, opposez ce qui a lieu dans les Écoles Polytechnique, Vétérinaire, Normale et autres, où les élèves sont résidents et soumis à une règle qui garantit le bon emploi du temps et la direction judicieuse des études; comparez les résultats, et voyez si, toutes choses égales d'ailleurs, il ne sort pas de ces Écoles plus de *sujets distingués* d'abord, et ensuite une plus forte proportion de ce qu'on peut appeler *bons sujets* qu'il n'en sort de l'École de Médecine, par exemple. Il n'est pas difficile de reconnaître l'origine de cette différence, surtout lorsqu'on voit, d'une part, que plusieurs anciens élèves de l'École Polytechnique qui se sont livrés à l'étude de la médecine, y ont très-bien réussi; et, de l'autre, que beaucoup de médecins distingués sont sortis de l'École du Val-de-Grâce et de celle des officiers de santé de la marine, écoles où la hiérarchie et la subordination militaires garantissent l'assiduité des élèves aux leçons, et où de fréquents examens, auxquels on ne peut échapper, viennent constater les progrès et mettre en évidence la paresse, plus commune que l'incapacité. Ne sait-on pas qu'il sort des Écoles Vétérinaires d'Alfort et de Lyon des hommes plus forts que la moitié des docteurs en médecine?

» Dans les Universités d'Allemagne, où les élèves des Facultés sont en petit nombre, et où il y a, relativement, beaucoup de professeurs, les jeunes gens trouvent dans leurs maîtres secours et conseils, et il s'établit entre eux une intimité qui tourne au profit des études; et jadis, lorsque le maître et le disciple formaient une sorte d'alliance; lorsque le vieux médecin, menant partout avec lui son élève, qui était son commensal, l'initiait à chaque heure du jour aux secrets de son art, était-ce une si mauvaise manière de former des médecins?

» Un seul homme, de nos jours, un vrai disciple d'Hippocrate, le respectable Chaussier, avait bien compris la mission du professeur. Le soir, il réunissait chez lui quelques élèves, et là, dans une conversation familière, il exerçait leur esprit à voir et à juger. Ceux qui ont eu le bonheur d'être admis à ces réunions en conservent un souvenir reconnaissant, et pourraient dire ce qu'ils ont gagné dans ces simples entretiens où le professeur disparaissait et où l'on s'instruisait par la recherche et la discussion. Là, on lisait en commun les ouvrages anciens et modernes; chacun apportait des extraits, des analyses, et chacun profitait du travail des autres, en même temps qu'il fournissait son contingent à l'instruction commune. Comment lisent, pour la plupart, les élèves de nos Écoles actuelles, quand ils lisent?

» Les inconvénients qu'on a signalés ne tiendraient-ils pas en grande partie à ce qu'on songe trop tard à donner aux études une direction spéciale? C'est ce que quelques personnes ont pensé après avoir mûrement réfléchi, et ce qui a fait naître l'idée de *l'École préparatoire de médecine*.

» Le but qu'on se propose dans cet établissement est d'économiser le temps et l'argent (1), d'offrir aux pères de famille une sécurité qui leur manque, et d'envoyer aux Facultés des élèves parfaitement disposés à profiter des excellentes leçons qui leur y sont offertes.

» Nous supposons des élèves de quinze ans au moins, sortant des colléges de l'Université; nous fixons à deux ans la durée du séjour dans l'École, qui sera organisée sur le modèle de l'École Polytechnique; et nous croyons que ceux qui en sor-

(1) On dote une fille avec l'argent qu'on peut économiser sur l'éducation d'un fils.

tiront après ce délai seront bien en état : 1° de passer d'une manière satisfaisante leurs examens de bachelier ès-lettres ; 2° de passer également bien l'examen pour l'externat des hôpitaux de Paris, ou pour entrer dans les hôpitaux militaires ou de la marine. Enfin nous ne craignons pas d'avancer qu'un élève qui aurait bien employé son temps serait en mesure de soutenir l'examen d'officier de santé.

» Voici maintenant les moyens très-simples par lesquels il nous a semblé qu'on pourrait obtenir un résultat pareil. Il ne s'agit que de bien employer le temps et les ressources qu'on possède, en joignant à *l'étude des mots l'étude des choses*, et en s'assurant exactement que les élèves savent bien, en effet, ce qu'ils sont censés savoir. Il ne faut pour cela que du zèle et de la persévérance.

» Dans les classes ordinaires, l'étude des langues est peut-être un peu trop exclusive d'autres acquisitions intellectuelles : nous essaierons, nous, et l'expérience n'est plus à faire, de placer dans l'esprit des élèves des faits de divers genres, en même temps que les formes de langage propres à les exprimer. Ainsi donc les jeunes gens qui nous seraient confiés apprendraient le latin dans Celse, le grec dans Hippocrate, le français dans Cuvier, etc., en même temps qu'ils se familiariseraient avec les *choses* contenues dans ces ouvrages, qui leur serviraient de modèle sous un double rapport.

» Le caractère distinctif de l'enseignement proposé ici est d'être toujours *pratique* ; de procéder constamment de l'observation des faits à la constatation des règles, et d'obliger les jeunes gens à faire un usage continuel de la méthode analytico-synthétique, espèce de gymnastique essentiellement propre à développer les forces de l'intelligence. Chez nous les élèves, constamment tenus en haleine, ne seront jamais un instant abandonnés à eux-mêmes; il n'y aura point d'*études*, temps où l'esprit s'abandonne si souvent à l'habitude d'opérer avec lenteur; les *exercices en commun* se succéderont du matin au soir, de manière à ce qu'il ne se perde pas un instant, et que chaque élève soit continuellement sur le *qui-vive;* en outre, des exercices publics et des examens devant des commissions instituées par le conseil supérieur auront lieu de *quatre* en *quatre* mois, et permettront à toute personne intéressée de constater les progrès des élèves, et d'apprécier les soins donnés à leur éducation. Si l'on ajoute à cela qu'il n'y aura point de *vacances*, on comprendra facilement la possibilité de remplir en deux ans les engagements que nous ne craindrions pas de prendre avec le public. Nous osons espérer que les élèves qui sortiront de l'École *sauront beaucoup*, parce qu'ils *sauront parfaitement;* nous osons espérer aussi que plus d'un demandera à continuer ses études avec les maîtres dont il aura apprécié le dévouement; enfin nous nous flattons que la Faculté les distinguera parmi ses nombreux élèves, et applaudira à des efforts consciencieux.

» Revenons à l'exposé du système d'études que

nous nous proposons de suivre. En même temps que les élèves s'occuperont des études *classiques* proprement dites, de celles qui sont exigées pour le titre de bachelier ès-lettres, auquel ils doivent parvenir, d'autres études spéciales commenceront pour eux.

» D'abord la physique, la chimie et la botanique, étudiés *sur les faits*, en *vérifiant* immédiatement les meilleurs auteurs, de telle sorte qu'il y ait toujours pour les élèves simultanéité de perception et d'examen, et qu'ils soient à chaque instant obligés de rendre compte de ce qu'ils ont appris; de formuler leurs opinions d'une manière claire et intelligible; de les discuter et de les soutenir, soit contre leurs condisciples, soit contre les professeurs, tant verbalement que par écrit, et indistinctement dans les diverses langues qu'ils étudieront, et même en appelant le dessin à leur aide. Ils dresseront des tableaux synoptiques et feront des résumés, travaux plus utiles à ceux qui les font qu'à ceux qui les achètent tout faits.

» On n'a pas besoin de faire ressortir les avantages d'une semblable manière de travailler, ni de dire combien ceux qui l'auront suivie en éprouveront d'heureux résultats pour leurs examens et pour les concours; et, ce qui est plus important que tout le reste, combien de semblables habitudes d'esprit sont propres à former des praticiens capables et judicieux.

» Chaque jour amènera aux élèves des connaissances nouvelles. Accoutumés qu'ils seront à tirer d'un livre *tout* ce qui y est, et à rapporter, sans y manquer jamais, ce qu'ils voient pour la première fois avec ce qui leur est déjà familier, ils avanceront dans la carrière d'un pas mesuré, mais ferme et soutenu, et arriveront au terme possesseurs d'un fonds qui leur appartiendra véritablement, et dont ils seront toujours prêts à tirer bon parti.

» S'ils apprennent *de la* médecine et *de la* chirurgie en apprenant le latin, le grec et le français; s'ils étudient dans ces mêmes livres la philosophie, ils apprendront le dessin en dessinant et en peignant de l'anatomie humaine et comparée, et de l'anatomie végétale; et ces objets qu'ils auront reproduits avec soin et à loisir, on les leur fera représenter immédiatement et à grands traits sur le tableau noir, et on les obligera d'indiquer les applications pratiques qu'ils auront déduites de leur étude.

» Pour la chimie et la physique, les expériences (on en peut faire beaucoup sans avoir besoin de magnifiques cabinets); pour la botanique, les bois et les champs; pour l'anatomie, les *dissections d'animaux* (1), les planches, les pièces en cire, les

(1) Nous signalons cette idée à M. le doyen. Pourquoi, dans les pavillons de l'École, ne disséquerait-on pas des animaux lorsque les cadavres humains manquent, comme cela est fréquent? Alors on ne verrait pas les élèves perdre souvent *plusieurs jours* en attendant un sujet.

Dans l'étude de l'anatomie comparée, on conclut de l'homme aux animaux; pourquoi ne pas conclure des animaux à l'homme? N'est-on pas obligé de faire ainsi pour la toxicologie et la physiologie expérimentale?

pièces de M. Auzoux ; pour la physiologie, l'observation de *soi-même* et *des autres*, les vivisections ; pour la toxicologie et la matière médicale, l'étude des substances par tous les sens, les expériences sur les animaux vivants, et les recherches médico-légales instituées sur leurs cadavres ; tel est, en abrégé, le tableau des moyens de donner aux élèves cette instruction pratique que la masse possède si rarement.

» Qui nous empêchera de les exercer à pratiquer les uns sur les autres les diverses explorations du cœur, du pouls, des organes respiratoires, et de leur faire acquérir ainsi la connaissance de l'état sain, auquel il leur sera facile, plus tard, de rapporter l'état morbide. Si nous étudions les bandages, nous dirons à l'élève, ou plutôt aux élèves : « Le fémur est brisé au milieu ; faites un appareil d'après ce que vous savez d'anatomie et de pathologie chirurgicale. » Si nous faisons de la médecine opératoire, nous lui dirons : « Une pierre est dans la vessie ; cherchez le moyen de l'en tirer, ou choisissez parmi les moyens proposés à diverses époques, et que vous connaissez. Liez-moi l'artère crurale sur ce chien, etc. Traitez-le de cette plaie, de cette fracture. Regardez et souvenez-vous pour appliquer plus tard. » Chaque élève parlera à son tour, et du choc des opinions résultera une lumière qui brillera pour tout le monde.

» Qu'est-ce d'ailleurs que ce mode d'enseignement, si ce n'est celui qu'ont spontanément suivi tout ce qu'il y a eu d'hommes distingués; celui dont nous avons tous usé plus ou moins lorsque, sortis des classes, et poussés par la nécessité, mère de l'industrie, nous avons été livrés à nous-mêmes; celui que tous les pères de famille reconnaîtront, comme l'ayant cent fois désiré et imaginé eux-mêmes, lorsqu'ils ont enseigné quelque chose à leurs enfants; celui enfin que tout médecin emploierait s'il avait le loisir de diriger lui-même l'éducation médicale de son fils?

» Croit-on qu'avec des études aussi variées et aussi actives, il puisse y avoir une place pour l'ennui, une excuse pour la paresse, un motif plausible pour le découragement? Nous aurons le droit d'être bien exigeans envers nos élèves, car nous ne leur demanderons *que ce qu'ils peuvent;* mais il faudra qu'ils fassent *tout ce qu'ils peuvent;* et qui saurait assigner un terme *au possible*, même pour le dernier des hommes?

» Et pense-t-on qu'un élève qui, en sortant de l'École, viendrait embrasser une autre profession que celle de médecin, pût jamais avoir à regretter les études qu'il y aurait faites?

Aptitude : — Tact; esprit d'observation; caractère résolu.

Instruction nationale : — Premier et second dégrés.

Instruction professionnelle : — Enseignement secondaire et supérieur (voir page 70).

ÉTABLISSEMENTS D'INSTRUCTION SPÉCIALE : — Facultés de médecine (voir pages 96 et 97); Écoles secondaires de médecine (page 100); Écoles de pharmacie (103); École d'accouchement près l'hospice de la Maternité à Paris (1).

ÉCOLE PRÉPARATOIRE DE MÉDECINE,

Rue de l'Arbalète, n. 25, près l'École de Pharmacie.

Directeur : M. RATIER, docteur en médecine, médecin du collége municipal de Rollin, de la Salle d'asile modèle (maison Cochin).

Iʳᵉ Division, de 12 à 16 ans.	Prix de la pension. . . . . . Pour les fils de médecins. . .	1,230 f. 1,030
IIᵉ Division, de 16 ans et au-dessus.	Prix de la pension. . . . . . Pour les fils de médecins. . .	1,500 1,200

Dans ces prix sont compris :
1° Les leçons de toute espèce relatives aux études médicales ;
2° Les manipulations et expériences de physique, chimie, botanique, physiologie, etc. ;
3° Le blanchissage et le menu raccommodage des habits et du linge ;
4° La fourniture du papier, des plumes et de l'encre ;
5° Les frais ordinaires d'infirmerie.

En dehors de la pension et aux frais des parents, se trouvent :
1° La rétribution universitaire pour les élèves qui y sont soumis ;
2° Les inscriptions et frais de réception aux Facultés ;
3° Le renouvellement et le raccommodage du linge et des habits ;

(1) Les hospices qui ont 100,000 fr. de revenu sont tenus d'y envoyer un élève. On y enseigne, 1° la théorie et la pratique des accouchements ; 2° la vaccination ; 3° la saignée ; 4° la connaissance des plantes usuelles plus particulièrement destinées aux femmes enceintes et en couche.

4° Les livres d'étude et les objets nécessaires au dessin ;

5° Les leçons d'arts d'agréments et les bains, les frais de garde et les médicaments, dans les cas de maladie grave.

La pension se paie par trimestres inégaux et d'avance, sur une quittance que l'administration fait présenter aux parents ou correspondants dans les dix premiers jours du trimestre.

Les trimestres commencent en octobre, janvier, avril et juillet. Les deux premiers, pour la Ire division, sont de 375, et le troisième de 350 fr., pour les élèves à 1250 fr. Pour les élèves à 1050 fr., les trois premiers sont de 300 fr. Le quatrième trimestre est de 150 fr. pour les deux classes. Pour la IIe division, les trois premiers sont de 450 fr., pour les élèves à 1500 fr., et de 350 fr., pour les élèves à 1200 fr. Pour les deux classes, le quatrième trimestre est de 150 fr.

LITTÉRATURE.

ÉCRIVAINS, — ÉRUDITS, — PROFESSEURS.

> Oui, je l'avoue, comme professeur, comme ayant été long-temps chargé dans les colléges des honorables fonctions de l'enseignement, il y a dans nos classes beaucoup de jeunes gens auxquels ne convient pas l'enseignement littéraire.
>
> Saint-Marc Girardin, *député, professeur à la Faculté des lettres.*

Considérations de classe et de fortune : — De toutes les carrières qu'un jeune homme peut se proposer de suivre, aucune n'est plus incertaine que la carrière littéraire ; dans aucune le succès n'exige plus impérieusement d'éminentes facultés intellectuelles ; et dans aucune, cependant, on ne voit un plus grand nombre de jeunes gens, victimes de leurs présomptueuses illusions ! Dans beaucoup de carrières, la médiocrité d'esprit n'exclut pas la rapidité de fortune ; dans la carrière littéraire, médiocrité est synonyme de misère.

A moins de dispositions particulières, de facultés remarquables, le jeune homme qui sort d'un collége ne doit jamais considérer l'instruction qu'il y a reçue et telle qu'elle lui a été donnée, comme devant, en tout état de choses, lui fournir un moyen assuré de subsistance ; car la carrière de l'enseignement elle-même veut des études spéciales et une aptitude toute particulière ; encore cette carrière, si modeste, si laborieuse, si difficile, est-elle encomblée d'un nombre de sujets plus considérable qu'elle n'en peut employer. Si un jeune homme recevait toujours l'instruction professionnelle, spéciale et positive, que nous invitons les parents à donner à leurs fils, le nombre serait moins grand des jeunes gens qui vivent misérablement, pour s'être mépris sur les facultés de leur imagination.

En effet, quoi de plus propre à fausser le jugement d'une jeunesse ardente que l'étude des auteurs grecs et latins ? elle exalte leur imagination ; toute politique autre que celle des républiques anciennes leur paraît sans grandeur ; tout monument qui n'est pas une imitation de l'antique leur semble sans caractère ; toute autre carrière que celle des beaux-arts et des lettres est, à leur avis, sans gloire et indigne d'eux. Ils s'exaltent, prennent pour une vocation innée une direction erronée. Ils se font écrivains, et pour les désabuser de leur mérite, il ne faut pas moins que le refus brutal de cent éditeurs.

APTITUDE : — Mémoire. — Imagination. — Jugement. — Amour de l'étude.

INSTRUCTION NATIONALE : — Premier et second degrés.

INSTRUCTION PROFESSIONNELLE : — Enseignement secondaire et supérieur.

ÉTABLISSEMENTS D'INSTRUCTION SPÉCIALE.

FACULTÉ DES LETTRES. (Voir page 112.)

ÉCOLE NORMALE.
Paris, rue St-Jacques, 4015. (Voir page 115.)

COLLÉGE DE FRANCE.

Paris, place Cambrai.

Le Collége royal de France fut institué en 1530 par François Ier ; il y créa douze chaires pour enseigner le grec, l'hébreu, l'éloquence, la philosophie, les mathématiques, la médecine. Successivement il en fut ajouté d'autres pour le droit canon, la botanique, la chirurgie, etc., jusqu'au nombre de dix-neuf. En 1774, le Collége royal fut réorganisé, et l'enseignement fixé tel qu'il est aujourd'hui, sauf les deux chaires pour les langues chinoise et sanscrite, qui ont été créées en 1814 par Louis XVIII, et les trois chaires d'économie politique, d'histoire des législations comparées et d'archéologie, dont la création a été faite par des ordonnances royales de l'année 1831. Les professeurs sont nommés par le roi, et le Collége est administré sous l'autorité du ministre de l'instruction publique. Les cours sont tous GRATUITS.

ÉCOLE ROYALE ET SPÉCIALE DES LANGUES ORIENTALES VIVANTES.

Paris, rue de Richelieu, à la Bibliothèque royale.

L'École spéciale des langues orientales vivantes, créée par un *décret du 13 germinal, an 3 (2 avril 1795)*, ne se composa d'abord que de trois chaires destinées à l'enseignement : 1º de l'arabe littéral et vulgaire ; 2º du persan et du malai ; 3º du turc et du tartare de Crimée. Bientôt l'enseignement de l'arabe vulgaire fut séparé de celui de l'arabe littéral. D'autres chaires, réclamées par les besoins de la littérature ou des relations politiques et commerciales, furent successivement ajoutées à celles qui existaient déjà, et augmentèrent l'utilité et la réputation de cette École, où, de toutes les parties de l'Europe, viennent se perfectionner dans la connaissance des langues qu'on y enseigne, les personnes qui se destinent à exercer les fonctions de professeurs en ce genre, dans les plus célèbres universités étrangères.

ÉCOLE DES CHARTES.

A la Bibliothèque royale.

L'École des Chartes, réorganisée par l'ordonnance royale du 11 novembre 1829, est destinée à former des élèves en diplomatique et en paléographie. C'est parmi ces élèves que sont choisis, de préférence, les archivistes et les bibliothécaires des départements, ainsi que les jeunes gens que M. le ministre de l'instruction publique emploie aux travaux historiques. L'Académie des Inscriptions et Belles-Lettres occupe également un certain nombre d'élèves de cette École aux travaux relatifs à l'histoire de France.

COURS D'ANTIQUITÉS.

Paris, à la Bibliothèque royale.

BEAUX-ARTS.

PEINTRES,—ARCHITECTES,—SCULPTEURS,—MUSICIENS.

> L'artiste destiné à se faire un grand renom se forme lui-même.

Considérations de classe et de fortune : — Le nombre des jeunes gens pauvres, médiocres et présomptueux qui s'adonnent à l'exercice des arts, avec la persuasion qu'ils sont appelés à les relever, fait tomber chaque jour, de plus en plus, les arts à l'état indigne et pénible de métier.

La peinture, l'architecture, la sculpture, à l'époque où nous vivons, époque toute industrielle où le luxe n'est plus, généralement, qu'un dehors trompeur, qu'un masque mis au bon marché afin de déguiser ses traits, tendent visiblement, malgré tous les efforts contraires, à se mettre en accord plus parfait avec les mœurs, les habitudes, les fortunes actuelles.

L'art tend à se subordonner à l'industrie ; l'usurpation sera déplorable sans doute, mais elle est inévitable.

Les ateliers de peintres d'histoire ou de genre regorgent de victimes, tandis que les fabriques et les manufactures manquent de dessinateurs de machines et d'ornements pour tissus, pour papiers, etc. Nous appelons sur ce fait l'attention des jeunes gens qui ne s'imagineront pas déchoir en appliquant leur talent aux arts utiles.

L'imitation servile de la sculpture antique a tué la sculpture en France : elle n'a pas su s'approprier à nos mœurs, à nos usages. Les sculpteurs n'ont à faire que ce que le gouvernement leur commande, et rarement ce qu'ils sont chargés d'exécuter obtient l'assentiment général, tandis que les arts industriels manquent de graveurs, de *metteurs sur bois* et de *modeleurs*.

La musique, comme art d'agrément et d'intérieur, comme partie complémentaire de l'éducation des jeunes filles appartenant aux classes riche et moyenne, est en progrès remarquable; mais la musique, comme carrière, est restée étroite et bornée.

Les architectes, égarés par l'instruction classique qui leur est donnée, en sont restés à l'imitation de l'antique; ils n'ont pas compris qu'à une époque où les dépenses de l'État sont soumises au contrôle minutieux des contribuables, où toutes les fortunes se nivellent, et où cependant l'aisance et le luxe à bon marché sont devenus un besoin de toutes les conditions moyennes, il s'agit moins de façades monumentales que de constructions élégantes et commodes, d'édifices publics que d'usines et de fabriques. Ils n'ont pas compris que l'architecture, maintenant, doit moins être un art académique que l'application judicieuse des sciences physiques et chimiques, dans leurs rapports avec le bien-être et l'économie intérieure des habitations.

Un architecte sait peu de choses s'il ne connaît que la décoration; s'il ne peut établir dans son devis, avec une stricte précision, les rapports entre le capital employé et le revenu probable; s'il omet, dans une maison d'habitation, de faire participer, à l'économie d'un système général de chauffauge et d'éclairage en commun, toutes les distributions isolées; s'il multiplie sans réflexion, comme on le fait encore, les cheminées qui se contrarient de toutes parts, et qui, au lieu d'air chaud, ne dégagent qu'air froid, fumée, et souvent les vapeurs désagréables d'étages voisins.

Les architectes restent généralement trop étrangers aux progrès que font les sciences économiques; ils négligent aussi l'emploi des machines, des appareils et des procédés dont l'application serait avantageuse. Ils calculent rarement les économies qu'ils pourraient apporter dans les dépenses d'habitation, les conditions qu'une construction doit remplir pour être *rationnelle* sous toutes ses faces.

« Les architectes ne savent que me proposer des palais, » disait Napoléon.

L'art de bâtir est destiné à n'être plus qu'une des spécialités du génie civil.

Le génie civil, en effet, est une carrière toute neuve encore et pleine d'avenir; les pères de famille qui désirent que l'instruction donnée à leurs fils puisse leur servir d'état, ne sauraient trop se presser de leur faire suivre cette carrière avant qu'elle ne s'encombre. La somme à dépenser pour former un ingénieur civil, n'est pas plus considérable que celle nécessaire à l'éducation d'un avocat ou d'un médecin. L'emploi des machines tend à se substituer dans toutes les industries à la force des hommes. Les sciences exactes et les arts industriels s'associent chaque jour plus étroitement. L'industrie manque d'ingénieurs de manufactures, de conducteurs de grands travaux, de bons constructeurs et conducteurs de machines et d'appareils, de chimistes et de physiciens applicateurs. L'agriculture elle-même, qui commence à reconnaître l'avantage de manufacturer ses produits pour diminuer les frais de transports, éviter les déchets, utiliser les résidus, réclame de toutes parts des ingénieurs civils pour les mettre à la tête de la réforme; car, pour l'accomplir, c'est moins la bonne volonté qui manque que les hommes capables.

Les pères de famille qui suivront nos conseils devront donc s'attacher moins à faire de leurs fils de simples architectes que des ingénieurs civils. Deux ans de séjour à l'*École centrale des arts et manufactures*, et le titre d'ingénieur civil délivré aux élèves à leur sortie, après un examen sévère, seront dans dix années une meilleure recommandation que le titre d'architecte pensionnaire de l'Académie royale de France à Rome.

APTITUDE : — Passions vives et énergiques.—Imagination riche. — Faculté d'enthousiasme. — Culte du beau.

Instruction nationale : — Premier et second degrés.

Instruction professionnelle : — Ateliers et cours.

Établissements d'instruction spéciale.

ÉCOLE ROYALE ET SPÉCIALE DES BEAUX-ARTS,

Rue des Petits-Augustins, n. 16.

Cette École, consacrée à l'enseignement des arts du dessin, a été substituée aux corps enseignants de l'Académie royale de peinture et sculpture, établie en 1648, et de celle d'architecture, fondée en 1671.

Elle est divisée en deux sections : l'une comprend la peinture et la sculpture ; l'autre comprend l'architecture.

Son administration est dans les attributions du ministre de l'intérieur.

Louis XVIII, par une ordonnance du 18 décembre 1816, a affecté au placement de cette École l'ancien local du Musée des Monuments français, rue des Petits-Augustins, n. 16.

Conditions d'admission : — Il suffit pour prendre part aux concours d'admission à l'École des Beaux-Arts, concours qui ont lieu deux fois par an pour les peintres et les sculpteurs (en mars et en septembre), d'être présenté par un maître connu. Pour les architectes, les concours d'admission ont lieu au mois d'octobre de chaque année. Cette École, au reste, n'admet pas de pensionnaires, et tous les élèves travaillent chez des maîtres particuliers dans l'intervalle des exercices journaliers et des divers cours et concours.

CONSERVATOIRE DE MUSIQUE ET DE DÉCLAMATION,

Rue du Faubourg-Poissonnière, n. 11.

La formation de cet établissement, connu d'abord sous le nom d'*École de chant*, remonte à l'année 1784. Il fut créé par arrêt du conseil-d'état du roi, du 3 janvier de cette année, et s'ouvrit le 1er avril suivant, sous la direction de *Gossec*. En 1786, on y ajouta une classe de déclamation spéciale, et, plus tard, cette École prit le titre de *Conservatoire de musique et de déclamation*. La classe de déclamation fut supprimée en 1828, rétablie en 1830, supprimée de nouveau en 1831 ; mais, enfin, le ministre de l'intérieur a arrêté, le 20 *janvier* 1856, que deux classes d'*Études dramatiques* seraient rétablies au Conservatoire.

Dans cet établissement, qui est destiné à la conservation et à la propagation de l'art musical et de la déclamation dans toutes ses parties, plus de 400 élèves des deux sexes reçoivent *gratuitement* des leçons des meilleurs professeurs, et l'on n'y est admis que par voie d'examen et de concours. Quoique cette École soit particulièrement destinée à alimenter les théâtres royaux, les autres théâtres de la capitale et ceux des départements y trouvent les sujets qui leur sont nécessaires. L'on y forme aussi des professeurs, et, en cela, elle offre tous les avantages d'une école normale.

Il y a dans cet établissement une bibliothèque de musique et de livres relatifs à l'art musical et à la déclamation. Cette collection, l'une des plus complètes de l'Europe, pour ce qui regarde sa spécialité, est ouverte au public tous les jours, depuis 10 heures jusqu'à 3 heures, les dimanches et fêtes exceptés.

THÉOLOGIE.

ECCLÉSIASTIQUES.

Les premières études des ministres seront consacrées à la religion, à la morale, à la constitution de leur pays.

Mais pourquoi n'exigerait-on pas qu'ils apprissent les premiers éléments de la *chimie rurale*, de la *botanique rurale*, de l'*histoire naturelle du laboureur*, en un mot de l'*agriculture* ?

Ne sont-ils pas destinés à répandre l'instruction dans les campagnes ? N'est-ce pas là leur plus beau, leur plus grand *ministère?* Et quand un ministre, un curé serait un bon agriculteur, dont l'exploitation servirait de modèle au canton, croit-on qu'ils en seraient moins respectables et moins respectés ?

(Chassiron, *Tribunat.*—6 *floréal an* x.)

Considérations de classe et de fortune : — Les hommes qui ont le courage de sacrifier les jouissances terrestres, qui se sentent de hautes facultés, peuvent, en se vouant au ministère ecclésiastique, rendre à la société de grands services.

Quelle heureuse et rapide régénération n'opérerait pas chez un peuple cassé de vieillesse, l'homme de talent qui, animé du zèle de la maison de Dieu, comprendrait ce que le christianisme doit être à une époque où toutes les idées tendent à l'application de ces deux principes fondamentaux de notre religion selon l'évangile, — *l'égalité et la fraternité des hommes!* Il aurait saisi le seul moyen d'assurer le triomphe de la religion, et de lui rendre son premier éclat.

Le ministère ecclésiastique, dignement rempli, est, à n'en pas douter, la première et la plus noble des professions; toutefois, la carrière ecclésiastique ne saurait être légèrement conseillée à des adultes; ils pourraient croire à une force et à un talent dont plus tard ils manqueraient; à notre avis, c'est surtout aux hommes que les vicissitudes de la vie ont éprouvés, qu'une foi vive a soutenus, qu'aucun lien terrestre ne retient plus, à se préparer par l'étude et la réflexion à la mission la plus belle qu'il soit donné à un homme de remplir, celle de faire descendre du haut de la chaire le langage du christianisme, sans lui faire perdre la majesté que lui ont donnée les pères de l'église et nos grands orateurs chrétiens.

Aptitude : — Simplicité de goût. — Humilité d'esprit. — Résignation et force de caractère. — Charité. — Amour de l'étude et de la vérité.

Instruction nationale : — Premier et second degrés.

Instruction professionnelle : — Séminaires diocésains. — Facultés de théologie.

Le gouvernement consacre chaque année un million à l'encouragement des hautes études ecclésiastiques par les bourses qu'il accorde aux séminaires diocésains. Il fait bien ; car, lorsque dans toutes les professions l'instruction s'étend et s'élève, rien de plus impérieusement nécessaire que de faire participer à ce progrès ceux qui doivent avoir la direction spirituelle et morale de la société.

On fait au système claustral, adopté dans les établissements religieux, le reproche d'isoler de la société les jeunes élèves qu'ils forment ; de les séquestrer trop rigoureusement peut-être du monde sur lequel alors ils ne peuvent se former que des idées fausses, résultat fâcheux qui prive souvent leur parole de l'autorité qu'elle devrait exercer.

Généralement, en effet, il faut convenir que, sauf quelques exceptions qui confirment ce qui vient d'être dit, le langage de la chaire apostolique n'est plus suffisamment approprié ni au siècle qui l'entend, ni à l'auditoire qui l'écoute. Ainsi, tandis que dans des églises de villages il arrive fréquemment que le mépris des grandeurs et des vanités du monde est prêché avec emphase à des paysans qui ne les ont jamais connues, qui ne les connaîtront jamais, qui même ne sauraient se former une juste idée de ce qui leur est dit à cet égard ; il arrive, au contraire, que dans beaucoup de grandes villes, et à Paris même, la parole du prêtre manque d'élévation, et reste parfois trop au-dessous de l'intelligence, de l'instruction, et de la condition de ses auditeurs ; cela est vivement à regretter ; et ce sujet, que nous n'abordons qu'avec réserve et défiance, nous paraît devoir mériter toute l'attention de l'autorité ecclésiastique et du gouvernement.

A notre avis, l'instruction donnée au jeune

clergé ne saurait être l'objet de trop de soins; coûte que coûte, il faut qu'elle culmine toujours, par sa profondeur et sa variété, l'instruction que reçoivent les autres classes de la société. Ce que l'instruction des masses a conquis chaque jour en étendue, l'instruction des prêtres ne doit pas cesser un seul instant de l'acquérir en élévation. Il importe d'autant plus de développer et de fortifier l'autorité religieuse, que l'élément démocratique n'a plus, dans les sociétés modernes, de bornes qui le contiennent ou qu'il ne puisse aisément renverser. Un gouvernement monarchique, plus ou moins absolu, peut bien, à la rigueur, se confier entièrement à la force militaire du soin de sa conservation ; mais il n'en saurait être ainsi pour un gouvernement démocratique plus ou moins tempéré. L'emploi contre l'exaspération du peuple de la force armée, quelque considérable qu'elle soit, n'est qu'un péril de plus auquel le pouvoir s'expose. La confiance en son droit donne maintenant à la multitude soulevée une audace invincible.

L'aveu que nous allons faire coûte à nos opinions politiques, mais enfin la vérité nous l'impose ; elle nous oblige de confesser que tout gouvernement qui a cessé d'être absolu pour devenir représentatif a abdiqué solennellement son droit et reconnu implicitement, par le fait, le principe de la souveraineté du peuple. Qu'on s'efforce de régler ce principe, bien ! mais qu'on ne cherche point à le contester, à l'anéantir, à le surprendre; les triomphes de la mauvaise foi sur la force ne sont jamais qu'éphémères; et les vaincus orgueilleux qui s'obstinent à protester contre leur défaite ne font, le plus souvent, que s'exposer à une seconde plus complète encore que la première.

En France, la souveraineté du peuple est un fait victorieux, qu'il est infiniment moins dangereux de reconnaître que de méconnaître. Assurément, la valeur du principe peut être discutée, contestée, mais non pas la réalité du fait; la société se gouverne, elle n'est plus gouvernée; le pouvoir monarchique n'a plus qu'un souffle; il n'existe plus que par une dernière prérogative, qu'il est constamment menacé de perdre, l'hérédité! A cet égard, il ne faut donc plus se faire d'illusions : il ne reste à la royauté dépouillée du diadème qu'une couronne d'épines.

Cet état de choses doit appeler toute l'attention du jeune clergé; il ne faut plus songer à contenir par la résistance matérielle le torrent démocratique; on s'épuiserait en vains efforts; il ne faut plus penser qu'à le diriger habilement par le développement du sentiment religieux, par l'ascendant de la raison, par la suprême loi du bien public. Puisque le pouvoir n'a plus à son service la force matérielle, que du moins il ait pour auxiliaire la force spirituelle !

Un admirable avenir nous paraît réservé en France au clergé catholique, s'il sait le comprendre, s'il sait dignement s'y préparer, s'il sait s'élever par la science à la hauteur de la mission à laquelle il est appelé par le développement de la démocratie, s'il sait enfin apprendre à parler avec éloquence et simplicité le langage qui soumet la multitude en la relevant à ses propres yeux, en s'emparant de ses passions, et en ennoblissant ses instincts.

A la réalisation de ces idées, sommairement exposées, il est, nous le savons, un obstacle qu'on ne manquera pas de nous opposer : la difficulté de recruter la milice spirituelle ; car le clergé ne parvient à trouver de sujets que dans la classe pauvre et grossière, où l'armée elle-même va chercher les siens. Le clergé, obligé de fournir à la consommation de plus de trente mille paroisses, ne peut choisir son personnel; il lui faut l'accepter tel qu'il se présente à lui ; cela est une nécessité fâcheuse sans doute, mais cela n'est point une difficulté grave ; car la très-grande majorité des paroisses n'a pas besoin d'être desservie par des hommes d'une intelligence supérieure ; il suffit de prêtres convenablement instruits, ayant du zèle et du bon sens. Loin de regretter qu'ils soient nés dans la condition la plus modeste, il y a lieu, au contraire, de s'en féliciter ; car, autrement, il se pourrait que vivre confinés parmi des gens sans instruction dans une commune rurale, n'y recevoir qu'un faible traitement, y être astreints à un service pénible, excédât leur zèle et leurs forces....

Au clergé que manque-t-il donc pour exercer l'autorité que nous lui souhaitons ? — D'abord, quelques hommes supérieurs qui lui impriment une direction plus élevée, ensuite une instruction plus profonde et plus variée, qui rende les ministres du culte plus utiles aux populations dont il leur serait facile de s'assurer le respect et la confiance par la reconnaissance. Sur ce point, nous nous associons volontiers aux vues du tribun Chassiron, que nous avons commencé par rappeler, afin qu'aucun doute ne restât sur l'esprit qui nous a dicté ces observations.

Les petits séminaires qui, sous le rapport de l'instruction qu'on y reçoit, et de la séquestration, peut-être trop absolue, du monde dans laquelle ils tiennent leurs élèves, paraissent réclamer d'importantes et d'urgentes améliorations, sont d'origine récente ; ils n'existaient point aux grands jours de la puissance du clergé.

Napoléon, qui comprenait l'influence de la religion et qui ne la séparait point de l'État, afin d'obvier aux inconvénients que présentaient les petits séminaires créés sous son règne, à l'ombre de la protection du cardinal Fesch, avait ordonné aux élèves de ces établissements de suivre les cours des lycées impériaux.

Beaucoup d'hommes sortis de ces écoles à demi guerrières où le drapeau national qui flottait sur leurs têtes portait ces mots : *Spes patriæ* (espoir de la patrie), se souviendront toujours d'avoir vu, en 1813 et 1814, de jeunes abbés en soutane entrer dans leurs classes au son de la cloche, tandis qu'eux s'alignaient à la voix du capitaine instructeur, et marchaient au bruit du tambour.

L'instruction du clergé est un grave sujet de méditation, que nous regrettons de n'avoir pu qu'effleurer.

ENSEIGNEMENT PUBLIC.

PROFESSEURS, — INSTITUTEURS.

> Nous vous appelons à prendre enfin dans la commune la place qui vous est due entre le maire et le curé, exerçant la magistrature morale, comme le premier remplit la magistrature civile, le second la magistrature religieuse ; à faire de votre *métier* un sacerdoce, de telle sorte que les ambitions, maintenant tournées vers le commerce, le notariat, la médecine, ne dédaignent point cette carrière paisible et honorée ; que vos fils s'étudient à mériter le choix de leurs concitoyens pour hériter de votre charge.
>
> A l'œuvre, généreux ouvriers de l'intelligence ! A l'œuvre, le temps s'approche ! Ce que nous demandons vous sera obtenu, sinon par affection, du moins par égoïsme. Dans votre propre intérêt l'État trouvera surtout le sien.
>
> L'instruction, telle qu'on l'a faite, est la pépinière du prolétariat ; l'instruction, telle que nous la voulons, en sera la réduction rationnelle.
>
> Roselly de Lorgues.

Considérations de classe et de fortune : — La profession d'instituteur est accessible à toutes les classes ; mais pour être dignement remplie, elle veut des hommes d'une volonté ferme, d'une vocation décidée.

C'est une noble profession, pleine d'avenir et dont toute l'importance n'a pas encore été comprise par notre génération nouvelle et par nos hommes politiques.

Tous les gouvernements, quelque part qu'ils aient pris naissance, ont un égal effroi de l'instruction des peuples ; ils persistent dans la même erreur; les révolutions d'où ils surgissent ne leur apprennent pas que l'ignorance est un mauvais mors à la bouche des peuples, que gouverner une nation, ce n'est pas la maîtriser par une armée, ce n'est pas la garrotter de lois étroites, c'est l'instruire pour faire servir sa force à son bien-être.

Donnez-nous l'éducation de la première enfance, et nous réformerons, nous ferons la société, ont dit successivement, chacun en son langage, Bâcon en Angleterre, Leibnitz en Allemagne, Fénelon et Jean-Jacques Rousseau en France.

L'instituteur, tel que nous comprenons l'exercice de cette fonction, tient en ses mains le bien et le mal. Il peut par son attention préserver la pureté de l'enfant, par sa négligence laisser accès au vice; rectifier ou fausser le jugement, hâter ou ralentir les progrès de l'intelligence. Et, à la rigueur, de lui dépend la destinée entière de l'enfance, puisqu'on ne sait bien, on ne fait bien dans la suite, que ce qu'on a bien su, bien fait dans le commencement.

C'est de l'instituteur que reçoit son instruction la jeunesse pauvre des villes, la jeunesse malaisée des campagnes, la jeunesse de la majorité dans le pays; celle qui constitue la première base de l'État, qui fait sa force et sa prospérité dans les camps, les champs et les ateliers; celle qui fait son danger et sa ruine dans les cabarets, les hôpitaux et les prisons; qui un jour fera sa récompense ou son châtiment dans les assemblées électorales; celle d'où sont sorties à toutes les époques des illustrations pour l'armée, la marine, l'église, la magistrature, les sciences, l'administration de la France et même pour l'Université royale, quand le fils du coutelier Rollin en était le recteur.

L'importance sociale de la fonction d'instituteur communal, l'incalculable influence de l'instruction élémentaire sur le développement des progrès agricoles, industriels et commerciaux et de toutes les branches de la richesse publique, nous paraissent n'avoir été qu'incomplètement appréciées par l'auteur de la loi du 28 juin 1833, par M. Guizot; et à cet égard, notre opinion se fonde, d'abord sur les termes mêmes de cette loi, conçus dans un esprit peut-être trop étroit, et ensuite sur la définition suivante qu'il a donnée de la profession d'instituteur.

« La carrière de l'instituteur primaire est sans
» éclat, il n'y a point de fortune à faire, il n'y a
» guère de renommée à acquérir dans les obliga-
» tions pénibles qu'il accomplit. C'est sa gloire de
» s'épuiser en sacrifices à peine comptés de ceux
» qui en profitent. »

Un ministre de l'instruction publique qui s'est exprimé en ces termes sur une profession à laquelle, au contraire, les plus grands encouragements sont nécessaires, donne à croire,—il nous en coûte de le dire de M. Guizot,—que deux facultés lui manquent à un dégré éminent, la puissance de volonté qui soumet le présent, et la fermeté de prévision qui dispose de l'avenir!

Un jour viendra, un jour prochain, où la fonction d'instituteur ne sera pas moins briguée que celle de juge-de-paix, par exemple, où des hommes distingués se voueront à l'instruction de la jeunesse sur les traces de Pestalozzi, y chercheront sinon la fortune, du moins l'aisance, la considération publique et la reconnaissance nationale.

De quel droit la société demanderait-elle aux instituteurs, selon l'expression de M. Guizot, « de » s'épuiser en sacrifices à peine comptés de ceux » qui en profitent? » A quel titre leur imposerait-elle une sublime abnégation, lorsqu'elle n'a pas même su être juste envers eux, lorsqu'elle n'a point compris qu'en négligeant de pourvoir à leur bien-être matériel elle les privait d'indépendance, et sans indépendance point de considération, sans considération point de récompense pour le maître, d'influence sur les élèves ou leurs parents?

Une si grande abnégation dans l'exercice de fonctions aussi pénibles que celles d'instituteur, ne saurait être puisée que dans le sentiment religieux fortifié par l'esprit de congrégation, ou que dans la passion de la gloire entretenue par le lien militaire. Non! la société n'a le droit, ni d'exiger, ni d'attendre une telle abnégation d'hommes qu'elle ne prend pas seulement la peine de choisir et de rattacher à elle, dont elle ne sait pas relever la condition à son juste niveau, exciter ni soutenir l'émulation, qu'enfin elle abandonne légèrement à l'arbitraire et à la parcimonie des conseils municipaux, tandis que les instituteurs communaux ne devraient être que des sentinelles avancées de la civilisation, posées à la porte de chacune de ces assemblées populaires par un gouvernement vigilant.

Comment, après 1830, après l'impuissance constatée de la force armée contre la population insurgée, le gouvernement, aux prises avec la difficulté de conduire une société emportée par le vertige démocratique, n'a-t-il pas tout de suite compris l'immense parti qu'il pouvait tirer d'un corps de quarante mille instituteurs communaux, l'ayant à sa solde, se plaçant à sa tête, le recrutant sévèrement, le rétribuant largement, l'organisant fortement, au lieu de le disperser aveuglément, lui donnant enfin des chefs capables, une discipline sévère, une hiérarchie puissante?

Comment, nous nous le demandons encore à nous-même, le gouvernement n'a-t-il pas tout de suite compris l'importance sociale et la nécessité politique de se donner, par la loi, cette milice intellectuelle, intermédiaire, entre l'armée et le clergé?

Nous le disons avec regret, en cette occasion le gouvernement a manqué de prévoyance; M. Guizot, ministre de l'instruction publique, a manqué de présence d'esprit. Le secret de la force sociale, qui dans un gouvernement démocratique est contenu tout entier dans l'art de préparer l'opinion publique, de prévenir ses résistances, de prévoir ses écarts, d'adoucir ses pentes, de diriger ses tendances sans en violenter aucune, le secret de la force sociale ne leur est point apparu. L'avenir, dont il importait si essentiellement à l'État de s'emparer, lui est échappé des mains. Une faute, irréparable peut-être, ayant pour cause une définition fausse, a été commise. M. Guizot ne s'est pas suffisamment rendu compte que l'homme aux prises avec le besoin n'obtient nulle considération aux yeux d'autrui, même aux siens; que réduit, pour vivre, à faire industrie de tout, l'instituteur devait être inévitablement contraint, par la nécessité, de se mettre au service de quiconque aurait à lui donner un décalitre de blé ; que, dès lors, il ne se trouverait pas d'hommes dignes et capables qui vinssent, de plein gré, se dévouer à une condition précaire, dépendante et insuffisamment rétribuée ; tandis qu'il en eût été autrement si la loi eût fait l'instituteur indépendant du besoin, indépendant de la commune ; si elle l'eût élevé dans l'État au rang de fonctionnaire public, n'ayant plus à s'occuper que de se faire distinguer par des études assidues dans l'exercice d'utiles et honorables fonctions (1).

(1) On lit dans le Rapport au Roi sur la situation de l'instruction primaire pour 1837, que vient de faire distribuer aux chambres législatives M. de Salvandy, ministre de l'instruction publique :
« Si le temps et l'expérience ne faisaient pas enfin revenir les autorités municipales à des vues meilleures, je n'hésiterais certainement pas à provoquer la réforme de l'article 14 de la loi du 28 juin. Rien n'est plus contraire au développement et au progrès de l'enseignement que l'état d'abaissement où les instituteurs se trouvent réduits par l'abus que font les conseils municipaux des droits qui leur sont attribués par cet article. Il résulte du relevé que j'ai fait faire, que le

Mais ce que la loi du 28 juin 1833 n'a pas fait, une nouvelle loi le fera tardivement un jour ou l'autre; cela est inévitable. L'expérience réparera l'omission de la prévoyance. Avant qu'il se soit écoulé dix années, une disposition législative aura fait, certainement, de l'instruction élémentaire une dette de l'État et une obligation commune à tous les citoyens, ainsi que nous avons toujours instamment réclamé que cela fut (1). Alors tout instituteur jouira du traitement public dont nous avons fixé le minimum à 750 fr., et plus le nombre des instituteurs se multipliera, plus leur position acquerra d'importance; mais alors l'instituteur devra résumer en lui toutes les connaissances nécessaires au développement des classes agricoles et industrielles; mais

taux moyen du traitement fixe des instituteurs ne s'élève, dans toute la France, qu'à 256 fr., et que le taux moyen du produit de la rétribution mensuelle ne dépasse pas cette même somme. Chaque instituteur devrait par conséquent élever sa famille avec un revenu total de 512 fr. par an : cela peut suffire, à la rigueur, dans quelques communes rurales où les denrées sont à bas prix; mais il faut remarquer que dans ce taux moyen se trouvent compris les traitements de tous les instituteurs communaux des grandes villes, lesquels sont fixés à 1,000 fr., 1,200 fr. et 2,000 fr., ce qui réduit d'autant les autres.

» Il y a là une lacune réelle dans la loi. De toute part de malheureux instituteurs élèvent la voix et se plaignent de ne pouvoir subvenir à leur subsistance avec les faibles émoluments qu'ils retirent de leurs fonctions. Il n'est pas juste que des hommes voués à un ordre de travaux utiles et dignes d'estime continuent d'être ainsi exposés aux plus dures privations.

» Je recueille tous les faits qui peuvent servir à éclairer et à fixer l'opinion sur les moyens de mettre un terme à leurs souffrances. »

(1) Voir la pétition que nous avons adressée en décembre 1833 à la chambre des députés, et qui a été déposée sur le bureau de son président, par l'un de ses plus illustres membres, M. de Lamartine.

alors son enseignement devra être complémentaire de leurs besoins, pour leur éviter la nécessité d'aller dans les villes chercher un supplément d'instruction; mais alors, non-seulement l'instituteur instruira l'enfant, mais encore il initiera l'adulte au mécanisme du corps social, lui montrera la place qu'il y occupe, l'action qu'il y porte, ce qu'il en reçoit, ce qu'il lui doit rendre, ensuite les maximes qui servent de première base à la législation rurale (dont l'ignorance cause un litige permanent dans les campagnes), et ces linéaments fondamentaux de la justice qui se lient par tant de rapports avec les obligations du chef de famille et du citoyen.

C'est, considérée sous ce point de vue, que nous n'hésitons pas à dire que la profession d'instituteur a l'avenir pour elle, qu'elle est infailliblement appelée à recevoir le trop plein des professions libérales actuellement encombrées.

Le temps n'est pas éloigné où l'instituteur sera placé dans l'ordre hiérarchique des professions après le prêtre, avant le juge, l'avocat et le médecin.

APTITUDE : — Esprit droit et simple. — Égalité de caractère. — Amour de l'enfance.

INSTRUCTION NATIONALE : — Premier et second degrés.

INSTRUCTION PROFESSIONNELLE : — Séjour dans une école normale. — Étude spéciale des divers modes d'enseignement.

Au nombre des obligations de l'instituteur primaire, il faut mettre non-seulement la lecture des livres qui concernent sa profession, mais encore celles de tous les cours et ouvrages d'éducation qui doivent être placés entre les mains de l'enfance.

ETABLISSEMENTS D'INSTRUCTION SPÉCIALE.

École normale du département.

École normale centrale primaire de l'Académie de Paris, à Versailles.

ARMÉE.

OFFICIERS.

Considérations de classe et de fortune. — Cette profession est l'une des mieux organisées, les hommes s'étant jusqu'ici plus occupés de se défendre que de produire. Le système d'instruction militaire est complet. Les parents n'ont qu'à consulter et qu'à suivre les divers programmes des établissements spéciaux. Bien que cette profession tende à perdre de son influence, elle est encore l'une des plus honorables. Les chances d'avancement sont assez équitablement distribuées et assez généralement dévolues aux services et au mérite.

Dans un système militaire mieux compris, plus en harmonie avec nos mœurs et les progrès de la civilisation, la loi du recrutement pourrait devenir l'un des meilleurs moyens d'instruction et de civilisation.

Aptitude : — Courage, — Point d'honneur, — Force physique.

Instruction nationale : — Premier et second degrés.

Cette instruction, dont manquent généralement les soldats, pourrait leur être facilement donnée dans leurs régiments, si les casernes étaient disposées telles qu'elles doivent l'être, et si le système actuel d'instruction militaire n'employait pas sept années à enseigner aux soldats ce qu'ils pourraient apprendre mieux, en n'employant que le septième de ce temps.

L'instruction des soldats présente, nous le savons, de grandes difficultés d'application ; elle soulève de graves objections, mais un meilleur système de casernement et une nouvelle loi de recrutement peuvent les résoudre.

Les citoyens qui ont fait à leur pays le sacrifice des sept plus belles années de leur vie ont, selon nous, des droits incontestables à toute la sollicitude de l'État, et ce serait un noble moyen de reconnaître ce sacrifice que de donner aux soldats une instruction qui, à l'époque de leur libération, mît ceux qui se seraient le plus distingués en état de remplir certaines fonctions, telles que celles de gardes-champêtres, — d'agents des administrations financières, — des contributions indirectes, — des douanes, — des postes aux lettres, etc. Les gouvernements les plus stables et les plus forts sont ceux qui se montrent les plus justes appréciateurs des services qui leur sont rendus.

Nous ne nous étendrons pas plus longuement sur ce sujet que M. le lieutenant-général comte Alexandre de Girardin a traité avec une rare supériorité dans un chapitre intitulé : de l'*Instruction des troupes*, qui fait partie de l'ouvrage qu'il a publié sous le titre : d'OBSERVATIONS SUR LA CONSTITUTION DES ARMÉES DE TERRE DE LA FRANCE, EN 1835 ; il faut lire cet ouvrage pour savoir ce que pourrait et devrait être l'instruction militaire.

ÉTABLISSEMENTS D'INSTRUCTION SPÉCIALE.

ÉCOLE ROYALE POLYTECHNIQUE.

Paris, rue Descartes-Montagne-Sainte-Geneviève.

L'École Polytechnique, créée le 1er septembre 1795, remplaça l'École des Travaux publics, déjà formée en 1793, pour fournir aux divers services des jeunes gens instruits, et alimenter le corps des ingénieurs militaires et des ingénieurs civils, tels que les officiers du génie, les ingénieurs des ponts-et-chaussées et des mines, les constructeurs de vaisseaux, etc. En 1793, alors que tout était calamité et destruction, les études classiques étaient interrompues, abandonnées; on était menacé de manquer de candidats dans le petit nombre d'écoles qui subsistaient encore, mais dont l'état était déplorable; c'est cette situation qui détermina la création de l'École Polytechnique. Lamblardie, Monge, Carnot et Prieur-Duvernois en furent les fondateurs. Ce n'est qu'après avoir subi plusieurs modifications successives dans les études, les programmes des connaissances exigées pour l'admission des élèves et dans le régime intérieur, que l'École Polytechnique a acquis le degré de perfectionnement qu'elle a atteint.

Elle est destinée spécialement à former des élèves pour les services

De l'artillerie de terre et de mer,
Du génie militaire et du génie maritime,
De la marine royale et des ingénieurs hydrographes,
Des ponts et chaussées et des mines,
Du corps royal d'état-major *(partie de géodésie)*,
Des poudres et salpêtres,

Enfin, pour les autres services publics qui exigeraient des connaissances étendues dans les sciences physiques et mathématiques, tels que l'enseignement même de ces sciences.

L'École Polytechnique a été placée, par l'ordonnance du 30 octobre 1832, dans les attributions du ministre de la guerre; elle est soumise au régime militaire.

On ne peut être admis à l'École Polytechnique que par voie de concours.

La durée du cours complet d'instruction est de deux ans.

Conditions d'admission : — Les connaissances exigées pour l'admission à l'École Polytechnique sont :

1° L'arithmétique complète, comprenant la théorie des proportions, des progressions, des logarithmes, et l'usage des tables; l'exposition du système métrique;

2° La géométrie élémentaire, comprenant les propriétés des triangles sphériques;

3° L'algèbre, comprenant la résolution des équations des deux premiers degrés, celle des équations indéterminées du premier degré; la théorie des exposants fractionnaires et des exponentielles, la démonstration de la formule du *Binome de Newton*, dans le cas seulement des exposants entiers positifs; la composition générale des équations, la règle des signes de *Descartes*, la détermination des racines commensurables, celle des racines égales; la résolution des équations numériques par approximation, l'élimination des inconnues entre deux équations d'un degré quelconque à deux inconnues;

4° La trigonométrie rectiligne, et l'usage des tables de sinus;

5° La statique démontrée d'une manière synthétique, comprenant : la composition et la décomposition des forces, la composition et l'équilibre des forces qui agissent dans un même plan suivant des directions quelconques, la composition et l'équilibre des forces parallèles, la détermination du centre de gravité du triangle et de la pyramide, l'équilibre des machines simples, le levier, la poulie, le plan incliné, le coin, le treuil, la vis et les moufles;

6° La discussion complète des lignes représentées par les équations du premier et du second degré à deux inconnues, et les propriétés principales des sections coniques.

7° Un exemple de résolution de triangle rectiligne sera proposé à chacun des candidats, pour constater qu'il sait se servir des tables de logarithmes. Les calculs devront être faits avec des tables à sept décimales.

8° Les candidats traduiront, sous les yeux de l'examinateur, un morceau d'un auteur latin de la force de ceux qu'on explique en rhétorique, et traiteront par écrit, en français, un sujet de composition donné. Leur écriture devra être lisible, et leur orthographe correcte.

9° Ils copieront enfin une *académie*, en partie ombrée au crayon, qui leur sera présentée par l'examinateur.

Avant d'entrer à l'École, les élèves doivent avoir été exercés à construire, avec la règle et le compas, quelques problèmes de géométrie élémentaire et de géométrie descriptive.

Tous ces articles sont également obligatoires.

Les candidats ne sont examinés que sur les connaissances exigées par le programme. On a cependant égard aux connaissances que les candidats possèdent sur la physique, la chimie et la langue allemande, ainsi qu'à celles qui se rapportent aux procédés du lavis d'architecture.

Les candidats admis seront soumis, lors de leur arrivée à l'École, à de nouvelles épreuves à l'effet de vérifier leurs connaissances en dessin et en littérature française et latine. En cas de fraude reconnue pour les dessins et les compositions fournis au premier examen, l'élève sera renvoyé.

Le concours est ouvert chaque année dans les principales villes du royaume, auxquelles des arrondissements d'examen sont assignés.

Un avis officiel fait connaître l'époque de l'examen dans chaque arrondissement, lequel a lieu ordinairement du 1er août au 1er octobre.

Pour être admis au concours, il faut être Français, et avoir eu plus de seize ans et moins de vingt ans au 1er janvier de l'année courante.

Aux termes de l'article 4 de la loi du 14 avril 1832, les militaires des corps réguliers peuvent y être admis jusqu'à l'âge de vingt-cinq ans, pourvu que cet âge ne soit pas accompli avant le jour de l'examen. Toutefois les militaires qui auront concouru sans succès pour l'École Polytechnique ne seront admis à se faire remplacer à leurs corps que sur l'autorisation spéciale du ministre, et seulement après avoir servi activement pendant deux ans sous les drapeaux.

Les candidats doivent se faire inscrire avant le 10 juin à la préfecture du département du domicile réel de leur famille, et ne peuvent être examinés que dans l'arrondissement de l'examen dudit domicile, ou dans celui où ils se trouvent pour achever leur première instruction, pourvu qu'ils y soient fixés depuis plus d'un an.

Sont exceptés de cette dernière obligation les candidats militaires, lesquels peuvent se présenter dans la ville d'examen la plus voisine du lieu de leur garnison.

Les pièces à produire par les candidats, à l'appui de leur inscription, sont :

1° L'acte de naissance revêtu des formalités prescrites par la loi ;

2° Une déclaration d'un médecin ou chirurgien constatant que le candidat a eu la petite-vérole ou a été vacciné, et qu'il n'a aucune infirmité ou maladie contagieuse ;

3° Un engagement sous seing-privé, légalisé par le maire ou le sous-préfet, pris par les parents ou tuteurs de verser, par quartier et d'avance, *à la caisse centrale du trésor public, à Paris*, une pension annuelle de 1,000 francs, et de pourvoir aux dépenses d'habillement, de livres, et objets d'études nécessaires à l'élève pendant le temps de son séjour à l'École ;

4° La déclaration écrite du lieu d'examen choisi par le candidat d'après les dispositions ci-dessus énoncées.

5° Les candidats militaires ajouteront à ces pièces un certificat d'immatriculation et *de présence sous les drapeaux*, délivré par le conseil d'administration du corps et visé par le général commandant la division (1).

Les candidats admis à l'École reçoivent à domicile leur lettre d'admission : elle leur fait connaître le jour où ils devront être rendus à l'École.

A leur arrivée, ils sont soumis à une visite de médecin, qui a pour objet de constater qu'ils n'ont aucune maladie contagieuse, ni aucune infirmité qui les mettrait hors d'état d'être admis aux cours de l'École, ou qui les rendrait impropres aux services publics, dans le cas où ils s'y destineraient exclusivement.

TROUSSEAU. — L'uniformité devant régner dans la tenue des élèves, les effets d'habillement sont confectionnés par les soins de l'administration, et payés par les parents des élèves. Quant aux autres parties du trousseau, les parents sont libres de les fournir. Elles doivent être neuves, conformes aux modèles déterminés, et avoir été admises avant l'entrée de l'élève. Ceux qui

---

(1) Les pièces fournies par les candidats qui ne sont point admis à l'École sont renvoyées à la préfecture où l'inscription a eu lieu.

préféreraient les prendre à l'administration, les trouveront à des prix qui seront indiqués dans un bordereau particulier, annexé à la lettre d'admission.

La dépense du trousseau complet varie de 5 à 600 francs, sans dépasser cette dernière somme, dont environ moitié pour l'habillement uniforme.

PLACES GRATUITES. — L'ordonnance royale d'organisation de l'École a institué vingt-quatre places gratuites susceptibles d'être partagées en demi-places. Elles sont accordées aux élèves dont les parents seraient hors d'état de payer la pension. Ces vingt-quatre places sont destinées à récompenser des services rendus à l'État ou des talents très-distingués. Elles sont distribuées, savoir : huit par le ministre de l'intérieur, douze par le ministre de la guerre et quatre par le ministre de la marine.

Les parents qui réclameraient la faveur d'une place à pension entière ou à demi-pension doivent, dans les quinze jours qui suivent l'examen, présenter leur demande motivée à celui des ministres qui peut le mieux juger de la nature des services rendus ou des talents qui donneraient des titres à cette faveur.

Ces demandes doivent être accompagnées :

1° D'une déclaration de l'autorité locale énonçant exactement les moyens d'existence, le nombre des enfants et les autres charges de familles des parents, ainsi que la fortune personnelle du candidat ;

2° De certificats authentiques constatant les services rendus à l'État par les parents du candidat ;

3° Enfin, d'un relevé du rôle des contributions et des autres pièces que les réclamants jugeront utiles pour bien fixer le ministre sur leur position.

ÉCOLE D'ARTILLERIE ET DU GÉNIE,

A Metz.

L'institution d'une *École d'artillerie* à Châlons, en 1790, et d'une *École du génie* à Mézières, en 1791, fut une des œuvres de la Constituante. Les admissions n'avaient lieu tous les ans qu'à la suite des examens qui servaient à déterminer le numéro du classement. Pour passer de ces Écoles dans les deux corps de l'artillerie et du génie, les élèves se soumettaient à un nouvel examen, qu'on appelait l'examen de sortie. Avant la création de ces Écoles, les officiers de ces deux armes se recrutaient par la promotion des sous-officiers et par les admissions annuelles des *aspirants* qui avaient satisfait aux examens. En 1794, l'*École du génie* fut transférée de Mézières à Metz, et le nombre des élèves en fut fixé à trente. Réorganisée de nouveau par l'art. 26 de la loi du 9 septembre 1799 (23 fructidor an VII), le nombre des élèves en fut de nouveau réduit à vingt. Enfin, un arrêté des consuls, du 4 octobre 1802 (12 vendémiaire an XI), ordonna la réunion de l'*École d'artillerie* à celle *du génie*, à Metz, pour former l'*École d'application de l'artillerie et du génie*. Les ordonnances postérieures des 8 août 1821, 12 mars 1823, et 5 juin 1831, en consacrant définitivement le maintien de cette institution, ont apporté à son organisation les modifications que le temps avait indiquées et rendues nécessaires.

Cette École est destinée à former des officiers pour le service des corps royaux de l'artillerie et du génie. Les élèves qui la composent sont pris parmi ceux de l'École Polytechnique reconnus admissibles dans les services publics, d'après l'examen ouvert, à cet effet, après le 1er octobre de chaque année, à cette dernière École, et qui détermine l'arme à laquelle ils sont destinés. Ils reçoivent, lors de leur admission, le brevet d'élève sous-lieutenant, dont on fait remonter la date au 1er octobre de l'année de leur sortie de l'École Polytechnique. Les élèves, sous-lieutenants de l'artillerie et du génie, sont assujettis, à l'École d'application, aux mêmes régimes d'instruction et de discipline, suivant la division à laquelle ils appartiennent. La durée des études est de deux ans ou trois ans au plus. Au bout de ce temps, les élèves qui ont satisfait aux examens de sortie sont classés définitivement, suivant leur ordre de mérite, dans leur arme respective. Ils sont alors placés dans les corps de l'artillerie et du génie, pour occuper les emplois de lieutenant, réservés aux élèves, par la loi du 14 avril 1832. En conséquence du temps consacré par les élèves à leur instruction, il est reconnu à chacun d'eux quatre années d'études préliminaires, antérieurement à l'époque de leur admission à l'École d'application. Ces quatre années leur sont comptées comme service effectif dans la liquidation de leur pension de retraite, et pour l'admission de l'ordre de la Légion-d'Honneur.

ÉCOLE SPÉCIALE MILITAIRE,

A Saint-Cyr.

On doit à un auteur français, à Delanoue Bras-de-Fer, qui écrivait en 1587, la première idée d'une école militaire. — Le cardinal Mazarin, en créant le collége qui portait son nom, avait eu l'intention de le constituer en une école militaire ; de là vient que les mathématiques y furent démontrées ; on devait aussi y enseigner quelques exercices, mais plutôt gymnastiques que militaires, parce qu'il n'existait pas encore de rudiment d'art militaire. L'Université contraria ce projet, et à la mort du cardinal, elle réussit à en faire un collége ordinaire, si ce n'est que les mathématiques continuèrent à y avoir une chaire, ce qui n'avait lieu que dans cet établissement seul. A l'instar de Mazarin, Louvois eut l'intention de fonder une école militaire aux Invalides ; les causes qui empêchèrent ce projet de se réaliser sont restées inconnues. — L'établissement des *cadets gentilshommes* fut une suite de ce projet avorté. — En 1724, Pâris-Duverney avait conçu le vaste projet d'une école qui eût été plus semblable à l'École Polytechnique actuelle qu'aux écoles militaires proprement dites ; car la jurisprudence, la théologie même, y devaient être enseignées. Ce projet avorta. — Un frère de Pâris-Duverney le fit revivre, en 1750, en embrassant un plan moins vaste. Il le fit goûter de madame de Pompadour ; elle le mit sous les yeux de Louis XV, et provoqua l'édit de 1751.

En 1757, une annexe de l'École Militaire, ou un pensionnat préparatoire, fut formé à La Flèche. On y recevait 250 élèves de huit à quatorze ans, et l'on tirait de là, pour être admis à l'École Militaire, ceux qui montraient des dispositions pour la profession des armes. — En février 1776, le nombre des élèves de l'École fut porté à 600, et l'ordre de vendre l'hôtel ayant été donné, ils furent répartis en divers colléges militaires provinciaux, établis à Auxerre, Beaumont, Brienne, Dôle, Effiat, Pont-à-Mousson, Pont-le-Voy, Rebais, Sorrèze, Tournon, Tyron,

Vendôme. Une décision de 1776 donna à ces colléges le nom d'*Écoles Militaires*, mais les élèves qui en sortaient devaient entrer, comme *cadets gentilshommes*, dans les régiments. — Cependant, l'hôtel de Paris ne fut pas vendu, et en juillet 1777, un corps d'élèves et de cadets s'y rétablit. Les sujets choisis dans les colléges provinciaux étaient annuellement appelés à l'établissement de Paris, après avoir subi un examen. — Les membres du corps des cadets établis à l'hôtel de l'École y payaient 2,000 fr. de pension, et entraient au service comme officiers. — En 1787, les motifs qui avaient déterminé la suppression de 1776 se reproduisirent; les élèves furent de nouveau envoyés, au nombre de 700, dans les colléges provinciaux; enfin, un décret de 1793 ordonne la vente de tous les biens de l'hôtel et des colléges ou prytanées, et un décret du 9 septembre suivant supprima les écoles militaires. Une seule resta établie à Saint-Cyr.

L'École spéciale militaire établie à Saint-Cyr a pour objet d'instruire dans les différentes branches de l'art de la guerre les jeunes gens qui se destinent à la carrière des armes, et qui sont appelés à entrer comme officiers dans les rangs de l'armée, lorsqu'ils ont terminé leurs études et satisfait aux examens de sortie.

Le numéro de mérite obtenu par les élèves dans le classement de sortie leur donne le droit de choisir l'arme dans laquelle ils désirent servir, savoir :

    1° Le corps royal d'état-major;
    2° La cavalerie;
    3° L'infanterie.

Des places gratuites, susceptibles d'être partagées en demi places, sont instituées en faveur des élèves *fils de militaires ou militaires eux-mêmes*, lorsque leur fortune ni celle de leurs parents ne permettent de pourvoir aux frais de leur éducation. Elles sont accordées de préférence aux orphelins.

Le nombre de ces places est déterminé d'après l'effectif de l'École, dans la proportion d'une place par vingt-cinq élèves.

CONDITIONS D'ADMISSION. — Les épreuves exigées pour l'admission à l'École spéciale militaire sont de deux sortes :

    1° Un examen oral;
    2° Des compositions écrites.

EXAMEN ORAL. — 1° L'arithmétique complète comprenant le système des nouvelles mesures, l'extraction des racines carrées et cubiques des nombres, les proportions avec leurs applications usuelles, les progressions et logarithmes, l'usage des tables et leurs principales applications. L'examinateur insistera sur la pratique du calcul numérique.

2° L'algèbre comprenant les quatre opérations fondamentales, la résolution des équations du premier degré à une et plusieurs inconnues, celle des équations de second degré à une seule inconnue et des équations bi-carrées.

3° La géométrie élémentaire, ainsi que les calculs numériques qui se rapportent à la mesure des surfaces et des solides.

4° Les préliminaires de géométrie descriptive, jusques et compris le problème de la plus courte distance. L'examinateur exigera des candidats la représentation des épures principales revêtues de leur signature et du visa de leurs professeurs avec la date de ce visa pour chaque épure. Il s'assurera, par tous les moyens possibles, que ces épures sont bien l'ouvrage des candidats, et exigera qu'une d'elles soit refaite sous ses yeux.

5° Notions générales sur la physique et la chimie : définition de la pesanteur, du poids, du centre de gravité ; densité des corps ; détermination des pesanteurs spécifiques ; description et usage du thermomètre ; description et usage du baromètre ; étude de l'oxygène, de l'hydrogène, de l'azote, du carbone et du soufre, ainsi que de leurs combinaisons principales ; analyse de l'air et de l'eau.

6° L'histoire grecque et romaine et l'histoire générale de France, jusqu'au règne de Henri IV inclusivement.

7° Notions générales sur la cosmographie et la géographie : la géographie ancienne et celle de l'Europe plus développées.

8° Les premiers éléments de la langue allemande. Les questions porteront principalement sur les verbes irréguliers et les règles de construction. La connaissance de la langue anglaise suppléera à celles exigées en allemand.

Compositions. — 1° Épreuve pour le dessin.

Les candidats exécuteront l'esquisse d'une académie d'après un modèle qui leur sera donné. Le temps consacré à ce travail et à l'exécution de l'épure ne pourra excéder trois heures.

2° Un calcul numérique dans lequel les candidats auront à faire usage des tables de logarithmes à sept décimales. La durée de cette composition sera d'une heure au plus.

3° Une version latine de la force des élèves de seconde dans les colléges royaux, et une narration française dont l'examinateur aura lui-même donné le sujet. L'écriture devra être lisible et correcte. Les fautes graves d'orthographe et de langue seront une cause suffisante d'exclusion, qui pourra être prononcée par le jury d'admission, sur le vu des compositions écrites des candidats.

Ces deux compositions littéraires devront être faites sous les yeux de l'examinateur, et la durée de leur ensemble ne pourra excéder trois heures.

Nul ne pourra se présenter au concours s'il n'a précédemment justifié,

1º Qu'il est Français ou naturalisé;

2º Qu'il aura plus de 18 ans ou moins de 21 au 1er octobre de l'année dans laquelle il subira l'examen.

Les sous-officiers et soldats des corps réguliers de l'armée pourront être admis au concours jusqu'à l'âge de 25 ans, pourvu qu'ils n'aient pas accompli cet âge avant le 1er janvier de l'année courante, et qu'ils aient au moins 2 ans de service actif sous le drapeau au 1er octobre de la même année.

Les candidats qui rempliront les conditions ci-dessus indiquées devront se faire inscrire avant le 10 juin à la préfecture du département où résident leurs familles.

Les pièces à produire à l'appui de l'inscription, sont :

1º L'acte de naissance revêtu des formalités prescrites par la loi;

2º Une déclaration signée d'un docteur en médecine ou en chirurgie, attaché à un hospice ou hôpital civil ou militaire, constatant que le jeune homme a eu la petite vérole, ou a été vacciné ou inoculé, et qu'il n'a ni maladie contagieuse ni infirmités qui le rendent impropre au service;

3º La déclaration écrite du lieu d'examen choisi par le candidat.

Les candidats militaires ajouteront à ces pièces un certificat d'immatriculation et de présence sous les drapeaux, délivré par le conseil d'administration du corps et visé par le général commandant la division.

Ceux de ces candidats qui, dénués de fortune ainsi que leurs parents, prétendraient à une des bourses annuellement disponibles, le feront connaître, au moment de l'inscription, par une demande adressée au ministre de la guerre, et qu'ils remettront au préfet en même temps que leur état de services. Ils y joindront un certificat délivré par le maire du lieu du domicile de leur famille, énonçant exactement les moyens d'existence, le nombre des enfants et les autres charges des parents.

Les mêmes formalités seront remplies par les fils de militaires qui réclameraient également l'admission gratuite pour cause de dénûment de fortune. La demande sera alors appuyée de l'état des services du père du candidat.

Les pièces fournies par les candidats qui ne seraient point admis à l'École seront ultérieurement renvoyées à la préfecture où l'inscription aura été affectée.

Le concours pour l'admission à l'École spéciale militaire est ouvert tous les ans à Paris, le 20 juillet, pour les candidats des départements de la Seine, de Seine-et-Marne et d'Eure-et-Loir.

Il a lieu postérieurement à cette date dans les principales villes du royaume auxquelles des arrondissements d'examen sont assignés.

Un avis officiel fait connaître annuellement l'époque à laquelle MM. les examinateurs doivent être rendus dans ces villes.

Les candidats ne peuvent être examinés que dans l'arrondissement d'examen où le domicile de leur famille est établi, ou bien dans celui où ils ont achevé leur première instruction, pourvu qu'ils y aient étudié au moins une année.

Les candidats militaires seront admis au concours dans la ville d'examen la plus voisine du lieu de leur garnison. Des congés temporaires pourront être délivrés, à cet effet, par les lieutenants généraux commandant les divisions militaires.

La voie du sort déterminera dans quel ordre les candidats seront examinés.

Tout candidat qui recevra son titre d'élève devra se mettre en mesure de fournir au commandant de l'École les pièces ci-après :

1° Un engagement volontaire contracté pour l'arme de l'infanterie ou de la cavalerie, suivant les formes et sous les conditions voulues par la loi du 21 mars 1832 et l'ordonnance royale du 28 avril suivant.

2° Une promesse, sous seing privé, par laquelle les parents

20.

ou le tuteur de l'élève s'engagent à verser dans la caisse du receveur général *du département de Seine-et-Oise* le montant de la pension par trimestre et d'avance; à moins que l'élève n'ait obtenu une bourse ou une demi-bourse. Dans ce dernier cas, la famille prendra l'engagement de faire les frais de la demi-pension seulement.

Le prix de la pension est de 1,500 francs par an, non compris 750 francs pour le trousseau, dont le devis sera envoyé aux familles avec la lettre d'admission.

Les articles du trousseau qui concernent la lingerie pourront être fournis en nature.

ÉCOLE D'APPLICATION DU CORPS ROYAL D'ÉTAT-MAJOR.

Paris, rue de Grenelle-Saint-Germain, hôtel de Sens.

Cette École est destinée à former des élèves pour le service de l'état-major.

Avant la réunion en un corps spécial, sous le nom de *Corps royal d'état-major*, de tous les officiers employés aux états-majors, et remplissant les fonctions d'aides-de-camp, ces officiers étaient choisis parmi ceux de troupe, et rentraient souvent au corps après la campagne, ou bien après la mort ou la retraite des généraux auprès desquels ils servaient comme aides-de-camp. La création du Corps royal d'état-major dut nécessairement entraîner la formation d'une École spéciale. L'ordonnance du 6 mai 1818 établit cette École à Paris, et la plaça sous le commandement d'un maréchal-de-camp, secondé par un colonel ou lieutenant-colonel commandant en second et directeur des études; un officier supérieur et trois capitaines sont chargés du service intérieur de police et de discipline de l'École, ainsi que de l'instruction militaire des élèves. L'instruction scientifique est confiée à des officiers d'état-major, d'artillerie et du génie, et celle de l'administration à un sous-intendant militaire. Quelques légères modifications ont été apportées, par l'ordonnance du 10 décembre 1826, à la destination des élèves, lors de leur sortie de l'École. Enfin, une dernière ordonnance réglementaire, du 16 février 1833, a reconstitué définitivement l'*École d'application du Corps royal d'état-major*. Les élèves sont au nombre de cinquante, dont vingt-cinq sont annuellement remplacés et pris, savoir : trois parmi les élèves de l'École Polytechnique, d'après les règles établies pour les autres services publics ; vingt-deux parmi les trente premiers élèves de l'École militaire, et parmi trente sous-lieutenants en activité au plus, qui, ayant au moins un an de grade et ne dépassant pas vingt-cinq ans d'âge, se destinent à l'état-major. Ces soixante officiers concourent ensemble par voie d'examen pour l'admission à l'École, sont classés par ordre de mérite, et les vingt-deux premiers sont seuls admis avec les trois sujets provenant de l'École Polytechnique. — Les élèves qui, au bout de deux ans d'études, sont reconnus admissibles dans le Corps royal d'état-major, y remplissent, dans l'ordre de leur numéro de sortie, les emplois de lieutenant, et en reçoivent le brevet. Ceux des élèves provenant des régiments, et qui, pendant leur séjour à l'*École d'application*, ont été nommés lieutenants dans leurs corps (dont ils n'ont été seulement que détachés pendant le temps passé à l'École), prennent rang dans l'état-major à la date de cette nomination. A leur sortie de l'École, les lieutenants d'état-major sont détachés pendant deux ans dans un régiment d'infanterie, et ensuite deux ans dans un régiment de cavalerie. Ils servent dans les compagnies ou escadrons pendant la première des deux années qu'ils doivent servir dans chacune de ces deux armes ; ils concourent pendant la seconde au service des adjudants-majors. Une partie de ces officiers, suivant les besoins du service, sont attachés immédiatement à la carte de France.

Tout sous-lieutenant qui se proposera de concourir pour le corps d'état-major, devra adresser, avant le 1er août, par la voie hiérarchique, sa demande à l'inspecteur-général ; et, en l'absence de celui-ci, au lieutenant-général commandant la division, qui la transmettra au ministre de la guerre avant le 20 du même mois, avec son avis et tous les renseignements qu'il aura recueillis sur cet officier.

Le ministre désignera les officiers qui devront être admis au concours, et les autorisera à s'y rendre. Il leur sera délivré, à cet effet, une feuille de route sans indemnité ; mais ils continueront à recevoir la solde d'activité de leur grade.

Les élèves de l'École spéciale militaire, classés les trente premiers à l'examen de sortie de cette École, concourront, avec les sous-lieutenants de l'armée, pour l'admission à l'École d'application d'état-major.

Les concurrents devront satisfaire aux conditions du programme ci-après :

Mathématiques.

1° L'arithmétique, la géométrie, la trigonométrie rectiligne, et l'usage des tables de logarithmes ;

2° L'algèbre jusqu'aux équations du deuxième degré inclusivement.

GÉOMÉTRIE DESCRIPTIVE.

Épures de l'École Polytechnique.

1° Préliminaires jusqu'à la plus courte distance inclusivement ;

2° Plans tangents, jusques et compris le plan tangent à une ellipsoïde de révolution par un point donné ;

3° Intersection de surfaces, jusques et compris l'intersection de deux surfaces de révolution dont les axes se rencontrent ; l'épure ne sera pas exigée.

Ombres linéaires.

1° Ombre d'un cylindre ;
2° — du puits militaire ou trou de loup ;
3° — d'une niche sphérique ;
4° — d'une sphère.

Perspective linéaire.

1° Perspective d'un cube ;
2° — d'une pyramide ;
3° — d'un tronc de cône ; par la méthode générale et par celle des points de concours.

Physique.

Propriétés générales des corps ; pesanteur de l'air, du baromètre ; théorie de la chaleur ; thermomètres ; hygromètres ; pesanteur spécifique des corps ; composition des forces ; centres de gravité, équilibre des machines simples ; phénomènes de la capillarité ; principaux phénomènes de l'électricité et du magnétisme ; propagation et vitesse du son ; théorie de la vision, et notions nécessaires pour l'intelligence des instruments d'optique.

Chimie.

Nomenclature chimique; composition et analyse des matières organiques; théorie de la fermentation; fabrication du vinaigre; préparation de la gélatine; conservation des matières alimentaires; opérations du tannage; composition des poudres de guerre et des poudres fulminantes.

Cosmographie.

Mouvement diurne ; constellations ; principaux cercles de la sphère ; corps célestes ; figure de la terre ; latitude et longitude ; mouvement de translation et de rotation de la terre ; saisons ; durée inégale des jours.

Géographie.

Description générale de la surface du globe, comprenant les principaux cours d'eau et les chaînes de montagnes; divisions politiques anciennes et modernes; description de chacune d'elles, sous les rapports militaires, commerciaux et industriels, capitales et principales villes.

Topographie.

Planimétrie; formules et propositions les plus usuelles dans les levés du terrain; usage des instruments, tels que la planchette, l'alidade et la boussole; nivellement; figuré du terrain par courbes horizontales et par lignes de plus grande pente; notions sur les levés à vue ou reconnaissances.

Artillerie.

Aperçu des machines de guerre des anciens ; armes portatives actuellement en usage; description et service des bouches à feu de campagne, de siége, de place et de côte; confection des artifices et munitions de guerre; organisation et manœuvres des batteries de campagne ; notions sur les ponts militaires ; emploi de l'artillerie dans l'attaque et la défense des places.

Fortification.

1° Fortification passagère; principes généraux du tracé des ouvrages; calcul d'un profil; calcul de la capacité des ouvrages fermés; défenses accessoires, telles que palissades, abattis, etc.; détails de construction des ouvrages; notions sur le défilement.

2° Fortification permanente; description des principaux systèmes bastionnés.

3° Notions sur l'attaque et la défense des places.

Instruction théorique et pratique sur les manœuvres d'infanterie et de cavalerie.

Infanterie; les quatre écoles du soldat, du peloton, du bataillon et des tirailleurs.

Pour les sous-lieutenants provenant de l'arme de la cavalerie, les écoles du cavalier, de peloton et d'escadron.

Les réglements sur le service en campagne et dans les places, et celui sur la police et le service intérieur.

Administration militaire.

Administration intérieure des compagnies, solde, hautes-paies, masse individuelle, subsistances, fourrages, chauffage, habillement, linge et chaussure, armement, équipement, harnachement, ferrage, logement, chambrées et ordinaires, infirmeries, hôpitaux, ambulances, établissement et tenue du livre de compagnie, livrets et cahiers d'ordinaire, états de mutation, feuilles de prêt, d'appel, de journées et de décompte.

Histoire.

1° Histoire générale des différents peuples;

2° Connaissance de l'histoire des guerres anciennes et modernes, et particulièrement de celles qui ont eu lieu depuis le commencement du dix-septième siècle jusqu'à nos jours.

Art militaire.

Les opérations de la petite guerre, telles que le placement des avant-postes, les rondes, les patrouilles, les détachements, les convois, les fourrages, les embuscades, les combats en rase campagne, l'attaque et la défense des postes fermés.

La castramétation.

Littérature.

Langue latine : traduction d'un auteur de deuxième.

Rhétorique : questions sur la grammaire générale et sur les principales difficultés de la langue française.

Langue allemande.

Lecture, écriture ; formes verbales régulières et irrégulières ; explication des trente premières pages de l'ouvrage suivi à l'École de Saint-Cyr, et intitulé : *Recueil des morceaux choisis de littérature allemande*.

Travaux graphiques.

Les candidats devront présenter à la commission d'examen :

1º Les épures de géométrie descriptive indiquées au programme, d'après la correction de l'École Polytechnique ; les trois dernières épures d'ombres devront être doubles, c'est-à-dire au trait et lavées.

2º Un dessin de topographie avec hachures, écritures moulées, signes et teintes conventionnels ; un tableau d'écritures moulées d'après le modèle adopté pour le dépôt de la guerre.

3º Une épure de profils de fortification passagère, avec les défenses accessoires, le tracé des lignes continues et à intervalles ; l'épure au trait d'une redoute ou d'une lunette ; le tracé d'un front bastionné suivant le système de Cormontaigne ; les profils et l'attaque de ce front.

4º Le tracé d'un camp d'infanterie et celui d'un camp de cavalerie, d'après l'ordonnance sur le service en campagne du 3 mai 1832.

5º Quelques dessins de figure, et particulièrement de paysage, au crayon et au lavis.

Les candidats seront tenus, en outre, d'exécuter sous les yeux des examinateurs :

1º Une des épures de géométrie descriptive ;

2º Un fragment de topographie, d'après un relief en plâtre ;

3° Un dessin de figure ou de paysage.

Les candidats devront rédiger, en présence des examinateurs, un mémoire court et précis sur une question d'art ou d'histoire militaire, dont on leur donnera le sujet.

On exigera d'eux une écriture lisible et une orthographe correcte.

COLLÉGE ROYAL MILITAIRE DE LA FLÈCHE,

A La Flèche (Sarthe).

Le Collége royal militaire de La Flèche, institué par ordonnance du 12 avril 1831, est placé sous la direction du ministre secrétaire d'état de la guerre.

Le nombre des élèves entretenus aux frais de l'État est fixé à trois cents à bourse entière, et cent à demi-bourse. Des pensionnaires entretenus en entier aux frais des familles y sont également admis.

La pension entière est fixée à 850 fr. Celle à payer par les élèves à demi-bourse est de 425 fr., non compris le trousseau, dont la dépense, une fois payée, s'élève à 500 fr. environ.

Les élèves admis à titre gratuit sont également tenus, au moment de leur admission, de subvenir aux frais du trousseau.

Dans le cas où les parents, au lieu d'en fournir en nature quelques parties, désireraient payer en argent la totalité, ils seront tenus d'en verser la valeur dans la caisse de l'École.

La note des effets dont il se compose leur sera adressée avec les lettres d'admission; elle indiquera les articles qu'ils peuvent fournir, et ceux qu'ils sont tenus de prendre dans les magasins de l'École.

CONDITIONS D'ADMISSION. — Les parents qui veulent faire admettre leurs enfants, à quelque titre que ce soit, adresseront une demande au ministre secrétaire d'état de la guerre, par l'intermédiaire de MM. les préfets ou commandants de division, ainsi qu'il sera expliqué ci-après.

Les places gratuites sont destinées aux enfants dont les pères auraient servi ou serviraient encore comme officiers dans les armées, lorsque leur fortune, ou celle de leurs parents, ne permet pas de pourvoir autrement aux frais de leur éducation.

Elles sont accordées de préférence aux orphelins de père et de mère, et subsidiairement aux enfants à la charge de leur mère, dans l'ordre ci-après :

1° Aux orphelins dont les pères auront été tués au service, ou seront morts des blessures qu'ils auront reçues à la guerre;

2° Aux orphelins dont les pères sont morts au service, ou après l'avoir quitté avec une pension de retraite;

3° Aux enfants dont les pères auront été amputés ou seront restés estropiés ou infirmes par suite de blessures reçues à la guerre.

Les candidats qui se trouvent dans un des cas spécifiés ci-dessus ne pourront être proposés en concurrence pour des places gratuites au Collége royal militaire, que lorsque leurs parents ou tuteurs auront produit à l'appui de leur demande :

1° L'acte de naissance de l'enfant, revêtu des formalités prescrites par la loi, à l'effet de constater qu'à l'époque fixée pour l'admission annuelle des élèves, il aura dix ans accomplis, et n'en aura pas plus de douze;

2° Une déclaration signée d'un docteur en médecine ou en chirurgie attaché à un hospice ou hôpital civil ou militaire, constatant que l'enfant a eu la petite vérole ou qu'il a été vacciné, et qu'il n'est atteint ni d'affection chronique ni de maladie contagieuse;

3° Un certificat constatant le degré de son instruction;

4° Un acte sous seing privé, par lequel les parents ou le tuteur du candidat s'engageront à subvenir à la dépense du trousseau;

5° Un état appuyé de pièces authentiques qui constatent la durée et la nature des services du père, son grade, et l'époque de sa mort, de ses blessures ou de sa retraite;

6° Un certificat du sous-préfet, vérifié par le préfet, par lequel ce fonctionnaire, après avoir pris les renseignements nécessaires, attestera que l'enfant et ses parents sont sans fortune, et que la place gratuite qu'on sollicite est l'unique moyen de pourvoir à son éducation.

Les parents qui demanderont pour leurs enfants des demi-bourses seront tenus de fournir les cinq premières pièces ci-dessus indiquées, et y joindront :

1° Un certificat du sous-préfet, vérifié par le préfet, attestant que la famille a besoin du secours de la demi-bourse, mais est en état de payer la portion restant à sa charge;

2° Un engagement sous seing privé de verser par trimestre et d'avance, dans la caisse du receveur d'arrondissement, le montant de la demi-pension.

Les familles des pensionnaires fourniront les quatre premières pièces, et y joindront :

1° Un certificat du sous-préfet, vérifié par le préfet, constatant qu'elles sont en état de payer la pension ;

2° L'engagement sous seing privé d'en verser le montant par trimestre et d'avance dans la caisse du receveur d'arrondissement.

Toutes les pièces exigées doivent être parvenues au ministre de la guerre avant le 1er août.

Il n'y a, pour l'admission à l'École, qu'une seule époque ; elle est fixée au 1er octobre de chaque année.

Les enfants de dix à onze ans doivent, pour être admis, savoir lire et écrire, connaître les premiers éléments des langues française et latine, et pouvoir entrer en septième à l'époque de l'admission.

Ceux qui auraient complété la onzième année doivent être susceptibles d'entrer dans la sixième classe d'humanités. L'admission des élèves est suspendue ou même annulée, si l'examen qu'ils doivent subir, lorsqu'on les présente au Collége, constate qu'ils ne satisfont pas à ces conditions.

Il en est rendu compte au ministre secrétaire d'état de la guerre, qui prononce, s'il y a lieu, l'ajournement à terme fixe, ou la radiation du tableau.

INSTRUCTION. — L'instruction donnée au Collége royal militaire comprend un cours complet d'humanités, y compris la rhétorique, des cours de mathématiques, de physique, de chimie, d'histoire et de géographie, de langues allemande et anglaise, un cours élémentaire de dessin, des exercices gymnastiques.

Les élèves y complètent leur éducation religieuse.

Les élèves pourront rester au Collége jusqu'à la fin de l'année scolaire dans le courant de laquelle ils auront complété leur dix-huitième année.

Lors de la tournée annuelle des examinateurs pour l'admission à l'École Polytechnique et à l'école spéciale militaire, les jeunes gens qui, par leur âge et leur instruction, seront susceptibles de concourir pour l'une ou l'autre, sont présentés, par le commandant du Collége, à l'examinateur d'admission, dans la tournée duquel la ville de La Flèche se trouve comprise. Il en est de même pour les élèves qui veulent se présenter au concours pour les autres écoles dans lesquelles l'admission est subordonnée à de pareils examens.

OBSERVATIONS PARTICULIÈRES. — Les demandes d'admission au Collége royal militaire doivent parvenir au ministre par l'intermédiaire des préfets, lorsqu'elles sont formées par des personnes étrangères à l'armée, ou qui ont cessé de lui appartenir, et par celui des commandants des divisions militaires, en suivant la voie hiérarchique, si elles sont faites par des officiers en activité de service ou disponibles.

MM. les commandants militaires et préfets sont invités à ne point transmettre au ministre, mais à renvoyer immédiatement aux pétitionnaires, avec les explications convenables, les demandes qu'ils reconnaîtront n'être pas admissibles, faute de satisfaire aux conditions prescrites.

On ne croit pas inutile de faire remarquer que, la durée moyenne du séjour des élèves au Collége de La Flèche devant être de sept ans, le nombre des sortants, chaque année, est dans la proportion d'un septième du nombre total, et qu'ainsi les places annuellement disponibles ne peuvent s'élever que de quarante à quarante-cinq bourses entières, et de douze à quinze demi-bourses.

ÉCOLE ROYALE DE CAVALERIE,

A Saumur.

Cette École a été instituée, par ordonnance du 10 mars 1825, pour former les instructeurs des corps de troupes à cheval; instruire ceux des élèves de l'École spéciale militaire qui sont désignés pour la cavalerie, et créer une pépinière de sous-officiers instructeurs.

Une École de maréchalerie et une de trompettes ont été annexées à cet établissement, dans le but de fournir aux corps de troupes à cheval des maréchaux-ferrants et des trompettes.

On admet à l'École royale de cavalerie :

1° Un lieutenant par chaque régiment de cavalerie, d'artillerie, ou escadron du train et des équipages militaires. Ces officiers sont tenus de suivre pendant deux ans les cours de l'École, et prennent, durant leur séjour, la dénomination de *lieutenants d'instruction* (1);

2° Les élèves sortant de l'École spéciale militaire et destinés au service de la cavalerie. Ils prennent la dénomination d'*officiers élèves de cavalerie*. Après deux ans de séjour à l'École, ils sont placés comme sous-lieutenants dans les régiments;

3° Des brigadiers ou cavaliers des corps, désignés à l'inspection générale de chaque année, et comme les plus susceptibles de suivre avec fruit les cours de l'École, et de devenir, par la suite, de bons sous-officiers instructeurs;

4° Comme élèves maréchaux-ferrants, des enrôlés volontaires ou des appelés;

5° Enfin, comme élèves trompettes, des enfants de troupe ou des fils de gendarmes, de quatorze à dix-huit ans, ou, *à défaut*, des jeunes gens tirés des classes civiles de la population.

CONDITIONS D'ADMISSION. — Les *lieutenants* ou *sous-lieutenants d'instruction*, les *sous-lieutenants élèves*, sont désignés chaque année, savoir : les premiers, sur leur demande, par MM. les inspecteurs-généraux ou les chefs de corps; les seconds, à leur sortie de l'École spéciale militaire.

Pour être susceptible d'admission parmi les *cavaliers élèves instructeurs*, il faut avoir été proposé à l'inspection générale, ainsi qu'il est dit ci-dessus. Préalablement à l'envoi à l'École de chaque brigadier ou cavalier désigné, il est versé au trésor, par les soins des conseils d'administration, une somme de 200 fr., à titre de première mise.

Pour être reçu *élève maréchal-ferrant*, il faut : 1° n'être pas

---

(1) Les corps de troupes à cheval qui n'ont à proposer, à l'époque des inspections, aucun lieutenant pour l'École de cavalerie, sont autorisés, par une ordonnance du 21 décembre 1828, à présenter pour cette destination un officier du grade de sous-lieutenant, choisi parmi ceux qui auraient le désir de se perfectionner dans l'instruction équestre, théorique et pratique.

Un sous-officier par régiment d'artillerie est également admis à suivre les cours de l'École de cavalerie, à la charge, par le corps auquel il appartient, de verser au trésor une somme de 400 fr. pour dépenses d'entretien de ce sous-officier à Saumur.

remplaçant ; 2° être âgé de dix-huit ans au moins, et de vingt-deux ans au plus ; 3° avoir cinq pieds deux pouces au moins ; 4° savoir lire et écrire ; 5° avoir fait, pendant un an au moins, un apprentissage comme ouvrier maréchal-ferrant, serrurier, taillandier, armurier ou éperonnier.

L'engagement des élèves maréchaux se fait à Saumur, après l'examen du commandant.

Quand ils sont en état d'exercer les fonctions de maréchal-ferrant, ils sont placés en cette qualité dans les corps de troupes à cheval.

Les enfants de troupe ou fils de gendarmes qui doivent être admis au nombre des *élèves trompettes*, doivent être âgés de quatorze à dix-huit ans, et annoncer des dispositions pour la musique. Les postulants qui appartiennent aux classes civiles de la population doivent avoir atteint leur dix-septième année ; ils ont à produire les pièces suivantes : 1° Une déclaration d'un officier de santé attaché à un hospice civil ou militaire, constatant qu'ils ont eu la petite-vérole ou qu'ils ont été vaccinés, qu'ils ne sont atteints d'aucune infirmité ou maladie contagieuse, et qu'ils ont une bonne constitution ; 2° leur acte de naissance ; 3° un certificat de bonnes vie et mœurs ; 4° un consentement par écrit des père et mère ou tuteur. Ils doivent savoir lire et écrire, et sont tenus de verser au trésor, avant leur admission à l'École, une somme de 30 fr. à titre de première mise. Le même versement de la somme de 30 fr. est exigé pour chacun des enfants de troupe ou fils de gendarmes qui sont admis comme *élèves trompettes* ; ils sont également tenus, les uns et les autres, de justifier du consentement de leurs parents ou tuteurs.

INSTRUCTION. — L'instruction est toute militaire et basée sur les ordonnances et réglements en vigueur pour les troupes à cheval. Elle comprend :

L'ordonnance sur les exercices et manœuvres de la cavalerie ; l'équitation militaire, embrassant *la connaissance du cheval, son emploi, sa conservation et sa reproduction* ; la théorie sur le service en campagne, appliquée sur le terrain, autant que possible ; l'escrime à pied et à cheval ; le tir du mousqueton et du pistolet ; la natation et la voltige ; enfin des cours de topographie, d'histoire et d'administration militaire.

Les élèves maréchaux-ferrants sont instruits dans l'hyppiatrique élémentaire pratique, et dans la maréchalerie.

Les élèves trompettes sont instruits dans la musique vocale et instrumentale.

Le personnel de l'École se compose actuellement d'un maréchal-de-camp, commandant supérieur, d'un colonel commandant en second, d'un lieutenant-colonel, de trois chefs d'escadrons instructeurs, d'un major, de huit capitaines-instructeurs, de trois capitaines-majors, d'un capitaine-écuyer militaire, de deux lieutenants et un sous-lieutenant, sous-écuyers militaires; d'un capitaine-trésorier, d'un officier d'habillement, d'un porte-étendard, d'un chirurgien major et d'un chirurgien aide-major. L'instruction est dirigée par un professeur d'art militaire et par son adjoint. — L'établissement compte aussi, comme personnel civil, un écuyer de première classe, un écuyer de deuxième classe, un écuyer de troisième classe, un professeur de maréchalerie, deux commis d'administration. Le service de l'infirmerie a un chirurgien sous-aide-major, un pharmacien, un adjudant et un sous-adjudant d'administration. Les élèves sous-officiers sont divisés en trois escadrons. Le premier, formant une division de grosse cavalerie et une division de dragons, se compose d'un maréchal-des-logis-chef, de quatre maréchaux-des logis, d'un fourrier, de seize brigadiers, de soixante-deux cavaliers de première classe, et de quatre-vingt-deux de deuxième classe; le deuxième escadron, qui forme deux divisions de cavalerie légère, dont une armée de mousquetons, l'autre de lances, est composé comme le premier; le troisième compte un même nombre de sous-officiers. Le reste se compose de soixante-douze élèves maréchaux-ferrants, et de soixante-douze élèves trompettes.

ÉCOLES RÉGIMENTAIRES.

On donne ce nom à des écoles formées près des différents corps de l'armée, ou dans les corps mêmes, dans le but de développer ou de commencer l'instruction des hommes qui appartiennent à ces mêmes corps : elles n'ont pas toute la même destination. En France, on distingue trois sortes d'*Écoles régimentaires* : — les *Écoles d'artillerie*, — les *Écoles de génie*,— et les *Écoles primaires*.— Les deux premières sont des *Écoles pratiques*, dont les militaires de l'arme suivent seuls les cours, dans lesquels ils trouvent la facilité de perfectionner et de compléter leur instruction, dans l'intérêt de leur avenir.

Des écoles régimentaires d'artillerie existent à La Fère, — Metz, — Besançon, — Strasbourg, — Douai, — Toulouse, — Rennes ; — des écoles régimentaires du génie existent à Arras, — Metz, — Montpelier. Chacune de ces écoles est commandée par un maréchal-de-camp de l'arme, ayant sous ses ordres un lieutenant-colonel, sous-directeur de l'école ; un professeur et un répétiteur de sciences mathématiques, un professeur de dessin et de fortifications, deux gardes d'artillerie et un maître artificier en composent le personnel. Il est affecté à chaque école régimentaire d'artillerie, sous le nom d'*Hôtel de l'école*, un bâtiment où sont réunis les salles et établissements nécessaires pour l'instruction théorique des officiers et sous-officiers de l'arme, tels que salles de théorie et de dessin, bibliothèque, dépôt de cartes et plans, cabinet de physique et de métallurgie, laboratoire de chimie et *salles de modèles*. Le polygone affecté à chacune des écoles pour l'instruction des troupes de l'arme a assez d'étendue pour fournir, au besoin, une ligne de tir de douze cents mètres dans le sens de la longueur, sur une largeur moyenne de six cents mètres. — L'instruction des troupes de l'arme se divise en instruction théorique et en instruction pratique. Le cours annuel de l'instruction se divise par semestre en instruction d'été et en instruction d'hiver. L'instruction d'été commence, suivant les localités, du 1er avril au 1er mai; l'instruction d'hiver commence du 1er octobre au 1er novembre. L'instruction théorique a lieu plus particulièrement pendant le semestre d'hiver, et l'instruction pratique pendant celui d'été, sauf les théories sur les manœuvres et sur les travaux d'artillerie, qui sont faites comme dans le semestre d'hiver.

Des cours élémentaires existent également dans plusieurs régiments de ligne ou de cavalerie; mais comme ils ne sont ni soumis à une organisation uniforme, ni obligatoires pour les élèves, et que d'ailleurs des écoles spéciales et des professeurs *ad hoc* n'existent pas, il s'ensuit que ces cours ne profitent pas à beaucoup près autant qu'ils le pourraient. Il serait à désirer qu'il s'établît donc des écoles permanentes.

A cette utile création, peut-être objectera-t-on les dépenses qu'entraînerait un nombre d'écoles égal à celui des villes de garnison; mais nous ne demandons pas immédiatement la mesure pleine et entière; que les cours s'établissent d'abord dans les villes principales, et dans la suite si les résultats avantageux compensent, comme nous sommes fondés à le croire, les sacrifices, on pourra donner de l'extension aux écoles, en augmenter le nombre et y introduire les modifications que l'expérience aura indiquées.

On nous opposera peut-être encore les déplacements fréquents des troupes en général ; mais pour peu qu'on réfléchisse, il sera facile de voir qu'on remédiera à cet inconvénient en régularisant les cours professés dans les différentes écoles, ou plutôt en faisant qu'il n'y en ait qu'un du même genre pour toutes ; ainsi, l'élève qui était à une telle classe d'un tel cours en quittant une garnison, arrivera dans une autre et retrouvera et son cours et sa classe ; il n'éprouvera donc de retard que le temps employé dans le trajet, encore ce retard sera-t-il diminué par les rédactions imprimées que chaque élève de bonne volonté pourra se procurer et consulter dans ses loisirs.

La société retirera, de l'instruction donnée aux militaires, de grands et précieux avantages. Dans l'état de paix, sur trois jeunes gens désignés par le sort, deux au moins retournent dans leurs foyers ; mais ils y rentrent, dans l'état actuel des choses, avec leur ignorance, et souvent une démoralisation fâcheuse en elle-même et dans ses conséquences, qu'il eût été facile de prévenir en occupant leur esprit et perfectionnant leur intelligence.

GÉNIE.

INGÉNIEURS-CONSTRUCTEURS, — INGÉNIEURS DES PONTS-ET-CHAUSSÉES, — OFFICIERS DU GÉNIE MILITAIRE, — OFFICIERS D'ARTILLERIE, — INGÉNIEURS-GÉOGRAPHES, INGÉNIEURS-HYDROGRAPHES, — EMPLOYÉS DES POUDRES ET SALPÊTRES, — INGÉNIEURS DES MINES.

CONSIDÉRATIONS DE CLASSE ET DE FORTUNE : — *L'École Polytechnique, l'École des ponts-et-chaussées, l'École des mines et l'École d'application du génie militaire,* ouvrent plusieurs carrières honorables, utiles et productives, telles que le génie, l'artillerie, les mines, les ponts-et-chaussées, les constructions navales. La considération que donne le titre seul d'élève de ces Écoles confirme nos assertions en faveur de l'instruction professionnelle.

ÉTABLISSEMENTS D'INSTRUCTION SPÉCIALE.

ÉCOLE POLYTECHNIQUE.

Rue Descartes, Montagne-Sainte-Geneviève.

(Voir page 296.)

ÉCOLE DES PONTS-ET-CHAUSSÉES.

Paris, rue Hillerin-Bertin, n. 10.

Cette École, établie en 1747 et réorganisée par la loi de 1791, est placée sous l'autorité du ministre des travaux publics, de l'agriculture et du commerce, et du conseiller-d'état directeur-général des ponts-et-chaussées et des mines. Les élèves ne peuvent être pris que parmi les jeunes gens de l'École Polytechnique qui ont achevé les études de cette École.

Les cours sont partagés entre 4 professeurs : le 1er enseigne la stéréotomie, appliquée à la coupe des pierres et des bois ; la théorie des constructions de routes et des travaux hydrauliques ; le 2e, la mécanique appliquée à l'art de l'ingénieur ; un 3e, l'architecture civile et l'art des dessins relatifs aux constructions ; un 4e (ingénieur des mines), la minéralogie et la géologie. On y a ajouté depuis peu un cours de droit administratif professé par un avocat à la cour de cassation. — Les élèves sont divisés en trois classes. Ils sont, pendant quelques mois de l'année, envoyés dans les départements pour y faire l'application, sur les travaux, des principes qu'ils ont reçus, seconder les ingénieurs dans leurs opérations et s'exercer sous eux à la formation des devis, détails et projets de toute nature. A l'expiration de la troisième année, les élèves cessent de faire partie de l'École pour entrer dans le corps des ponts-et-chaussées avec le grade d'aspirant-ingénieur, qu'ils conservent environ un an ou deux ans, et deviennent ensuite ingénieurs de 3e classe.

ÉCOLE ROYALE DES MINES.

Rue d'Enfer, n. 54.

Cette École est sous la surveillance du ministre des travaux publics, de l'agriculture et du commerce, et l'administration du conseiller-d'état directeur général des ponts-et-chaussées et des mines. Les élèves ne peuvent être pris que parmi les jeunes gens de l'École Polytechnique qui ont achevé les études de cette École.

Les objets d'enseignements sont :
La minéralogie et la géologie ;
La docimasie ;
L'exploitation des mines ;
La minéralogie ;
Le dessin des machines, de constructions, plans souterrains ;

Lavis de cartes, stéréotomie pratique, langues anglaise et allemande.

L'ordonnance du 5 décembre 1816 a fixé le nombre des élèves ingénieurs à 9 : 5 de première classe et 4 de seconde, et a créé un même nombre de places pour des élèves externes. Ces derniers participent à tous les travaux des élèves ingénieurs. Ils reçoivent, à leur sortie de l'École, un diplôme constatant leur degré d'instruction, tel qu'il résulte des examens annuels. — Les leçons ont lieu depuis le 15 novembre jusqu'au 15 avril. La durée des cours d'étude est de deux ans, mais la plupart des élèves passent 3 ans à l'École. Les élèves de première année consacrent à des travaux de laboratoire et de levée de plans l'intervalle des cours. Les élèves de seconde et troisième année font, pendant la belle saison, des voyages dans lesquels ils visitent les mines et usines. — Les cours de l'École des mines, sans être tous publics, sont néanmoins suivis par un grand nombre de personnes qui viennent y puiser des connaissances spéciales. Outre les élèves ingénieurs et les élèves externes, qui suivent à la fois les leçons des professeurs et les travaux intérieurs de l'École, il y a constamment 25 à 30 élèves libres ou autorisés. De jeunes ingénieurs étrangers, russes, américains, espagnols, viennent aussi profiter de l'instruction dans cet établissement, rival aujourd'hui des écoles les plus célèbres de l'Allemagne.

Une ordonnance du 5 décembre 1816 rétablit à Paris cette École qui avait été créée par arrêt du conseil-d'état du roi, du 19 mars 1783. Indépendamment des élèves-ingénieurs, il y a des élèves externes qui y reçoivent une instruction gratuite; ces derniers ne peuvent faire partie du corps des mines; mais les connaissances qu'ils sont dans le cas d'acquérir les mettent à portée de remplir des places de directeurs d'exploitations ou de grands établissements de mines.

ÉCOLE DES MINEURS.

A Saint-Etienne (Loire).

Admission gratuite.

L'École des mineurs a été instituée à Saint-Étienne par ordonnance royale du 2 août 1816.

Une ordonnance du roi du 7 mars 1831 contient les dispositions suivantes :

Les élèves ne peuvent être admis avant l'âge de 15 ans, ni après l'âge de 25 ans.

Ils doivent, pour obtenir leur admission, faire preuve de bonne conduite et justifier qu'ils possèdent les connaissances ci-après :

La langue française ;

Le calcul, comprenant la numération, les quatre règles, les fractions ordinaires et décimales, les proportions ;

Le système légal des poids et mesures ;

L'arpentage, comprenant la mesure des angles, la théorie des lignes proportionnelles et des triangles semblables, et la mesure des surfaces.

Les candidats sont examinés publiquement par des ingénieurs des mines dans les lieux et aux époques déterminés par le directeur général des ponts-et-chaussées

Les procès-verbaux d'examen sont renvoyés au conseil d'administration de l'École, formé, à cet effet, en jury spécial, et les propositions de ce jury sont soumises au directeur général qui statue définitivement sur l'admission.

L'enseignement a pour objet :

L'exploitation proprement dite ;

La connaissance des principales substances minérales et de leur gisement, ainsi que l'art de les essayer et de les traiter ;

Les éléments de mathématiques, la levée des plans et le dessin ;

La tenue des livres en partie double ;

Les notions les plus essentielles sur la résistance, la nature et l'emploi des matériaux en usage dans les constructions nécessaires pour les mines, usines et voies de transport.

Des brevets de différentes classes sont délivrés à leur sortie de l'École à ceux des élèves qui s'en sont rendus dignes par leur capacité et leur bonne conduite.

Une classe est créée à l'École en faveur des ouvriers mineurs, ou de ceux qui se destinent à cette profession.

Tous les objets généraux de service, tels que la division, les époques et les programmes des cours, la discipline des élèves, la comptabilité, sont délibérés dans le conseil d'administration de l'École et soumis à l'approbation du directeur général des ponts-et-chaussées.

Les candidats devront remettre à l'examinateur avant l'examen :

1° Une demande d'admission ;

2° L'acte de naissance constatant qu'il a l'âge requis :

3° Un certificat d'un officier de santé, attestant qu'il est de bonne constitution, qu'il a été vacciné ou qu'il a eu la petite vérole ;

4° Un certificat de bonne vie et mœurs délivré par le maire de sa commune.

Les élèves admis sont tenus de se procurer les livres et autres objets nécessaires à leur instruction.

Le cours complet des études est divisé en deux années, et les élèves sont partagés en deux divisions. — Ils peuvent être autorisés à rester une troisième année.

L'année scolaire se compose de 10 mois d'études et de deux mois de vacances. Les cours et exercices commencent le 15 octobre et finissent le 15 août.

A leur sortie, les élèves reçoivent le titre d'*élèves brevetés*. Sont exceptés ceux qui, à raison de leur mauvaise conduite ou de leur inaptitude, ne méritent pas d'obtenir ce titre.

ÉCOLE PRATIQUE DES JEUNES MINEURS,

AUX MINES DES PORROTS ET DE LA THEURÉE MAILLOT.
(SAÔNE-ET-LOIRE.)

Fondée par M. Sirodot-Rochet.

Admission. — Nul élève ne sera admis sans le consentement des gérants, ou de l'agent principal, en leur absence.

Les postulants devront être munis d'un certificat du maire de leur commune, attestant leur âge et leur bonne conduite.

Ils devront être d'une bonne constitution, et prouver qu'ils sont vaccinés.

Les élèves dont on n'exige d'autre trousseau d'entrée que trois chemises, une paire de souliers et les vêtements qu'ils ont en sortant de leurs familles, sont pris parmi les fils d'ouvriers principalement, ou de parents pauvres; les orphelins de père et de mère y sont admis de préférence.

MM. Les sous-préfets de Charolles et d'Autun, sur la recommandation du préfet de Saône-et-Loire, ont été autorisés à envoyer deux élèves de chaque arrondissement. Ces quatre places restent, en cas de vacances, à la disposition du département.

Les enfants sont reçus dans leur douzième année, mais point au-dessus de quinze ans, à leur présentation.

Ceux qui entreront à l'âge de quatorze ans révolus, contracteront un engagement de deux ans.

Ceux admis avant l'âge de quatorze ans contracteront l'engagement de rester à l'École jusqu'à l'âge de seize ans révolus.

Solde. — Les élèves sont payés, quel que soit l'emploi de leur temps, pour leur instruction, ou pour le profit de la mine; ils reçoivent un franc par jour, dont il est fait l'emploi ci-après.

Emploi du temps. — Les jeunes mineurs sont occupés huit heures par jour dans les mines, sous la conduite et surveillance des maîtres mineurs préposés.

L'instruction a lieu en une ou deux séances, à la classe dirigée par la méthode de l'enseignement mutuel; elles sont de trois ou quatre heures, suivant l'ordre et la durée du travail de la mine; le maître de l'École règle ses heures sur l'ordre du gérant.

Il y a deux jours de congé d'*étude*, le jeudi et le dimanche; il n'y en a point pour la *mine*.

Les dimanches, le maître fait une instruction morale et religieuse, et les élèves non employés à la mine sont conduits à la paroisse voisine, en bon ordre et en tenue, tambour en tête; le maître ou du moins un des maîtres mineurs les accompagne.

Retenue et comptabilité. — Le maître est chargé de tenir le compte de chaque élève qui est muni d'un livret de soldat, faisant double du registre.

Tous les mois les livrets sont mis à jour, et il est donné aux élèves connaissance de leur conformité.

La solde des élèves se répartit ainsi qu'il suit:

1° Pour l'instruction, un franc cinquante centimes par mois.
2° Pour la nourriture, cinquante centimes par jour.
3° Pour la caisse de secours, cinq centimes par jour.

4° Pour le linge, chaussure et entretien, vingt-cinq centimes par jour.

5° Pour l'élève, à sa disposition, un franc par mois.

6° Le surplus, pour la masse d'habillement et celle d'économie.

Le décompte est fait tous les trois mois; ce qui revient aux élèves est pris en caisse d'épargne, portant intérêt à 5 0|0, réglés et capitalisés à la fin de chaque trimestre. Le gérant n'en autorise des versements à eux-mêmes que sur la demande des parents, et à ceux-ci qu'avec le consentement formel des élèves.

(Suit un article relatif à la sortie et au décompte.)

Ouvrage à la tâche. — A mesure que les élèves se fortifient, ils sont employés à des travaux plus importants à la mine, et reçoivent, indépendamment de leur solde journalière, le prix des tâches extraordinaires qu'ils entreprennent, ou des rétributions en haute paie pour les ouvrages qu'ils exécutent.

Ces gains leur sont payés chaque mois comme la solde, et s'ajoutent à la masse leur appartenant, moins un léger prélèvement qui leur est distribué le dimanche par le maître, avec discrétion, et sur l'autorisation formelle et nécessaire du gérant.

Organisation. — Les élèves sont formés entre eux en sections militaires, dont les moniteurs des classes sont les caporaux et les sous-caporaux, menant leurs brigades au travail, comme dans les marches; les maîtres-mineurs sont les sergents, sous les ordres du capitaine gérant, et en son absence, sous ceux du directeur des travaux.

Il y a un sergent pour seize élèves; nul ne peut être sergent s'il n'a été caporal, et passé au moins deux ans à l'École.

Les sergents reçoivent une haute paie de cinq francs par mois.

Il y a aussi un caporal par seize élèves, les caporaux reçoivent une haute paie de 1 fr. 50 c. par mois.

Il y a autant de sous-caporaux que de caporaux; ils font le même service, mais ils ne portent qu'un seul galon de laine, et ne reçoivent que soixante-quinze centimes de haute paie par mois.

Chant. — Les élèves sont formés au chant harmonieux d'ensemble dont ils accompagnent tous leurs exercices, depuis la prière à Dieu, au sortir de l'École, avant le lever du jour, dans leurs marches, à la descente aux mines, et jusque dans leurs travaux.

Déjà ils possèdent le texte de plusieurs chants.

Les chants usités parmi les mineurs de l'Allemagne seront naturalisés parmi eux, et ce moyen puissant d'agir sur les forces du corps, en réchauffant leurs ames, et de fonder une harmonie réelle entre eux, aura complété l'excellence de cette institution.

Tout élève est libre de quitter l'École quand il le juge convenable et quand ses parents le réclameront, sauf les règles relatives au décompte, etc., etc.

MARINE.

MARINS.

Considérations de classe et de fortune : — Cette profession est organisée et soumise à un enseignement régulier. La marine marchande s'apprend par la pratique de la navigation.

Les chances d'avancement pour la marine militaire sont analogues à celles de l'armée. Pour la marine marchande, la carrière est assez lucrative. On y peut parcourir les degrés suivants : *Mousse, matelot, maître, contre-maître, capitaine au cabotage* ou *au long cours*. Cette profession s'étendant au commerce a de grandes chances de progrès.

Aptitude : — Audace et amour du danger. — Souplesse et force physique.

Instruction nationale : — Premier et second degrés.

ÉTABLISSEMENTS D'INSTRUCTION SPÉCIALE.

ÉCOLE D'APPLICATION DU GÉNIE MARITIME.

A Lorient.

Cette École, établie à Lorient, a pour but de former des ingénieurs chargés de diriger la construction des vaisseaux de la marine royale, et les travaux relatifs à ce service. Les élèves, dont le nombre est déterminé chaque année par le ministre de la marine, suivant les besoins du service, en sont pris parmi ceux de l'École Polytechnique qui ont été déclarés admissibles dans les services publics. Ils doivent rester deux ans à l'École d'application, où ils sont exercés : 1°. au dessin des plans des bâtiments de guerre, ainsi que de leur mâture, voilure, installation et emménagement; 2° aux calculs de déplacement de stabilité, de centre de gravité et de voilure, et à tous autres objets relatifs à la théorie de l'architecture navale; 3° à l'étude des machines à vapeur et autres qui peuvent être d'une application utile, soit dans les arsenaux, soit à bord des bâtiments de guerre; 4° au dessin d'ornements et au lavis; 5° à l'étude de la langue anglaise. Ils sont conduits fréquemment sur les chantiers et dans les ateliers de la marine, pour acquérir la connaissance des procédés suivis dans la construction des bâtiments de guerre et dans la préparation des objets de toute espèce qui en composent l'armement. — Après avoir terminé deux années d'études à l'*École d'application*, les élèves subissent un examen sur les diverses parties de l'instruction qu'ils ont reçue. Ceux qui, ayant répondu d'une manière satisfaisante, ont été déclarés admissibles par la commission d'examen, sont nommés immédiatement sous-ingénieurs de troisième classe. Leur classement dans ce grade est réglé d'après le résultat de l'examen.

ÉCOLE NAVALE ÉTABLIE SUR LE VAISSEAU L'ORION.

En rade de Brest.

Trois ordonnances successives, des 1er novembre 1830, 24 avril 1832 et 4 mai 1833, ont définitivement réorganisé l'École de Marine à Brest, sous le nom d'*École navale;* elle est maintenue sur le vaisseau l'*Orion.* Les candidats sont admis à cette École à la suite d'examens qu'ils auront subis, et aux époques désignées pour ceux de l'École Polytechnique; les examinateurs de cette dernière École sont chargés de procéder aux examens des candidats qui se présentent pour l'École navale. La durée des études est fixée à deux ans, et ce n'est qu'après la deuxième année que les élèves de l'École navale sont susceptibles de passer dans la marine royale en qualité d'élèves de la marine de deuxième classe. Les élèves de la marine ne peuvent être promus de la deuxième classe à la première sans avoir subi un nouvel examen public, tant sur la théorie de la navigation que sur la manœuvre, le gréement, les apparaux et le canonnage. Ces examens se font dans chacun des cinq grands ports, devant une commission désignée par le préfet maritime ; ils doivent avoir lieu dans le mois qui suit l'arrivée des élèves dans le port. Les élèves qui ont répondu d'une manière satisfaisante sont maintenus à leur rang sur la liste générale de la marine, et leur nomination au grade d'élève de première classe date du jour où ils ont accompli leurs deux années de navigation, quelle que soit l'époque à laquelle ils se présenteront à l'examen. Quatre emplois au moins d'élèves de la marine de première classe sont donnés chaque année à un même nombre d'élèves de l'École Polytechnique, ayant complété leurs deux années d'études, et ayant satisfait aux examens de sortie de cette École. Mais, pour être promus au grade de lieutenant de frégate, ils doivent subir un nouvel examen, semblable, quant aux dispositions et à ses conséquences, à celui auquel sont soumis les élèves de la marine, pour passer de la seconde classe à la première.

ÉCOLES DE NAVIGATION.

Ces Écoles, où l'on est admis sans aucune espèce de rétribution, sont établies pour faciliter aux navigateurs de toutes les classes l'étude des mathématiques, de la navigation et l'usage des instruments nautiques.

Les examinateurs parcourent tous les ports de France, et procèdent aux examens exigés par les règlements pour le commandement des bâtiments de commerce.

ÉCOLE GRATUITE DE NOVICES ET DE MOUSSES,

Fondée à Bordeaux, par MM. Laporte frères.

Une école gratuite de novices et de mousses a été fondée à Bordeaux, par MM. Laporte frères. Ce n'est pas là seulement un service rendu au département de la Gironde; c'est un bon exemple donné que nous aimons à signaler, et que le succès qu'il obtient généralisera. Il faut à la France de nombreuses écoles de matelotage; tous les hommes qui ont quelque connaissance de l'état de notre marine sentent profondément ce besoin. Le nombre des matelots n'est point en rapport suffisant avec le nombre des officiers. La France, pour être une grande puissance maritime, a d'abord un obstacle naturel à vaincre. Le développement de ses côtes est immense, elle a d'excellents ports, mais la grande navigation ne remonte pas dans l'intérieur par les fleuves. De là, l'infériorité de notre population maritime à l'égard de celles de l'Angleterre, des États-Unis, et même de la Hollande. Quand on s'éloigne chez nous à quelques lieues de la mer, on ne trouve plus que des bateliers. Le gouvernement se plaint de cette disposition des choses; mais il ne sait pas la combattre; loin de là, grâces aux mesures dans lesquelles il s'opiniâtre, on voit, chaque année, s'éclaircir les rangs des marins inscrits. C'est un triste aveu que les rapporteurs du budget de la marine sont forcés de répéter à toutes les sessions;

cependant, le mal n'est pas sans remède, et la preuve, c'est que deux officiers de la marine marchande, MM. Laporte frères, ont fondé à Bordeaux un établissement dont les excellents résultats ont dépassé toutes les espérances.

Le chef du service de la marine, à Bordeaux, n'a pas cru pouvoir se dispenser d'adresser au ministre un rapport sur cette institution. Ce rapport fournit des renseignements dont l'authenticité ne peut être contestée, et sur lesquels il est permis d'appuyer d'instantes demandes pour que des écoles de novices et de mousses, semblables à celle de la Gironde, soient promptement établies dans tous nos ports de quelque importance. Quand on aura vu ce qui a été fait en sept mois (de décembre 1836 à fin juillet 1837), il ne sera plus permis d'hésiter. L'école de MM. Laporte frères peut être proposée comme école modèle pour les jeunes gens qui se destinent au matelotage.

> Il est de notoriété, dit le rapport, qu'avant l'existence de l'École des novices et des mousses à Bordeaux, lorsqu'un enfant se présentait pour s'embarquer, les capitaines se bornaient à cette question vitale : As-tu navigué ? Et malheur à celui dont la réponse était négative, ou qui ne pouvait administrer la preuve d'un noviciat dans les bateaux, car il était sur-le-champ impitoyablement repoussé; et, le croirait-on ? il fallait même de véritables protections pour faire admettre des mousses : aussi ne voyait-on assez généralement embarquer pour la première fois, que ceux appartenant à des familles aisées.
>
> Ce n'était donc plus une pépinière de matelots que l'on formait, mais une addition nouvelle à la classe, déjà si considérable, des officiers.
>
> Aujourd'hui, fort heureusement, il n'en est déjà plus ainsi.

Les capitaines qui ont besoin de mousses les prennent à l'École, et le personnel qui la compose ne peut, à tous égards, qu'accroître la classe des matelots : 1º Parce que les parents souscrivent de prime-abord l'engagement de les faire marins, et donnent leur consentement pour qu'ils servent aussi bien sur les bâtiments de guerre que sur les navires du commerce ; 2º que peu de temps après cet acte de leur part, l'enregistrement est opéré dans les bureaux de l'inscription maritime ; 3º que les caboteurs, qui parfois parvenaient à éluder le vœu des réglements maritimes, en ne prenant pas toujours un enfant, qu'ils assuraient ne pouvoir trouver, n'ont déjà plus un pareil motif à mettre en avant ; car deux mousses établis ici journellement vont, lorsqu'il manque des sujets, chercher dans les établissements les élèves désignés par leur numéro pour être embarqués les premiers, et ceux-ci, dont le sac est constamment tenu prêt, se présentent sur l'heure et sont enrôlés.

Une considération très-puissante pour mettre un frein à de fatales migrations à l'étranger, toujours si fréquentes chez nos matelots, a été l'objet des méditations de MM. Laporte, qui, pour les prévenir, ont cherché à attacher au sol, par des liens d'intérêt, cette jeunesse nouvelle ; et, à cet effet, ils se sont arrêtés à cette pensée d'obliger ces enfants à déposer à la caisse d'épargne leurs économies, même les plus légères. En les habituant ainsi de bonne heure à des idées d'ordre et d'économie, on parviendra à détruire cette déplorable habitude introduite dans leurs mœurs de dépenser, en peu de jours et sans fruit, le pécule de longues et pénibles campagnes.

Depuis le 1ᵉʳ janvier 1837, cette École a reçu près de 200 élèves ; déjà sur cet nombre 129 ont pris la mer ; savoir : 62 embarqués au long cours ; 67 au cabotage : 55 sont dans l'établissement, où ils suivent les instructions journalières, et finalement plus de 50 candidats se sont fait inscrire pour y être admis au fur et à mesure des vacances.

Je vais entrer maintenant dans quelques détails sur cette École. Une ancienne église (celle de Saint-Siméon), qui jadis servait de magasin, a été louée par MM. Laporte, qui ont passe un long bail pour jouir de ce vaste local dans lequel ils ont fait installer à leurs frais :

1º La mâture d'un bâtiment de 300 tonneaux ; 2º un atelier

de garniture ; 3° un pont à roulis ; 4° une vergue mobile ; 5° un matériel d'armes ; 6° des instruments de pêche, etc., etc.

Dès le matin à cinq heures, dans cette saison, commencent les exercices : un contre-maître, armé du sifflet de bord, donne le signal, et aussitôt, vêtus d'une vareuse fermée par une ceinture en cuir, et coiffés d'un chapeau ciré, les enfants se mettent en mouvement dans le plus grand ordre, et se rendent par escouades aux points d'avance désignés. Au commandement donné par MM. les directeurs, les uns se placent à la mâture, déploient les voiles, les serrent, tandis que d'autres prennent des ris sur une vergue mobile, aux deux extrémités de laquelle sont fixées des drisses, qui, balancées par des élèves, produisent tout l'effet d'un fort roulis. Pendant que ces opérations s'exécutent, il en est qui sont employés à faire du bitord, à commettre du cordage ; plus loin, et sous la conduite d'un ancien sous-officier, un groupe fait l'exercice du mousquet, d'autres entendent la lecture de la vie des marins célèbres, pendant que quelques-uns s'efforcent de conserver leur équilibre sur le pont à roulis, et que les plus jeunes s'étudient à la gymnastique appropriée au matelotage. Enfin, des éléments d'écriture et de calcul sont donnés aux élèves.

J'ai assisté, il y a peu de jours, à une des séances, et j'ai été surpris de l'ensemble des mouvements et du zèle qui anime ces enfants qui prennent le plus vif plaisir à ces exercices, se stimulant sans cesse les uns les autres. Dans la soirée, les élèves se rendent à tour de rôle, en rade, où ils arment de grands bateaux avec lesquels ils vont au bas de la rivière, et apprennent de la sorte à nager (ramer) en mesure, sous la surveillance d'un des directeurs.

La natation faisant partie obligée de l'éducation nautique, les mousses vont pour s'y livrer, trois fois la semaine, dans le bassin du chantier du roi.

Les capitaines qui arrivent de la mer en emploient aujourd'hui bon nombre au dégrèvement de leurs navires ; plusieurs sont également assez fréquemment occupés aux travaux préliminaires d'armement, et la légère rétribution qu'ils reçoivent vient en aide à l'établissement.

L'hiver dernier, lorsque les glaces mirent en danger quelques navires de la rade, ces intrépides enfants déployèrent la plus grande activité, et ce fut même à leur généreux concours que l'on dut de voir bientôt ces navires amarrés en lieu de sûreté. Aussi le commerce, pénétré de l'immense avantage que l'on peut retirer de ce philantropique établissement, y porte-t-il le plus vif intérêt.

INSTITUTION PRÉPARATOIRE A L'ÉCOLE NAVALE,

ÉTABLIE SUR LE VAISSEAU L'ORION, EN RADE DE BREST,

Dirigée par M. LORIOL,

Paris, rue Neuve-Sainte-Geneviève, n°s 9 et 11, près la place de l'Estrapade.

Le grand nombre des jeunes gens qui se destinent à la carrière de la marine avait engagé le gouvernement à créer une école préparatoire de marine à Angoulême, qui fut supprimée par ordonnance du 7 décembre 1830 et annexée au collége de Lorient. Ce dernier établissement, dirigé par M. Gérono, a obtenu chaque année de nombreux succès. Le besoin d'une école semblable se faisant sentir à Paris, M. Gérono, qui a quitté le collége de Lorient, s'est associé à M. Loriol, pour organiser une école spéciale préparatoire de marine, dans laquelle les élèves trouveront toutes les ressources qui peuvent leur assurer l'entrée dans cette carrière.

L'enseignement comprend toutes les connaissances exigées par le programme d'admission publié par le ministère de la marine.

Outre les cours de mathématiques, de physique, de chimie, de dessin, etc., etc., les élèves reçoivent les leçons de langues anciennes, de langue française, d'histoire et de géographie, nécessaires au complément de leur instruction préparatoire.

Le prix de la pension est de 1,000 fr. (300 fr. pour chacun des trois premiers trimestres, et de 100 fr. pour le quatrième). Il comprend, outre les leçons mentionnées ci-dessus, des leçons de dessin, de langues anglaise et allemande.

ADMINISTRATION PUBLIQUE.

ÉDUCATION POLITIQUE. — FONCTIONNAIRES.

> Il faudrait établir des éducations publiques, où se formeraient des hommes d'état par l'étude de l'histoire, des langues vivantes, du droit public, des intérêts des nations, et de tout ce qui pourrait les rendre propres aux affaires. On ne verrait plus alors dans les empires de ces ministres créés à la hâte par la faveur, qui ne présentent au public que des talents supposés, et qui ne connaissent leurs devoirs que par leurs bévues.
>
> BACON.

Considérations de classe et de fortune : — Les emplois du gouvernement, les fonctions publiques, les plus comme les moins élevées, ont été longtemps, et ne sont peut-être encore même à présent généralement donnés qu'à la faveur par l'esprit de parti. C'est un grand mal dont l'effet se fait sentir jusqu'aux entrailles du pays. Quand les gouvernements trient les hommes qu'ils emploient en raison de leurs opinions ou d'étroites considérations de famille, au lieu de les choisir en raison de leur capacité, ils démoralisent la nation, ils l'insurgent, ils augmentent les abus, ils gaspillent les richesses dont ils disposent et ne se maintiennent temporairement que par l'arbitraire ou par la corruption.

Nous avons l'espérance qu'il viendra un jour, enfin, où les intérêts des nations ne seront plus sacrifiés aux intérêts de petites coteries ; où les hommes instruits, expérimentés, ne manqueront plus aux fonctions publiques.

Le nombre des administrateurs capables n'est assurément pas en France égal à celui des emplois.

Diminuer le nombre des emplois, et augmenter celui des bons administrateurs, tel est le progrès qui nous reste à faire.

Il y a de l'avenir pour les hommes qui se prépareront par des études sérieuses aux fonctions publiques. Cet avenir peut se faire attendre long-temps; aussi ne le conseillerons-nous qu'aux fils de familles aisées, mais il est infaillible; car la presse périodique et la tribune parlementaire sont deux moyens assurés de se faire distinguer dans la foule de ceux qui écrivent ou qui discourent sur les affaires publiques sans étude et sans expérience; malheureusement le droit de ne s'occuper de politique qu'avec une telle compétence n'a pas encore des limites déterminées; c'est un des progrès qui restent à faire aux gouvernements représentatifs. Les révolutions usent si vite les réputations usurpées!

APTITUDE : — Esprit vaste. — Jugement sûr. — Présence d'esprit. — Volonté ferme. — Caractère conciliant. — Haute moralité.

INSTRUCTION NATIONALE : — Premier et second degrés.

INSTRUCTION PROFESSIONNELLE : — Tout ce qui est nécessaire à l'instruction professionnelle des jeunes gens qui se destinent aux affaires publiques, existe à peu de chose près, mais rien n'est coordonné, rien n'est obligatoire.

Ainsi, l'*Économie politique*, que devraient savoir également le chef de bureau, le sous-préfet, le préfet, le conseiller d'état, le professeur de l'Université, le magistrat, l'officier, le marin, le diplomate, le ministre, tous les fonctionnaires publics enfin, à quelque branche de l'administration qu'ils appartiennent, est professée au *Collége de France*, les mardi et samedi, par M. Rossi; et au *Conservatoire des arts et métiers*, par M. Blanqui aîné.

La *Philosophie* est professée à la *Faculté des lettres*, par M. Valette, suppléant de M. Laromiguière ; par M. Poret, suppléant de M. Cousin; et par M. Jouffroy, suppléant de M. Royer-Collard.

L'*Histoire* est professée au *Collége de France*, les mardi et samedi, par M. Letronne ; à la *Faculté des lettres*, par M. Lacretelle et par M. Lenormant, suppléant de M. Guizot.

L'*Histoire des législations comparées* est professée au *Collége de France*, les mardi et samedi, par M. Lherminier.

L'*Histoire du droit de la nature et des gens* est professée, les lundi et vendredi, au *Collége de France*, par M. de Portetz ; et à la *Faculté de droit de Paris*, par M. P. Royer-Collard.

Le *Droit administratif* est professé à la *Faculté de droit de Paris*, par M. le baron de Gérando, conseiller d'état.

L'*Histoire du droit* est professée à la *Faculté de droit de Paris*, par M. Poncelet.

Le *Droit constitutionnel français* est professé à la *Faculté de droit de Paris*, par M. Rossi.

L'*Éloquence française* est professée à la *Faculté des lettres*, par M. Gérusez, suppléant de M. Villemain.

La *Géographie* est professée à la *Faculté des lettres*, par M. Guigniaut.

Au *Collége de France*, les jours et les heures des cours sont calculés de telle sorte, que le même jour il est possible d'en suivre plusieurs.

Ainsi qu'on vient de le voir, les diverses branches de la science politique et administrative existent, mais elles sont disséminées; elles ne sont réunies nulle part en faisceau ; elles ne forment pas un corps systématique et gradué d'enseignement ; il n'y a point d'école royale ou spéciale d'administration ; il n'existe pas une *Faculté des sciences économiques, administratives et politiques* où les jeunes gens qui se destinent aux affaires publiques puissent faire leur justification de capacité et prendre leurs grades. Aussi, tandis que les Facultés des lettres, des sciences, de droit, de médecine, de théologie, offrent aux diverses vocations des ressources étendues et placent une utile barrière, celle des examens, à l'entrée des carrières ouvertes à l'intelligence, la carrière administrative est-elle la seule dont les abords soient livrés sans défense aux prétentions de l'ignorance et à la présomption de l'incapacité.

On voit bien d'où sortent les avocats, les médecins, les membres du corps enseignant ; on sait par quelles études ils se sont préparés à l'exercice de leur profession, quelles garanties ils ont dû fournir à la société avant d'obtenir sa confiance ; mais on chercherait en vain dans les lois qui ont fixé ces garanties, quelques dispositions applicables à l'administration publique ; en un mot, à côté des *Écoles de droit et de médecine*, à côté de l'*École normale*, des *Écoles militaires de Saint-Cyr*, de *Saumur*, de *La Flèche*, de *Metz*, de l'*École Polytechnique*, de l'*École des ponts-et-chaussées*, de l'*École des mines*, de l'*École navale*, de l'*École du génie maritime*, etc., etc., on chercherait en vain une école spéciale d'administration publique, fondée sur des bases analogues et entretenue par l'État.

La chaire de droit administratif, qui se trouve comprise dans le programme de l'enseignement de l'École de droit de Paris, ne saurait servir de réponse suffisante à qui s'inquiéterait de savoir où se forment non-seulement les conseillers de préfecture, les secrétaires-généraux, les sous-préfets, les préfets, mais encore tous les membres de ces vastes administrations centrales établies à Paris, et d'où part le mouvement imprimé aux administrations départementales.

Une aussi grave lacune dans notre système d'enseignement avait été reconnue et signalée par l'illustre Cuvier, d'accord sur ce point avec Bacon, dont nous avons rappelé l'opinion.

C'est ici le lieu de citer ce qu'à ce sujet un professeur distingué, M. Macarel, conseiller-d'état, a écrit (1) sur la nécessité de créer à Paris une *Faculté des sciences politiques et administratives*, ou, du moins, une école spéciale (2).

« Cinq ordres de Facultés offrent aux Français l'enseignement supérieur.

» Dans l'Université de France, les Facultés

De Droit,

De Médecine,

Des Lettres,

Des Sciences physiques et mathématiques,

De Théologie,

— distribuent aux jeunes gens l'enseignement des principes généraux de toutes ces diverses branches des connaissances humaines.

» Le pays retire un grand profit de ces institutions libérales ; mais, dans l'*Université* de France, nul enseignement ne tend à faire connaître les sciences *politiques* et *administratives*.

» Il existe bien, dans quelques académies, des cours de droit administratif ; il y avait aussi naguère, à Paris, deux cours d'économie publique.

» Mais ces cours sont évidemment insuffisants pour former cette classe d'hommes qui se dévouent à la difficile gestion des intérêts généraux, et qui

(1) *Éléments de Droit politique*, pag. 510.
(2) Cette note a servi de texte à une lettre écrite le 24 décembre 1832, à M. le ministre de l'instruction publique ; et, dès l'année 1829, la même idée avait été soumise à M. de Vatimesnil, qui avait alors le portefeuille de ce ministère.

sont destinés à peupler soit les administrations diverses, soit les chambres législatives elles-mêmes.

» Cette autre institution me semble nécessaire à la France.

» Il est probable qu'un jour le pays sera doté d'une *Faculté des sciences politiques et administratives;* et qu'alors des grades, et par conséquent des justifications de capacité, seront exigés, tout au moins de ceux qui se présenteront pour remplir, sous la haute direction des ministres, les fonctions de membres du conseil d'état, d'administrateurs de tous les degrés, et les emplois de chefs de leurs bureaux, chefs de divisions, directeurs et autres.

» Les ministres auraient ainsi des auxiliaires beaucoup plus éclairés.

» Cette sixième Faculté pourrait comprendre les branches d'enseignement que voici :

1° Le Droit naturel, ou la Philosophie morale ;
2° Le Droit international ;
3° Le Droit public général et positif ;
4° L'Économie politique ;
5° La Statistique ;
6° L'Administration générale.

On pourrait même y joindre des cours :
De Procédure administrative,
D'Éloquence parlementaire,
D'Histoire du droit public français,
D'Administration comparée.

» Ces derniers renseignements couronneraient, en quelque sorte, pour ceux qui voudraient approfondir la *Science sociale*, les études dont *cette sixième Faculté* présenterait le bienfait.

» La durée de cet enseignement pourrait être de trois années.

» La première serait consacrée au droit naturel (trois mois), au droit des gens (trois mois), au droit public (quatre mois).

» La seconde, à l'économie politique (trois mois), à la statistique (trois mois), et au commencement de l'administration générale (six mois).

» La troisième serait tout entière à l'administration générale (dix mois).

» Les grades s'acquerraient, dans cette Faculté, par des études diverses.

» Pour celui de *bachelier*, il faudrait avoir suivi le cours durant deux années, et avoir appris le droit naturel, le droit public et l'administration générale.

» Pour le grade de *licencié*, on exigerait les études de trois années.

» Le *doctorat*, enfin, ne pourrait être obtenu qu'après avoir suivi, en outre, les cours du droit public et de l'administration comparée.

» Il y a plus : au sortir de cette Faculté, les jeunes surnuméraires qui entreraient dans les services administratifs pourraient trouver, dans le sein de l'administration spéciale à laquelle ils se destineraient, un cours, spécial aussi, de la législation, des réglements et des usages de cette administration, ainsi que les jeunes élèves ingénieurs des mines, des ponts-et-chaussées et d'autres administrations trouvent actuellement des cours spéciaux dans chacun de ces services publics.

» Pour cela, le gouvernement pourrait prendre des mesures efficaces ; et je ne doute pas que chaque administration ne pût offrir, dans son sein, un bon professeur spécial.

» Ainsi se compléterait, pour les administrateurs français, l'instruction théorique la plus étendue qu'il serait possible.

» Celle de la pratique viendrait ensuite s'y joindre, et rectifier, par ses applications positives, les idées fausses ou inexécutables.

» Tel pourrait être l'ensemble de ce bel enseignement.

» Il est, dans l'Université de France, des *facultés* qui en offrent de plus considérables. Ainsi la *Faculté des sciences* comprend l'enseignement de :

    1° L'Arithmétique ;
    2° La Géométrie ;
    3° La Trigonométrie rectiligne ;
    4° L'Algèbre appliquée à la géométrie ;
    5° La Statique ;
    6° Le Calcul différentiel et intégral ;
    7° La Mécanique ;
    8° L'Astronomie ;
    9° La Physique ;
    10° La Chimie ;
    11° L'Histoire naturelle.

» Voilà par quelles vastes études un gouvernement libéral a voulu que de savants mathématiciens et physiciens pussent se former en France.

» Il est permis de croire qu'il ne serait pas moins utile de former des administrateurs et de préparer des hommes d'état.

» La science du gouvernement des hommes n'a-t-elle pas été jusqu'ici trop négligée ?

» Ne peut-elle pas être enseignée dans son ensemble ?

» N'est-il pas possible qu'elle obtienne du succès ?

» Les progrès rapides de la civilisation semblent exiger cet enseignement.

» Il serait honorable pour la France de donner le premier exemple d'études méthodiques et complètes en ce genre.

» A mesure que les hommes s'éclairent sur leurs droits individuels, n'est-il pas nécessaire que les administrateurs du pays connaissent mieux aussi les droits de la société, dont ils sont les organes et les défenseurs ?

» La presse périodique pose incessamment des principes.

» Il importe à la société que les doctrines véritablement utiles à sa conservation, à son bien-être, à son perfectionnement, soient publiquement enseignées, avec cette autorité dogmatique qui accompagne d'ordinaire les interprètes-jurés des autres sciences.

» Il est donc facile de prévoir le bien qui résulterait de la nouvelle création que j'appelle ici de toute la force de ma conviction personnelle. »

Nous nous associons pleinement aux vœux exprimés par M. Macarel, et nous unissons volontiers notre voix à la sienne pour appeler la prompte réalisation d'idées qui ont pour elles l'imposante sanction de deux hommes tels que Bacon et Cuvier.

Nous nous bornerons seulement, en passant, à insister fortement sur la nécessité de fréquents exercices d'improvisation. Le barreau a créé en faveur des avocats une sorte de monopole de la parole, qui, dans nos assemblées électorales et législatives, dans nos conseils généraux et municipaux, s'exerce souvent d'une manière fâcheuse au détriment d'hommes spéciaux, pratiques, capables, mais plus familiers avec l'expérience des affaires qu'avec l'art oratoire, et qui, trop souvent, se laissent intimider plus encore par l'assurance avec laquelle les gens de robe savent s'emparer de la parole, par l'aplomb et le sans-gêne avec lesquels ils la gardent, que par l'art et le talent avec lesquels ils la manient.

De là, le petit esprit procédurier qui perce généralement dans nos lois, et leur ôte toute grandeur et toute durée; de là leur côté étroit et faible; de là une certaine manière exclusive et fâcheuse de ne traiter et de ne réglementer nos plus grands intérêts que sous un seul aspect; de là, enfin, la stérilité du système représentatif en France.

Selon nous, un gouvernement éclairé et prévoyant ne saurait trop encourager, par tous les moyens en son pouvoir, l'ouverture et la multiplication de cours d'improvisation, et tous les exercices quelconques ayant l'art de la parole pour objet. Nous avons dit (Introduction, page 11) pour quels motifs et dans quels intérêts nous demandions que l'instruction élémentaire cessât d'être le privilége de quelques-uns, pour devenir l'obligation de tous; c'est par les mêmes considérations d'ordre social, que nous voudrions également que tous ceux qui ont appris à lire apprissent à parler, afin que l'art d'exprimer sa pensée, cessant d'être une difficulté générale, ne fût plus le privilége d'une profession, mais simplement le libre et facile exercice d'une faculté de l'esprit.

D'autres considérations, non moins importantes, militent encore en faveur du prompt établissement d'une *Faculté des sciences économique, administrative et politique*.

N'est-ce pas un des plus fâcheux spectacles, que de voir toutes les avenues des administrations publiques encombrées de solliciteurs sans titres légitimes, et, le plus souvent, sans autres droits que leurs prétentions? Le seul moyen efficace d'en diminuer le nombre, ne serait-il pas de les soumettre à des conditions sévères d'examen et de concours? L'instruction publique, regardée attentivement d'une certaine hauteur, présente cet avantage qu'elle donne les moyens de contenir et de classer les ambitions qu'elle multiplie. Le jour où toutes les ressources qu'offre par elle-même l'instruction publique, seront apparues à un homme d'état doué d'une volonté ferme et d'un jugement sûr, ce jour-là une nouvelle hiérarchie sociale sera créée; l'ordre aura fait place à la déplorable confusion au milieu de laquelle nous nous agitons; alors ce sera le degré d'instruction qui déterminera les droits politiques et les aptitudes administratives, qui posera des barrières infranchissables aux prétentions exagérées et aux candidatures déplacées; alors ce seront la spécialité et la variété de l'enseignement qui maintiendront le niveau entre toutes les professions; alors, au nom de sa conservation, le gouvernement comprendra qu'il doit s'imposer à lui-même la loi absolue de n'employer jamais que les hommes les plus capables et les plus instruits, qui se seront montrés tels dans les examens et concours auxquels ils auront été successivement soumis; alors, du même coup, les fonctionnaires publics se trouveront former nécessairement l'élite de la nation, et les médiocrités ambitieuses seront naturellement exclues et repoussées dans la foule, par le fait même de leur propre ignorance; alors le gouvernement s'élèvera par la considération de ses agents, il fera alors ce qu'il ne fait pas; le gouvernement gouvernera, et le pouvoir acquerra enfin l'autorité morale sans laquelle son existence précaire est toujours menacée par le conflit des ambitions personnelles.

Combien est-il de médiocrités, d'incapacités

même, qui n'aspirent à obtenir des fonctions publiques que parce que la carrière de l'administration leur paraît livrée à qui veut s'y jeter, et qu'on y arrive de plein saut! Cette façon de l'aborder sans études préalables, sans épreuves, sans garanties, doit nécessairement encourager les prétentions les moins fondées ; il ne manque pas de gens qui, voyant les aspirants aux fonctions administratives dispensés de toute préparation, de tout noviciat, s'imaginent que si nos lois se taisent sur ces conditions d'admission, c'est qu'elles ne sont nullement nécessaires. Ils vous diront qu'avec du bon sens on n'a pas besoin d'études spéciales pour devenir un excellent préfet; que l'administration n'est rien autre chose qu'un contact continuel avec les hommes, et que les questions de personnes n'exigent que du tact et de la prudence ; quant aux questions de choses et aux intérêts matériels confiés à l'administration départementale, ils en feront bon marché et ne douteront pas qu'une expérience de quelques mois ne suffise pour initier au maniement de toutes ces affaires un homme doué d'intelligence et de sagacité.

De là, les préventions pour de vieilles traditions, l'asservissement à la routine, l'inhabileté trop fréquente à traiter des questions dont l'examen exigerait une instruction solide ; de là, enfin, ce peu de confiance qu'inspire l'application des principes les mieux démontrés de la science économique et ce préjugé encore si répandu parmi nous contre ce qu'on appelle *les théories*, comme si une théorie digne de ce nom n'était pas le résumé et l'analyse fidèle des *faits* d'où dépendent tous les autres.

Il n'en est point ainsi en Allemagne. Depuis longtemps l'économie politique, la *caméralistique* (science de l'administration et des finances), y sont professées partout dans des chaires spéciales, et l'assiduité à ces cours, la *preuve des connaissances que l'on y a acquises*, sont exigées de tous les candidats aux emplois qui rendent ces notions nécessaires. — Ces candidats sont soumis à des *examens* dont le résultat plus ou moins favorable leur ouvre ou leur ferme l'accès aux places dans toutes les branches de l'administration publique, de même que, chez nous, l'instruction également constatée des étudiants leur ouvre la carrière de l'enseignement, celle du barreau et de la médecine. C'est aussi parmi les élèves les plus instruits des universités que, de l'autre côté du Rhin, les grands et les riches propriétaires vont chercher pour leurs domaines des administrateurs habiles.

En France, au contraire, la science administrative jouit de peu de faveur; elle a pour dépréciateurs tous ceux qui trouvent plus commode de la nier que de l'acquérir; mais aussi quelles luttes continuelles le gouvernement n'est-il pas condamné à soutenir contre tant de ridicules candidatures qui, fortes du silence de la loi, espèrent trouver les ministres désarmés comme elle? Ces garanties d'instruction, de moralité, d'expérience, que nuls règlements n'exigent des candidats, le gouvernement est bien forcé de les imposer lui-même, toutes les fois qu'il craint de voir sa confiance s'égarer dans des mains inhabiles ou infidèles ; c'est son intérêt comme son devoir, de suppléer par une vigilance sévère à l'imprévoyance de la loi ; mais le ministre le plus vigilant n'est jamais à l'abri des surprises. Responsables de la conduite de leurs agents, sans doute les ministres ont besoin, dans leurs choix, d'une grande latitude ; mais des garanties de capacité n'imposeraient aucune entrave à la liberté des choix, et elles allègeraient assurément la responsabilité ministérielle, en donnant aux administrations secondaires plus de chances d'infaillibilité.

Le décret impérial du 26 décembre 1809, qui règle l'institution des auditeurs au conseil d'état, avait organisé un stage administratif. Quarante auditeurs étaient attachés aux différents ministères ; cent vingt étaient répartis entre le ministère de la police ;— la direction générale des revues et de la conscription ;—l'administration des ponts-et-chaussées ;—celle de l'enregistrement et des domaines ; — celle des douanes ;—celle des eaux et forêts ;— celle des droits réunis ;—celle des vivres ;—celle des postes ;—celle de la loterie ;—celle des poudres ;—le conseil des prises ;—le conseil des mines ; — la caisse d'amortissement ; — la préfecture du département de la Seine ;—la préfecture de police (art. 9 et 11).

Ainsi, cent soixante auditeurs recevaient, dans le

sein des diverses administrations spéciales établies à Paris, une instruction qui les préparait à occuper, après leur surnumérariat, des postes plus ou moins importants dans les divers services auxquels ils avaient été attachés. C'était, à vrai dire, la pépinière de l'administration centrale.

L'administration départementale avait aussi la sienne. Près du préfet de chaque département était placé un auditeur qui avait le titre et remplissait les fonctions de sous-préfet de l'arrondissement chef-lieu (art. 15). De plus, un auditeur en service extraordinaire était attaché aux préfets des trente et un départements les plus importants ; l'état de ces départements était joint au décret, qui réservait la faculté d'en augmenter le nombre, ainsi que celui des auditeurs, si les circonstances venaient à l'exiger (art. 16).

Ces jeunes auxiliaires de l'administration départementale remplissaient, sous la direction des préfets, un véritable noviciat. Ils étaient à la disposition de ce magistrat, qui pouvait les charger de remplacer provisoirement, en cas de mort, de vacance, de congé, ou de tout autre empêchement légitime, les sous-préfets des départements, et leur confier, en outre, l'instruction de toute affaire contentieuse, soit qu'elle exigeât ou non des déplacements dans l'intérieur du département (art. 17). Chaque année, les préfets devaient rendre compte au ministre de l'intérieur du service des auditeurs placés près d'eux (art. 18).

Enfin, d'après l'art. 20, le quart des sous-préfectures qui viendraient à vaquer devait être accordé à des auditeurs.

En combinant le plan proposé par M. Macarel avec les dispositions du décret de 1809, on arriverait à donner ainsi aux jeunes gens qui se destinent à la carrière des fonctions publiques une instruction théorique et pratique qui serait à la fois une garantie de l'habitude du travail qu'ils auraient contractée, et une épreuve de l'aptitude administrative qu'ils auraient acquise.

L'établissement de la hiérarchie administrative serait un grand pas de fait vers le rétablissement de la hiérarchie sociale et de l'aristocratie nouvelle, telles que nous les comprenons, tout intellectuelles et sans autres priviléges ni démarcations qu'une aptitude éprouvée, qu'une supériorité reconnue, que des services incontestés, et que des droits incontestables.

Dans notre pensée, la hiérarchie et l'égalité ne s'excluent pas, elles se fortifient au contraire mutuellement; il est vrai que par l'expression d'égalité, nous n'entendons pas une surface unie comme le niveau d'un lac; encore moins l'action d'un rustre qui renverse un passant, en lui disant : « Nous sommes égaux. »

Nous définissons l'égalité : la liberté du concours, c'est-à-dire que tous soient admis à soutenir leurs prétentions, mais ce n'est pas à dire que tous soient aptes à les justifier : ainsi, deux concurrents cessent d'être égaux lorsque la présomption de l'un a montré son infériorité sur l'autre. — Un homme sans moralité et sans instruction n'est pas l'égal d'un homme moral et instruit, mais il aurait pu l'être.

Les hommes qui ne conçoivent pas l'égalité sociale ainsi entendue se rejettent alors sur l'égalité naturelle qu'ils croient mieux comprendre ; mais, à notre avis, sur ce point comme sur l'autre, ils ne raisonnent pas plus juste, car la nature n'est ni moins arbitraire, ni moins variée que la société dans la dispensation de ses priviléges.

Enfin, selon nous, l'égalité absolue c'est le libre et l'entier développement des facultés humaines et des supériorités sociales, c'est l'application inflexible de ce principe essentiellement conservateur et progressif, que toutes les supériorités de fait sont reconnues de droit.

CONCLUSION.

Le jour où la Charte fut donnée, l'instruction universelle fut promise, car elle fut nécessaire.
ROYER COLLARD.

Exiger d'un jeune homme des connaissances si diverses pour l'admettre dans une carrière, c'est risquer de priver l'État des grands hommes que cette carrière pourrait produire un jour ; car, par une bizarrerie de l'esprit humain, tel est un grand médecin ou un grand jurisconsulte qui n'a jamais su apprendre une division complexe.
NAPOLÉON.

CONCLUSION.

> Il ne s'agit pas de substituer l'éducation professionnelle à l'éducation classique, il s'agit simplement de mettre à côté de l'éducation classique l'éducation professionnelle; d'établir, par conséquent, différentes études correspondantes à la diversité des professions sociales.
>
> SAINT-MARC GIRARDIN. *Moniteur*, 5 juin 1838.

La France a tous les principaux éléments d'un bon système d'instruction publique, mais il manque aux vastes établissements qu'elle possède un lien, une direction, un but; ils sont assez nombreux, mais ils ne sont pas assez variés; aussi leur ensemble laisse-t-il d'importantes lacunes à combler. L'unité et l'uniformité ne doivent pas être prises l'une pour l'autre. L'unité est le fondement de toute hiérarchie, l'uniformité en est au contraire l'exclusion.

L'instruction publique se compose en France, de trois degrés :

1° Enseignement *primaire* ;
2° Enseignement *secondaire*;
3° Enseignement *supérieur*.

Mais cette division, systématique en apparence, n'est qu'arbitraire dans la réalité ; elle ne se fonde sur rien de solide, elle ne correspond à rien de ce qui est dans la société ; ce sont trois embranchements qui n'aboutissent pas.

Au lieu de trois degrés, nous proposons d'en

réduire le nombre à deux, mais complets l'un et l'autre :

1° Enseignement *élémentaire*, — *général*, — *national*;

2° Enseignement *complémentaire*,—*spécial*,—*professionnel*.

— Laissant à choisir, pour chacun de ces deux degrés, entre l'une des trois dénominations que nous n'avons ainsi agglomérées qu'afin de mieux préciser notre pensée, et d'en rendre le sens abstrait plus facile à saisir.

Nous demandons que, d'abord, tous les Français, déclarés successivement par deux chartes égaux devant la loi, reçoivent gratuitement une instruction judicieusement déterminée, et qui soit UNE pour tous;— plus ou moins variée dans son programme, selon les exigences du temps, mais invariablement d'accord avec l'esprit des institutions politiques qu'elle doit toujours avoir pour but et pour effet de perpétuer et de consolider ; — qui soit le point de départ commun de toutes les carrières diverses ; — qui soit, enfin, pour chacune d'elles ce qu'est le centre d'un cercle à ses rayons.

Ainsi conçue, l'instruction élémentaire serait alors ce qu'est, dans un autre ordre d'idées et pour un autre âge, la garde nationale; le service du soldat-citoyen acquitterait la dette de l'enfant. L'école et le corps-de-garde se compléteraient ainsi l'une par l'autre ; tous deux auraient l'égalité pour fondement, l'élection pour principe, le tambour pour rappel.

Si nous insistons autant sur ce point, c'est qu'il n'en est aucun qui se recommande plus fortement à l'attention du gouvernement que le défaut absolu de concordance de nos établissements d'instruction publique avec notre régime municipal et nos institutions politiques ; c'est qu'aussi long-temps que cette concordance ne sera pas établie, nous n'aurons pas d'éducation nationale ; et par éducation nationale, nous entendons la fin dont les moyens sont l'enseignement public.

S'il y avait en France une éducation nationale, c'est-à-dire si l'enseignement public avait l'instruction des enfants pour point de départ, et le gouvernement des hommes pour but, s'il était ce qu'il doit être, isolément un tout harmonieux, collectivement l'un des principaux rayons du foyer politique, sans nul doute l'esprit de division et de parti serait chaque année moins puissant, les principes actuellement en lutte s'accorderaient au moins des trèves ; le plus fort finirait par étouffer l'autre dans le berceau de l'enfance ; et si le plus puissant des deux n'était pas le meilleur, mieux vaudrait encore, à notre avis, la souveraineté du **principe démocratique**, tempérée par de sages institutions, que la perpétuité de l'anarchie morale au milieu de laquelle nous nous agitons, sans pouvoir rien fonder qui ne soit aussitôt ébranlé et détruit, qui ne soit incohérent, qui, au lieu de diminuer le désordre, ne l'augmente.

Entre le principe démocratique et l'élément

aristocratique, le gouvernement français n'a plus la faculté du choix. A tort ou à droit, légitimement ou non, la possession de fait et l'avantage du nombre appartiennent maintenant à la démocratie. Que le gouvernement en prenne donc son parti et se range enfin du côté du plus fort, non pour lui obéir, mais pour le diriger. Qu'il se persuade qu'on ne règne ni moins dignement, ni moins long-temps, par la confiance que par la force.

L'autorité est de deux natures.

Quelque bien armé qu'il soit, le soldat est moins sûr du prisonnier qu'il garde, que le guide ne l'est du voyageur qui le suit.

Toutes les conditions de la souveraineté sont changées.

L'hérédité est bien encore un principe, mais elle n'est plus un droit.

S'élever et se tenir constamment à la hauteur de leur tâche, est donc une nécessité impérieuse dont il faut que désormais se pénètrent toutes les royautés qui voudront durer, quelle que soit la force ou la fiction qui les protège ; car si la multitude est facile à égarer par la passion, il est juste de reconnaître aussi qu'elle n'est pas moins accessible à l'enthousiasme, qu'elle se laisse rapidement séduire par le grand, le juste et le beau ; que si elle exige impérieusement qu'on lui cède lorsqu'elle a la conscience de son droit, elle aime qu'on lui résiste avec fermeté dès qu'elle en doute. — Se faire aimer et estimer d'elle a toujours été le plus sûr et le plus facile moyen de la gouverner.

Ainsi, par le développement indéfini du principe démocratique, nous touchons à l'avènement d'une souveraineté et d'une aristocratie nouvelles. Voilà ce qu'il faut prévoir de loin, en portant désormais son attention un peu moins sur les casernes, un peu plus sur les écoles.

Faisons donc asseoir sur le même banc tous ceux que la loi appellera, dans quelques années, à coucher sur le même lit de camp.

Puisque la doctrine de l'égalité doit prévaloir, ne vaut-il pas mieux qu'elle s'apprenne à l'école communale qu'au corps-de-garde municipal ?

Puisque l'élection est le principe sur lequel repose notre constitution politique, pourquoi n'y pas préparer l'enfance, n'y pas soumettre la jeunesse, en combinant son application dans une juste mesure avec l'autorité du maître ?

Puisqu'au nombre de nos institutions populaires nous avons placé la garde nationale, pourquoi ne pas soumettre nos écoles et nos colléges au régime militaire qui a deux avantages : celui d'apprendre à obéir, et celui d'apprendre à commander ?

Craindrions-nous le développement exclusif de l'esprit militaire ? Une telle crainte serait une inconséquence dans un pays où la loi appelle, à peu d'exceptions près, tous les citoyens à servir dans les rangs de la garde nationale. D'ailleurs, la répulsion générale qui existe contre le service militaire est telle, qu'il n'y a pas lieu d'avoir peur de l'affaiblir. L'armée y gagnerait tous les remplaçants qu'elle perdrait.

Et puis une autre considération : — pense-t-on que telle qu'elle est constituée, l'armée soit tout ce qu'elle peut, tout ce qu'elle doit être? Pense-t-on que d'arracher violemment tous les ans à leurs familles et à leurs travaux quarante mille hommes laborieux choisis parmi les plus robustes et les mieux faits, pour les rompre péniblement à l'habitude du désœuvrement et les envoyer se corrompre d'esprit et de corps dans les faubourgs des villes, tout cela dans l'éventualité de guerres qui deviennent chaque année moins possibles, pense-t-on que ce soit là le dernier mot de la civilisation?

Non, assurément non ; une armée qui enlève au sol trois cent mille hommes et trois cents millions ne saurait être le dernier mot de la science économique. A cet égard, nous avons des idées arrêtées que nous croyons neuves et radicales; elles trouveront ailleurs leur développement. Ici nous nous bornerons, dans la prévision de leur application, à insister sur l'avantage de soumettre les écoles et les colléges au régime militaire, tout à la fois comme moyen de discipline et d'instruction, comme exercice de récréation, enfin comme principe d'émulation ; car il n'y aurait pas de motif pour priver l'élève du droit dont jouit la garde nationale : celui d'élire ses chefs.

Les anciens, chez lesquels la puissance paternelle était sans limites, et le frein religieux tout-puissant, qui n'avaient pas à vaincre la difficulté de gouverner et d'administrer des nations de trente millions d'hommes, mettaient cependant à l'éducation du peuple la plus haute importance. Ils prenaient le citoyen à sa naissance, le façonnaient de gré ou de force, et disposaient absolument de l'instruction qu'il convenait de lui donner pour que ses sentiments, ses idées et ses mœurs fussent toujours en harmonie avec l'esprit des institutions sous l'empire desquelles il devait vivre. — Pourquoi, de nos jours, en serait-il autrement ?

L'instruction publique, comme moyen d'éducation nationale et de régénération politique, serait-elle donc jugée de notre temps moins utile, moins efficace, moins importante ?

Loin de là, le gouvernement représentatif, qui, selon la définition de M. Royer-Collard, n'est que « la *mobilité organisée*, » use si vite les hommes politiques qu'il fait surgir, qu'il importe d'en tenir la production toujours en rapport exact avec la consommation, car un manque d'équilibre, même passager, pourrait devenir la cause des perturbations les plus graves. On est donc coupable d'imprévoyance lorsqu'on tarde un jour de trop à s'emparer de l'enfance ; les soins qu'on lui donne sont la première condition de la moralité, du bien-être et de la gloire des nations.

Le nombre des enfants en âge d'apprendre à lire est dans la proportion du sixième environ du chiffre total de la population ; cela fait près de six millions d'enfants, de l'éducation et de l'instruction desquels le gouvernement pourrait, s'il le voulait, devenir le maître (1). C'est plus qu'il n'en faudrait pour conquérir sûrement l'avenir et consolider nos institutions !

Que désormais aucun enfant ne naisse donc plus qu'il n'apprenne à lire dans le double catéchisme de la foi religieuse et de la foi politique.

Pourquoi n'imiterions-nous pas en France ce qui se fait en Danemarck (2)?

(1) Sur 5 millions 800 mille enfants qui composent la population de cinq à douze ans, on n'en compte pas tout-à-fait 2 millions qui vont aux écoles. Il y en a 2 millions 811 mille qui n'y vont pas, c'est-à-dire les sept douzièmes de la génération de cinq à douze ans. 29,750 communes sont actuellement pourvues d'écoles, il reste encore 5,663 communes qui n'ont pas d'écoles. Le nombre des garçons recevant l'instruction primaire est de 1,552,847 ; celui des filles est de 1,098,645. En tout, il y a un million d'élèves primaires de plus qu'avant 1830. Les écoles supérieures se multiplient. En 1834 on n'en comptait que 51, aujourd'hui elles sont au nombre de 328, et reçoivent 9,882 élèves ; 76 écoles normales primaires préparent à cet utile professorat 2,500 élèves. Un progrès sensible se fait aussi remarquer dans les écoles d'adultes. Les salles d'asile sont au nombre de 330, réparties dans 62 départements, et elles reçoivent 28,500 enfants. Les centimes additionnels des conseils généraux donnent 3,300,000 f. à l'instruction primaire ; les centimes facultatifs, 200,000 f. Les encouragements que lui donne l'État se montent à la somme de 1,600,000 fr. ; ils se distribuent en proportion des fonds votés pour cet objet par les conseils généraux.

(2) En Danemarck, il ne suffit pas d'être *majeur* pour être citoyen. Nul ne peut jouir des droits de citoyen, s'il n'a reçu la *confirmation* ; nul ne peut être admis à la recevoir, qu'autant qu'il sait le catéchisme religieux (de la religion à laquelle il appartient) et le catéchisme politique (comprenant les lois fondamentales du pays), et en

Si nous voulons enfin que l'instruction publique devienne ce qu'elle doit toujours être, un moyen d'éducation nationale, d'ordre public, de hiérarchie sociale, de progrès industriel, d'action gouvernementale, pourquoi ne fixerions-nous pas une année à partir de laquelle tous les contribuables ne pourraient plus jouir des droits de citoyens, conséquemment exercer les fonctions d'électeur et de juré, qu'après avoir justifié préalablement de la possession d'un diplôme qui leur serait gratuitement délivré, après examen, à leur sortie de l'école communale.

Supposons un instant que ces idées fussent adoptées.

Une ou deux fois par an, à jours fixes, tous les instituteurs de l'arrondissement seraient convoqués par le sous-préfet; ils se réuniraient sous la présidence de l'instituteur du chef-lieu et formeraient un jury d'examen ayant pour fonctions d'accorder

outre lire, écrire et compter; en un mot, tout ce qui est enseigné dans les écoles élémentaires.

Ainsi la *confirmation* est, en Danemarck, à la fois un acte religieux et un acte politique.

Si, à l'époque fixée pour recevoir la *confirmation* (16 à 18 ans), le jeune homme n'est pas suffisamment instruit, on lui accorde un délai ; s'il est trop ignorant, les autorités font faire une enquête pour reconnaître si l'ignorance du jeune homme provient de son incapacité, ou de la négligence des parents à lui faire suivre les écoles.

Si son ignorance provient d'incapacité, on en réfère à un conseil supérieur qui décide si on doit passer outre et autoriser la *confirmation* ou la refuser : la confirmation est refusée lorsque l'individu est reconnu *idiot*, et dès lors, il reste en tutelle sa vie durant.

Si son ignorance provient de la négligence de ses parents, ceux-ci sont mis à l'amende et l'on accorde un délai au jeune homme.

ou de refuser aux élèves aspirants le diplôme dont il vient d'être parlé, selon le degré d'aptitude dont ils auraient fait preuve.

Les instituteurs des chefs-lieux de cantons rempliraient les fonctions d'examinateurs.

Les admissions auraient lieu au scrutin secret et à la majorité des voix.

Ainsi, partout nous aurions soin d'appliquer les formes et les garanties voulues pour l'élection, afin que l'usage, en les rendant plus familières et plus générales, les rendît aussi moins mensongères.

A ce concours, nécessairement, se présenteraient des enfants appartenant aux conditions sociales les plus diverses et les plus inégales.

Maintenant, examinons ce que deviendraient ceux qui auraient mérité et obtenu le diplôme attestant qu'ils possèdent les connaissances formant les deux degrés de l'instruction nationale (1):

L'enseignement complémentaire qu'ils devraient suivre leur serait tout naturellement prescrit; car ce serait celui qui les conduirait par le trajet le plus court à la profession que chacun d'eux aurait choisie ou acceptée.

Suivons-les donc à leur sortie de l'école communale, afin de nous rendre exactement compte du nombre des carrières qui leur sont ouvertes, de ce que l'État a déjà fait pour l'enseignement professionnel, et de ce qui reste encore à désirer à cet égard.

(1) **Voir page** 35.

Améliorer ce qui est et compléter ce qui manque, tel a été notre unique but dans ce livre, d'où nous avons pris soin d'écarter la critique stérile qui dénigre tout sans jamais proposer rien. La critique est une liberté dont il serait fait un abus moins fréquent, si le droit pouvait être soumis à l'obligation, — au-devant de laquelle on nous trouvera toujours empressé d'aller, — de ne relever le mal que sous la réserve expresse d'indiquer le mieux, ou du moins ce qu'on suppose tel dans son amour du bien.

Alors on s'interdirait la critique inconsidérée par la crainte de l'encourir soi-même.

Nous faisons à l'enseignement *secondaire* et *supérieur* deux reproches :

D'abord d'être mal dénommé ;

Ensuite d'être incomplet.

Pourquoi ces deux noms *secondaire* et *supérieur ?* c'est exposer les familles et la jeunesse à de déplorables méprises ; c'est leur faire supposer que l'enseignement *secondaire* et l'enseignement *supérieur* sont deux choses distinctes et complètes par elles-mêmes, ce qui n'est pas exact.

L'enseignement *secondaire* et l'enseignement *supérieur* ne doivent jamais apparaître isolément ; ce sont deux fractions d'un tout, ce sont, si on le veut, la base et le faîte, l'accès et l'issue, mais ce ne sont point deux unités complètes, deux enseignements distincts.

L'instruction *secondaire* n'a de valeur constatée que celle qu'elle reçoit de l'instruction *supérieure* par le fait de la délivrance du diplôme de *bachelier-ès-lettres* ; toutes les fois que l'instruction secondaire n'aboutit point à cette issue, elle est un non-sens déplorable, un dangereux impasse.

Ce qui fait, à nos yeux, l'importance sociale et la valeur hiérarchique du grade de bachelier ès-lettres, c'est le nombre des professions auxquelles on ne saurait prétendre sans l'avoir préalablement obtenu.

Le grade de *bachelier ès-lettres* est obligatoire :

Pour l'étude du *droit* et de la *médecine;*

Pour l'exercice des fonctions judiciaires et de la profession d'avocat (1) ;

Pour l'admission à l'*École normale ;*

Pour l'obtention du diplôme de *bachelier ès-sciences*, qui est nécessaire à l'exercice légal de la médecine et de la chirurgie (2).

En réalité donc, l'enseignement supérieur n'est autre que l'enseignement professionnel, restreint à

---

(1) Les avoués ne sont tenus à justifier que d'un *certificat de capacité*, qui s'obtient après avoir suivi pendant une année le cours de Code civil et de procédure civile.

La loi sur le notariat n'exige point l'étude dans les Facultés ni de diplômes délivrés par l'Université ; elle se contente, sous le rapport de l'instruction, d'un certain temps de travail dans une étude de notaire et d'un certificat de capacité délivré par la chambre des notaires du ressort où l'aspirant devra exercer. Mais dans un projet de loi préparé déjà depuis long-temps et dont on ne saurait trop hâter la présentation, le diplôme de licencié est exigé pour les fonctions de notaire dans les grandes villes, celui de bachelier pour les villes de 2ᵉ classe et un certificat de capacité pour les autres localités.

(2) Les pharmaciens et les officiers de santé sont soumis à des conditions particulières d'examen.

certaines carrières; l'étendre à toutes judicieusement, donner aux établissements d'instruction spéciale déjà fondés par l'État le lien qui leur manque, les compléter enfin ; voilà ce que nous demandons.

De ce point de vue, les colléges et les séminaires ne seraient plus aux facultés établies que ce que sont certaines écoles préparatoires aux écoles spéciales entretenues par le gouvernement.

Nous le répétons une dernière fois, le meilleur système d'instruction publique est, à notre avis, celui qui s'adapte le plus utilement au plus grand nombre possible de professions diverses.

Voyons donc ce qui existe et ce qui manque.

Les professions, considérées dans leur rapport avec l'enseignement professionnel, peuvent se réduire aux suivantes et se classer ainsi :

I. Théologie.
II. Enseignement public.
III. Armée.
IV. Marine.
V. Travaux publics et administration.
VI. Agriculture.
VII. Industrie.
VIII. Commerce.
IX. Droit.
X. Médecine.
XI. Lettres et sciences.
XII. Beaux-arts.

Voici quels sont d'abord les établissements d'instruction spéciale ou professionnelle portés au budget de l'État :

I. THÉOLOGIE.

La Faculté de théologie, d'où il faut sortir *docteur* lorsqu'on se destine à devenir professeur de la Faculté ; — *licencié*, lorsqu'on aspire à faire un chemin rapide, à devenir curé d'une ville chef-lieu de département ou d'arrondissement ; — *bachelier*, lorsqu'on veut être nommé curé d'un chef-lieu de canton.

II. ENSEIGNEMENT PUBLIC.

L'École normale, destinée à former des professeurs dans les sciences et dans les lettres pour tous les établissements de l'Université de France.

L'École normale centrale primaire de l'Académie de Paris, destinée à former des instituteurs communaux.

Les Écoles normales primaires des départements, qui depuis 1832 se sont successivement élevées de 47 à 74 (*Rapport au roi sur la situation de l'instruction primaire en* 1837).

III. ARMÉE.

L'École Polytechnique, destinée à former spécialement des élèves pour les services de l'artillerie de terre et de mer, du génie militaire et du génie maritime, et du corps royal d'état-major.

L'École d'artillerie et du génie à Metz, où entrent, en sortant de l'École Polytechnique, ceux des élèves qui aspirent à faire partie des corps royaux du génie et de l'artillerie.

L'École d'application du corps royal d'état-major, créée à Paris dans le but de fournir aux services de l'état-major des hommes instruits.

L'École spéciale militaire établie à Saint-Cyr, qui a pour objet d'instruire dans les différentes branches de l'art de la guerre les jeunes gens qui se destinent à la carrière des armes, et qui sont appelés à entrer comme officiers dans les rangs de l'armée, lorsqu'ils ont terminé leurs études et satisfait aux examens de sortie.

Le Collége royal militaire de La Flèche, qui est une sorte d'école préparatoire pour l'École Polytechnique et l'École de Saint-Cyr.

L'École de cavalerie de Saumur, instituée pour former les instructeurs des corps de troupes à cheval, des sous-officiers capables, des maréchaux-ferrants, des trompettes.

Les Écoles régimentaires, dont le but est de développer ou de commencer l'instruction des militaires.

IV. MARINE.

L'École d'application du génie maritime établie à Lorient, destinée à former des ingénieurs chargés de diriger les constructions des vaisseaux de la marine royale, et les travaux relatifs à ce service.

L'École navale, située à bord du vaisseau l'Orion, en rade de Brest, où ceux qui se destinent à la marine royale doivent aller puiser les connaissances nécessaires pour devenir d'abord élèves, ensuite officiers distingués.

Les Écoles de navigation, destinées à faciliter aux navigateurs de toutes les classes l'étude des mathématiques, de la navigation et de l'usage des instruments nautiques.

V. TRAVAUX PUBLICS ET ADMINISTRATION.

L'École Polytechnique, d'où sortent les élèves qui désirent entrer à l'École des ponts-et-chaussées et à l'École royale des mines.

L'École des ponts-et-chaussées, destinée à former un corps d'ingénieurs.

L'École royale des mines, où les élèves, qui ne peuvent être pris que parmi les élèves de l'École Polytechnique qui ont achevé les études de cette École, sont initiés aux connaissances spéciales de minéralogie, géologie, docimasie et d'exploitation des mines.

L'École des mineurs établie à Saint-Étienne, et destinée à l'enseignement spécial, *gratuit* et pratique, d'*élèves brevetés* et d'ouvriers mineurs.

VI. AGRICULTURE.

Les Écoles royales vétérinaires d'Alfort, de Lyon et de Toulouse.

L'École royale forestière de Nancy, destinée à former des gardes-généraux.

VII. INDUSTRIE.

Les Écoles des arts et métiers de Chalons et d'Angers, où des contre-maîtres sont formés pour diverses branches d'arts industriels et mécaniques.

Le Conservatoire des arts et métiers, dont les cours sont gratuits.

L'École gratuite d'arts et métiers dite La-martinière, à Lyon, destinée à l'enseignement des sciences et des arts dans leurs rapports avec l'industrie lyonnaise.

L'École royale gratuite de dessin, de mathématiques et de sculpture en faveur des arts mécaniques, à Paris.

VIII. COMMERCE.

(*Pour mémoire*).

IX. DROIT.

La Faculté de droit, d'où il faut sortir *docteur* lorsqu'on se destine à devenir professeur de la Faculté;—*licencié*, lorsqu'on aspire à des fonctions judiciaires ou au titre d'avocat.

X. MÉDECINE.

La Faculté de médecine, d'où il faut sortir *docteur* pour acquérir le droit d'exercer, en cette qualité, la médecine et la chirurgie.

Les Écoles secondaires de médecine, d'où sortent généralement les officiers de santé.

Les Écoles de pharmacie, dans lesquelles entrent généralement ceux qui se destinent à la profession de pharmaciens.

XI. LETTRES ET SCIENCES.

Les Facultés des lettres et des sciences, car les lettres et les sciences, lorsqu'elles sont cultivées avec supériorité, peuvent devenir de lucratives professions.

Le Collége de France à Paris.

L'École royale des langues orientales vivantes.

L'École des chartes.

XII. BEAUX-ARTS.

L'École royale et spéciale des beaux-arts, qui est une sorte de *faculté gratuite des beaux-arts* divisée en deux sections : la première composée de la peinture et de la sculpture, et la seconde, de l'architecture.

Le Conservatoire royal de musique et de déclamation, destiné à l'enseignement *gratuit* de la musique et de la déclamation.

Voici maintenant quels sont, à notre avis, les établissements d'instruction spéciale qui manquent pour compléter notre système d'enseignement public :

Une *Faculté des sciences économique, administrative et politique ;*

Une *Faculté des sciences agronomique, industrielle et commerciale ;*

Des écoles préparatoires pour ces deux Facultés;

Des écoles *gratuites* d'agriculture, d'horticulture, d'arboriculture, d'amélioration des races bovines, chevalines, etc., etc.

En ce qui touche la création d'une *Faculté des sciences économique, administrative et politique* : nous avons déjà insisté sur la nécessité de combler cette importante lacune de notre enseignement public, en nous fondant sur l'autorité des deux grands noms de Bacon et de Cuvier.

Le plus arbitraire des pouvoirs absolus, le plus anarchique des agents révolutionnaires, la presse quotidienne exerce en France sans contrepoids et sans contrôle la liberté de son enseignement; elle peut impunément faire de l'empirisme politique, propager à son gré simultanément ou successivement, selon le besoin de la cause qu'elle défend, ou l'intérêt des partis qu'elle exploite, la science et l'erreur en matière d'économie sociale et d'administration publique; aucune garantie d'aptitude et de savoir n'est exigée ni des gérants signataires ni des rédacteurs anonymes de journaux.

Étrange contre-sens? Il n'est pas permis d'ouvrir une école, de professer un cours sans justifier de certaines garanties de moralité et de certaines conditions de capacité, mais il est permis de publier un journal sans autre formalité qu'une déclaration insignifiante, et que le dépôt d'un cautionnement...
Cependant une école, un cours ne peuvent jamais

ouvrir leurs portes qu'à un petit nombre de personnes, tandis que le public d'un journal n'est circonscrit ni par l'espace, ni par les distances!

Les contre-sens et les contradictions abondent ainsi parmi nous. Les mesures vexatoires sont prodiguées, les mesures les plus importantes négligées, et l'on s'étonne de l'anarchie morale qui, de notre temps, égare les meilleurs esprits!

Là où la logique est exclue on veut fonder l'ordre. Tentative inutile! l'ordre ne saurait régner où gouverne l'ignorance.

Rien, parmi nous, ne se lie, rien ne s'enchaîne, rien ne fait corps de doctrines; souvent les principes les plus opposés sont violemment unis.

Tout est choc et frottement.

La France n'a de système sur rien; elle manque d'esprit de suite et d'ensemble, de prévoyance et de persévérance.

Poursuivie par le passé, débordée par le présent, surprise par l'avenir, elle vit au jour la journée entre deux révolutions, l'une inachevée, l'autre imminente;

En tout arbitraire, en rien absolue;

Partout la centralisation administrative, nulle part l'unité politique;

Fatalement gouvernée par la mobilité des faits, là où devrait régner l'immuabilité des principes;

Soutenue par la force des choses, non par la supériorité des ministres responsables de ses destinées;

Faisant une exorbitante consommation d'hommes politiques, et ne s'occupant aucunement des moyens d'en former de nouveaux ;

Ne prévoyant rien, ne préparant rien ; s'apercevant seulement que le temps des semailles est passé, quand l'époque de la moisson est venue ; laissant le présent inculte, et s'étonnant que l'avenir soit stérile !

Enfin, au-dehors comme au-dedans, n'ayant aucun plan mûrement arrêté et constamment suivi.

Aussi nos alliances sont-elles flottantes et muettes, la plus insignifiante circonstance les complique et les fait varier ; elles n'expriment rien, ni solidarité de principes politiques, ni communauté d'intérêts commerciaux, d'où il suit qu'elles n'inspirent aucune confiance, et ne permettent d'entreprendre avec sécurité rien de grand, ni de durable ;

Aussi notre puissance militaire n'a-t-elle pour bases, ni le choix de nos relations extérieures, ni le chiffre proportionnel de notre population, ni l'intérêt de notre agriculture, de notre industrie et de notre commerce. Notre armée et notre marine n'ont pas un but qui leur soit commun. L'une des deux n'est pas la conséquence mutuelle de l'autre ;

Aussi notre agriculture, notre industrie, notre commerce, nos travaux publics, errent-ils plutôt qu'ils ne marchent. Notre agriculture retardataire, qui devrait se presser, n'avance que lentement ; notre industrie vagabonde, qui devrait au contraire modérer son pas, le hâte imprudemment et se prépare ainsi des crises par sa précipitation. Notre commerce souffre de cet état de choses illogique et contre nature ; il est entravé dans son développement ; il en est ainsi toutes les fois que l'agriculture et l'industrie d'un pays ne sont pas exactement pondérées l'une par l'autre. La prospérité du commerce est surtout une question d'équilibre. Si les travaux publics et les tarifs de douanes présentent en France tant de questions insolubles, n'en cherchons pas d'autre cause que celle des rangs qui ont été intervertis; le premier, qui appartenait à l'agriculture, a été usurpé par l'industrie. Usurpation fatale ! car lorsque le prix de la main d'œuvre baisse prématurément à ses dernières limites, et que celui des matières premières ne se réduit qu'insensiblement, il en résulte d'inextricables difficultés de salaires et des perturbations commerciales qui mettent en péril les institutions politiques ;

Aussi n'existe-t-il aucune concordance entre notre enseignement public, notre régime municipal et notre forme représentative. L'instruction publique, ce puissant levier des sociétés, cherche vainement deux choses : la main et le point d'appui qui lui sont nécessaires pour relever la condition humaine, et donner à la hiérarchie sociale l'égalité civile pour base. L'instruction est la première de toutes les cultures, car elle est celle de l'homme. Perfectionnez celle-là, toutes les autres se perfectionneront d'elles-mêmes.

Aussi, que se passe-t-il tous les jours sous nos yeux ?

Tantôt nous voyons le gouvernement s'appuyer sur des principes qu'il devrait combattre, tantôt l'opposition l'attaquer avec des arguments qui, s'ils étaient soumis à un plus sévère examen, seraient la condamnation de la cause qu'elle défend.

Rarement ce sont deux doctrines contraires en présence ; presque toujours c'est une mêlée de tous les principes contradictoires, dont chacun des deux antagonistes s'arme en toute hâte et au hasard pour la défense ou pour l'attaque.

Lorsque l'opposition et le pouvoir entrent ainsi en lutte, l'erreur et la vérité n'ont pas chacune leur camp opposé, l'ignorance seule est aux prises avec elle-même; nul des deux, de l'opposition ou du pouvoir, ne sait ce qui lui appartient en propre; pour l'un comme pour l'autre, rien n'est patrimoine, tout est butin.

Comment pourrait-il en être autrement?

Il n'y a point, en France, d'éducation nationale, de moyens réguliers de constater le savoir politique.

Les hommes n'y sont pas choisis, des circonstances et des combinaisons, plus souvent que le droit et l'habileté, les mettent en possession du pouvoir, sans expérience des affaires, et surtout sans idées. Tel est même le dédain que l'on y professe pour l'étude et la spécialité, que les hommes experts dans une partie sont presque toujours appliqués à une autre qu'ils ignorent, ou relégués dans des emplois subalternes.

Les théories y sont des opinions verbeuses, et non point des systèmes médités.

L'ignorance y est présomptueuse, déliée, téméraire, et la science, au contraire, modeste, gauche, timide; l'une osant tout, l'autre n'osant rien.

Si la France, facile à féconder, végète à demi productive, si la civilisation semble l'avoir desséchée avant de l'avoir mûrie, c'est parce qu'en matière de gouvernement, elle n'a pas un choix de principes arrêtés, de traditions respectées, d'hommes spéciaux; c'est parce que l'esprit de parti y prevaut trop souverainement sur l'esprit public, et l'art de l'improvisation sur le génie d'organisation.

Il en serait autrement si la science économique, administrative et politique avait ses professeurs, ses autorités, ses cours, ses journaux; si, par exemple, dans un temps déterminé, nul ne pouvait être gérant, signataire d'une feuille quotidienne, qu'il n'eût préalablement justifié qu'il fût éligible; si nul ne pouvait être éligible qu'il n'eût le titre de bachelier-ès-sciences politiques.

Ainsi, dans l'ordre de nos idées, nul, à une époque qui serait déterminée, ne pourrait être électeur ou juré, qu'il n'eût obtenu le diplôme de capacité électorale dont il a été précédemment parlé; nul ne pourrait être éligible qu'il n'eût été reçu bachelier-ès-sciences politiques, indépendamment des autres conditions d'âge et de cens qui pourraient être légalement requises.

Alors aurait lieu tout naturellement, par superposition, le classement de la société; le savoir aurait ses prérogatives déterminées; la hiérarchie s'établirait naturellement sans porter atteinte au principe de l'égalité; une aristocratie mobile et bienfaisante croîtrait chaque jour en nombre et en puissance; l'élection deviendrait un germe fécond; les journaux auraient alors à la fois pour garantie et pour contrôle le savoir de leurs gérans et les études de leurs lecteurs.

Mais avant d'instituer une Faculté des sciences économique, administrative et politique, une première pensée devrait occuper sérieusement le gouvernement, ce serait de déterminer d'abord les principes qui seraient préférés, de choisir ensuite les autorités dont les opinions seraient données pour bases fondamentales à ce nouvel enseignement, et de rédiger en conséquence les traités rudimentaires et spéciaux qui seraient approuvés.

Une telle œuvre, un tel examen ne sauraient être faits avec trop de soin et de maturité.

Dans les gouvernements absolus, il est peut-être superflu d'enseigner à l'enfance le respect des lois; l'énergie du pouvoir supplée à tout : il n'est pas besoin d'autre ressort que la crainte; mais dans les gouvernements représentatifs, il faut s'occuper d'autant plus attentivement de l'éducation nationale et de l'instruction politique des citoyens, qu'ils ont plus de part à la gestion des affaires, et que l'autorité du pouvoir est plus ébranlée par les discussions de la presse et de la tribune.

L'exercice du pouvoir a changé de conditions : autrefois un seul homme gouvernait et administrait, et donnait l'impulsion générale ; sous Richelieu, Mazarin, Colbert, il suffisait d'éclairer Richelieu, Mazarin, Colbert, pour obtenir une mesure utile ou une réforme nécessaire. Mais il n'en est plus ainsi : le pays prétend se gouverner par lui-même ; c'est donc maintenant le pays qu'il faut instruire, la majorité qu'il importe d'éclairer!

L'opinion publique, ce juge sans appel, ce pouvoir sans bornes et sans responsabilité, cette souveraine absolue du monde constitutionnel, subit la loi commune de toutes les royautés ; elle a d'imprudents conseillers et de plats courtisans, à qui profitent ses caprices et ses écarts. Ses erreurs ne sont jamais sans danger ; passagères, elles amènent des crises ; prolongées et imposées au pouvoir ou partagées par lui, elles deviennent la cause, souvent inaperçue, des perturbations internes les plus graves.

Répandre davantage les vrais principes administratifs, populariser les saines opinions économiques et le goût des études sérieuses, est le seul moyen peut-être de créer, à la place de cet élément vague et inconstant, une autre opinion publique plus éclairée, moins mobile et moins arbitraire, qui mette enfin un terme à ce désir indéfini de changement qui use les institutions politiques sans les fonder et les hommes d'État sans les instruire.

Après la création d'une *faculté des sciences éco-*

nomique, administrative et politique, rien de plus important que la fondation d'une *faculté des sciences agronomique, industrielle et commerciale*, où les aspirants puissent venir passer leur examen, soutenir leur thèse et prendre leurs degrés.

Ces deux établissements d'instruction spéciale manquent à notre enseignement public; le gouvernement doit les créer; c'est là sa tâche, car en toute circonstance, son devoir est de combler les lacunes que ne peut remplir la libre concurrence, d'exécuter ce qu'elle ne saurait tenter avec avantage. C'est ainsi que le gouvernement a fondé, à diverses époques, la *manufacture royale de porcelaines de Sèvres*, celle de *tapisseries des Gobelins*, que maintenant peut-être il serait plus utile de remplacer par des établissements voués au perfectionnement d'industries retardataires; c'est ainsi que, pendant long-temps, les *Messageries royales* ont fait partie de l'administration publique; c'est ainsi qu'ont été successivement fondées, pour les divers besoins de l'État, en 1793, les Écoles Normales; en 1795, les Écoles Centrales, l'École Polytechnique, l'École Navale; en 1796, les Écoles de cavalerie, réorganisées en 1820; en 1802, les Écoles Secondaires, les Écoles du génie et d'artillerie; en 1804, l'École des ponts-et-chaussées; en 1814, les Écoles régimentaires; en 1816, l'École des mines et celle des mineurs de Saint-Étienne; en 1818, les Écoles d'application d'état-major; en 1824, l'École forestière, etc., etc.

Le nombre des écoles militaires instituées pendant la guerre est resté le même depuis la paix; il n'a pas été diminué; aussi ces écoles produisent-elles plus d'officiers que les cadres de l'armée n'en peuvent absorber : c'est là une grave difficulté dont se sont préoccupées les chambres législatives (1). Cet état de choses montre qu'en même temps qu'il y a lacune dans certaines parties de l'enseignement public, il y a en d'autres points surabondance. C'est qu'en France, où l'esprit cependant est si mobile, nous avons le tort de prétendre toujours fonder à perpétuité. Il y a beaucoup de bonnes choses qui ne sont utiles qu'un temps donné, qui cessent de l'être au-delà d'un certain délai.

Supprimer ce qui est superflu, c'est rendre plus faciles les moyens de fonder ce qui est nécessaire. Que de choses utiles et neuves une administration ferme et éclairée pourrait pratiquer en France sans sortir des limites du budget, en sachant seulement se mouvoir dans sa vaste circonférence! Nous n'insisterons pas sur la nécessité de créer une *Faculté agronomique, industrielle et commerciale;* nous croyons avoir suffisamment établi cette nécessité dans tout le cours de cet ouvrage ; nous nous bornerons seulement à dire quelques mots des motifs qui nous ont engagé à réunir dans la même Faculté l'a-

---

(1) Rapport fait le 5 février 1835 à la chambre des pairs, par M. le comte Matthieu Dumas, au nom d'une commission spéciale chargée de l'examen du projet de loi relatif aux élèves des écoles spéciales susceptibles d'être promus au grade de sous-lieutenant.

griculture, l'industrie et le commerce : il nous a paru impossible de les séparer. La loi a pu établir en droit une différence entre le producteur agricole et le producteur industriel; déclarer le second commerçant, et en cette qualité l'astreindre à certaines obligations dont le premier n'est pas tenu ; mais cette différence n'existe pas en fait ; elle est arbitraire bien que légale ; c'est une concession faite à l'ignorance rurale par le législateur. Le propriétaire agronome qui achète et qui vend ses produits ne fait pas une autre opération que le manufacturier qui achète des matières premières pour les revendre ouvrées. L'étude, la connaissance, l'aptitude du commerce leur sont, à l'un et à l'autre, nécessaires en proportion de l'importance de leurs opérations. Les livres de MM. Matthieu de Dombasle et Bella ne sont pas moins exactement tenus que ceux de MM. Kœchlin, ou Cunin-Gridaine.

En général, parmi nous, l'industriel — agriculteur ou manufacturier — n'est pas assez commerçant; le commerçant à son tour n'est pas non plus assez industriel ; l'industriel reste trop étranger à l'agriculture, l'agriculteur reste trop étranger à l'industrie.

En réunissant donc dans la même Faculté l'agriculture, l'industrie et le commerce, on obviera à cette cause d'infériorité de la France comparée à l'Angleterre, l'Amérique du nord, la Belgique, la Hollande et la Suisse. L'enseignement, qui fait à volonté des avocats, des ingénieurs ou des médecins, peut aussi changer la face de l'agriculture et faire refluer hors des villes qu'elles encombrent beaucoup de fabrications qui seraient infiniment mieux placées, sous le rapport économique, au sein des grandes exploitations rurales.

Le gouvernement a dans ses mains une baguette douée d'une puissance magique : l'enseignement public! — L'ignore-t-il donc?

L'enseignement public, cet admirable frein qui montre que l'art, pour dompter la nature et maîtriser la force physique, n'a qu'à le vouloir; l'enseignement public peut au gré du législateur régénérer un peuple ou le laisser se corrompre, propager l'esprit d'ordre et de hiérarchie ou perpétuer l'esprit contraire.

Étienne de La Boétie raconte que, pour prouver aux Lacédémoniens tout l'empire de l'éducation sur la nature, « Lycurgue, ce grand policeur de Sparte, nourrit, au rapport de Plutarque, deux chiens, tous deux frères, tous deux allaictez de même laict; mais l'un engraissé à la cuisine, l'autre accoustumé par les champs au son de la trompe et du huchet; puis les mit un jour en plein marché, et entre eux une soupe et un lièvre. L'un courut au plat, l'autre au lièvre. Toutefois, se dit-il, si sont-ils frères. »

Le gouvernement, nous le croyons, n'aurait qu'un appel à faire aux habiles fondateurs et aux savants professeurs de l'*École centrale des arts et manufactures* dirigée par M. Lavallée, de l'*École spéciale de commerce* dirigée par M. Blanqui, des *Instituts agronomiques* de *Roville* et de *Grignon*, dirigés par MM. de Dombasle et Bella, pour fonder avec éclat la Faculté des sciences agronomique, industrielle et commerciale, dont nous sollicitons la création.

Nul doute que MM. Lavallée, Blanqui, Mathieu de Dombasle, Bella, ne s'empressassent de s'associer à la réalisation de cette pensée avec un dévouement égal à celui qui a rendu à jamais dignes de reconnaissance les noms de Trudaine et de Péronnet, ces deux fondateurs de l'École des ponts-et-chaussées.

L'enseignement de l'agriculture, de l'industrie et du commerce dans l'intérieur de la même Faculté ne tarderait pas, nous le pensons, à exercer une grande et salutaire influence sur le mouvement de la richesse publique et à lui imprimer une meilleure direction.

De fréquents changements de gouvernement ont suscité en France beaucoup de situations fausses et de divisions intestines, les unes entretenues par le point d'honneur monarchique, les autres par l'intérêt froissé, la vanité irritée et l'esprit anarchique; le moyen de faire cesser ce fâcheux état de choses, ce n'est pas de rendre équivoques de respectables dévoûments, de corrompre de vieilles croyances, de compromettre d'illustres noms en prodiguant à une classe de la société les faveurs et les emplois, en rétablissant, pour elle, d'anciens abus qui tombaient en ruines alors qu'on les a abattus. Les fils de propriétaires riches ont quelque chose de mieux à faire que de tenter encore une fois d'envahir la magistrature, le parquet, l'armée, l'administration, la cour ; c'est d'acquitter noblement leur dette envers le sol, en devenant des agronomes distingués; c'est de mériter la confiance et la reconnaissance du pays, en n'aspirant plus désormais qu'aux fonctions gratuites conférées par l'élection.

De toutes parts on entend ceux qui possèdent des patrimoines s'écrier que le nombre des prolétaires devient menaçant.

Eh bien! pour prévenir ce péril, que veut-on que fasse le gouvernement ? — Qu'il augmente ou qu'il diminue les impôts ? — Qu'il les augmente pour venir au secours des pauvres, ou bien qu'il les diminue pour accroître la consommation et les moyens de travail..... Lequel des deux ?

Le gouvernement, en France, est trop généralement considéré comme devant tout faire, tout prévoir et pourvoir à tout : c'est un grave préjugé qu'il importe de détruire, car il crée une sorte d'apathie nationale fort dangereuse.

Le gouvernement a trente-trois millions d'habitants à contenir ; et, quel qu'il soit, il y aura toujours un gouvernement ; or les plus intéressés à ce qu'il soit fort sont ceux qui possèdent ou qui prospèrent : dès qu'une chose est utile, qu'ils n'attendent donc pas qu'il leur donne l'exemple ; qu'ils l'exécutent eux-mêmes.

Désormais, il faut que la propriété, sous peine d'anéantissement, se retranche derrière toutes les institutions utiles et bienfaisantes; il faut qu'elle sache que c'est à elle surtout à veiller à sa conservation.

Mais lorsque les écoles préparatoires d'agriculture se seront multipliées, lorsqu'un grand collége agronomique se sera fondé, lorsqu'une faculté des sciences agronomique, industrielle et commerciale existera, une moitié seulement de la tâche sera faite encore.

Après avoir ainsi organisé des moyens d'enseignement en rapport avec la moyenne de la fortune des fils de propriétaires, il restera à ouvrir aux classes peu aisées des écoles rurales gratuites en grand nombre.

On se plaint de la dépopulation des campagnes, que leurs habitants quittent pour venir encombrer les ateliers, les fabriques, les magasins, les hospices et les prisons des villes; et on ne fait rien pour arrêter le mal. C'est sur l'enfance qu'il faudrait surtout porter son attention, car on corrige difficilement les hommes des habitudes vicieuses qu'ils ont contractées.

Après nous être adressé à la raison des familles, à l'intérêt des grands et petits propriétaires, maintenant nous répéterons au gouvernement ce que nous écrivions en 1834 à M. Thiers, alors ministre du commerce et des travaux publics.

« L'industrie agricole d'un pays ne saurait prétendre à la prospérité et aux perfectionnements qui résultent toujours de l'influence et de l'action des capitaux, aussi long-temps que l'industrie manufacturière et le commerce les détourneront d'elle, par des intérêts ou des bénéfices plus élevés que ceux que présente, dans l'état actuel de la science et de l'art, l'exploitation du sol ; hâtez-vous donc d'améliorer l'instruction de la classe agricole, de la mettre, autant que possible, en rapport de perfectionnement avec les pratiques et les instruments que la France importe d'Angleterre et d'Allemagne, car s'il est vrai que les capitaux sont nécessaires aux perfectionnements, il faut également reconnaître que ce sont les perfectionnements qui les premiers appellent les capitaux, les attirent et s'emparent d'eux.

» Si donc il est désirable que les capitaux refluent vers l'industrie agricole, il est nécessaire d'aider ses premiers pas, et d'encourager les efforts des Grangé, Aubert, Paulin-Paris, simples garçons de fermes que le désir d'être utiles à leur pays a sortis de l'esprit de routine et a doués de l'esprit d'invention et de perfectionnement.

» Ici se présente une grave question d'ordre social :

» C'est celle des classes ouvrières.

» Lorsqu'elles s'agglomèrent dans les villes hors de toute proportion, qu'arrive-t-il ?

» Le prix des objets de consommation de première nécessité s'élève par le seul fait de la concentration d'un grand nombre d'ouvriers sur un point ;

d'autre part, la concurrence qui en résulte fait baisser le prix des salaires ; de là leur insuffisance, de là le malaise des classes laborieuses au sein des villes. L'industrie agricole peut seule réparer le mal de l'industrie manufacturière, — en disséminant les masses compactes d'ouvriers, exigeants quand le travail abonde, menaçants quand il manque ; — en ramenant, en retenant dans les communes rurales leurs nombreux émigrants qui les quittent pour suivre le cours des capitaux.

» En faisant remonter les capitaux vers leur source, vers l'industrie agricole, toute une réforme s'opérera ; on verra se sécher la plaie du prolétarisme, et se résoudre la double question des salaires et de la concurrence intérieure à la satisfaction de l'intérêt général.

» Les hommes au courant de l'industrie agricole et de l'industrie manufacturière ne contesteront pas l'exactitude des assertions qui suivent :

» La famille d'un ouvrier subsisterait dans une condition incontestablement meilleure hors de l'enceinte des villes, avec son salaire réduit d'un tiers, qu'au dedans de leurs murs, avec son intégralité, soit que, hors des villes industrielles, les objets de première nécessité soient moins coûteux dans une proportion au-delà de ce tiers, soit que les occasions de dépenses et de débauches y soient plus rares, soit enfin qu'une commune rurale offre plus d'économie qu'une ville pour les familles composées d'enfants en bas âge, plus de moyens de les utiliser à mesure qu'ils grandissent, et plus de ressources à l'industrie domestique.

» L'abaissement d'un tiers dans le taux des salaires, qui serait le résultat d'une diffusion mieux combinée de la population, aurait pour effet de trancher les difficultés que rencontrent plusieurs branches de notre industrie dans leurs rapports avec les douanes françaises et étrangères.

» Une alliance entre l'industrie agricole et l'industrie manufacturière est une nécessité de notre époque et de notre situation politique; sachez la comprendre!

» L'agriculture, tant qu'elle ne consistera qu'à faire produire à la terre des matières premières, pour les livrer au commerce et à la fabrique sous leur forme la plus brute, sous leur volume le plus pesant, ne méritera pas de porter le nom d'industrie agricole; le prix de ses produits continuera de se doubler par les frais de transports, sans pour cela les faire augmenter de valeur, et la consommation par suite s'en restreindra, tandis que si l'agriculture se faisait elle-même industrie, elle profiterait de tout ce qu'elle perd; les premières préparations qu'auraient à subir les matières brutes se feraient dans les campagnes avec une économie considérable de main-d'œuvre, l'industrie manufacturière des villes n'appellerait plus à elle qu'un nombre limité d'ouvriers habiles.

» La France possède cinquante-trois millions d'hectares de superficie, dont vingt-cinq millions sont en terres labourables ; et cependant à peine un tiers de sa population mange-t-il du pain, tandis que quatre millions d'hectares de bonnes terres bien cultivées et semées en froment, suffiraient pour nourrir sainement et substantiellement ses trente-trois millions d'habitants.

» En Angleterre, l'agriculture occupe 13,396 lieues carrées.

» En France, l'agriculture occupe 27,400 lieues carrées, et produit à peu près un septième de moins.

» En Angleterre, 13,396 lieues carrées, travaillées par 7,500,000 agriculteurs, créent un produit brut de 5,480,000,000 fr., soit 40,000 fr. par lieue carrée, ou 722 fr. par individu.

» En France, 27,400 lieus carrées, travaillées par 22,000,000 de cultivateurs, ne créent qu'un produit brut de 4,500,000,000, soit 16,000 fr. par lieue carrée, ou 200 fr. par individu.

» Comment en serait-il autrement ?

Sur 49,863,609 hectares de propriétés imposables en France, 25,550,159 sont consacrés à la culture des céréales ;
4,834,621 sont consacrés à celle des prés ;
2,154,822 sont consacrés à celle des vignes ;
7,412,314 sont consacrés à l'exploitation forestière ;
7,799,672 sont en landes, pâtis, bruyères, etc....

48,705,514

» Le reste est en vergers ou propriétés bâties.

» Ainsi, sur 48,705,514 hectares, 954,000 seulement sont affectés à des cultures diverses, et il n'existe que 5 millions d'hectares de prairies artificielles ou naturelles, en balance de 25 millions et demi d'hectares en terres labourables !

» En Angleterre, le poids net des bœufs de boucherie est de 554 livres.

» En France, le poids net des bœufs de boucherie est de 350 livres.

» Même proportion à l'égard des veaux, des moutons, des agneaux consommés dans les deux pays.

» L'Angleterre possède 10,500,000 têtes bovines ; et la France, qui a un territoire plus étendu, une population plus considérable, n'en compte que 6,700,000.

» En Angleterre, la culture du rutabaga ou navet de Suède a augmenté son revenu territorial d'un milliard, tandis que la France tire encore annuellement du Piémont et de la Lombardie pour 40 millions de soie qu'elle pourrait récolter sur son sol. »

Un tel état de choses montre hautement ce qu'ont encore à faire en France l'instruction nationale et l'enseignement professionnel; il montre, sous le point de vue de la production, quel faux calcul fait le gouvernement lorsqu'il marchande le coût de l'instruction élémentaire, au lieu de s'empresser de l'inscrire au premier rang des dépenses de l'État. Ce que coûte la semence, c'est la récolte qui le paie.

Terminons par un résumé succinct de nos vœux, car nous nous apercevons trop tard que l'abondance des développements nous a entraîné au-delà des limites que nous nous étions tracées.

Au nom des diverses considérations que nous avons fait valoir, nous voudrions :

Que l'instruction *élémentaire* ou *nationale* fût une et gratuite pour tous ; que son niveau s'élevât graduellement ; que la jeunesse fût familiarisée de bonne heure avec le régime militaire et le système électif ; que de bons ouvrages élémentaires, rédigés par les plus distingués de nos publicistes dans un esprit en harmonie avec nos institutions, fussent mis entre ses mains ;

Que des écoles *rurales* gratuites, d'agriculture, d'horticulture, d'arboriculture, etc., etc., fussent fondées en grand nombre, afin d'opposer un obstacle à la progression effrayante du prolétariat, à la dégénération physique et à la démoralisation de la classe agricole, au déclassement des professions et à l'influence absorbante des grandes villes, par suite aux crises industrielles et aux révolutions sociales ;

Que l'instruction *complémentaire* ou *professionnelle* fût complétée par l'établissement des deux Facultés nouvelles dont nous avons proposé la création ;

Qu'autant que possible, dans les colléges et dans les écoles préparatoires, les auteurs grecs, latins, français, allemands, anglais, etc., fussent choisis de préférence, en raison du rapport qui doit toujours exister, selon nos idées, entre l'enseignement et la profession à laquelle il servirait d'introduction.

Pourquoi, par exemple, les élèves en médecine n'apprendraient-ils pas le grec dans Hippocrate, dans Galien et dans Élien ; le latin dans Caton, dans Pline et dans Celse ; le français dans Barthès, dans Bichat et dans Cuvier ? Pourquoi les élèves en droit n'étudieraient-ils pas le grec dans les fragments des lois athéniennes de Samuel Petit, dans le texte original des Novelles de Justinien, et dans le grand recueil des Basiliques de l'empereur Léon-le-Philosophe ; le latin dans Gaïus, dans Papinien, dans le Code de Théodose, dans le Digeste, dans le Décret de Gratien, dans les grands glossateurs comme Alciat et Acurse, et dans les juristes littéraires du seizième siècle comme Cujas et Dumoulin ; le français dans Pierre des Fontaines, dans Boutillier, dans La Thaumassière, dans les discours et les rapports de Michel de l'Hospital, de du Vair, de Daguesseau, et dans les livres de Montesquieu, etc., etc. ?

Nous voudrions :

Que deux ordres de diplôme existassent : l'un d'*aptitude électorale* délivré à la sortie de l'École communale, l'autre d'*aptitude professionnelle* délivré par l'une des *sept* Facultés ;

Que le gouvernement fît de tous les emplois dont il dispose un classement qui établisse d'abord ceux pour lesquels il suffirait de justifier du premier diplôme, ensuite ceux pour lesquels le second serait obligatoire ;

Que la rétribution universitaire fût supprimée et remplacée par un droit cumulatif sur les diplômes des licenciés en droit et des docteurs en médecine, afin d'opposer à l'encombrement une barrière plus forte et plus élevée. La rétribution universitaire, si vexatoire dans la perception, ne produit pas annuellement 700,000 fr.; et c'est pour une si mince somme qu'on a laissé imprudemment s'élever de pressantes réclamations et mettre en question un grand principe, celui de la liberté d'enseignement! Nous ne savons pas faire jouer à l'impôt le rôle bienfaisant qu'il remplirait presque toujours, si dans tel cas on avait l'art de le faire agir comme droit différentiel, dans tel autre comme droit prohibitif, dans tel autre enfin comme prime accordée à certaine production ou à certaine consommation. L'impôt, au point où en est venue la science économique, ne doit plus être jamais employé que comme un régulateur, un niveau. Il doit toujours être protecteur, jamais oppressif. La fiscalité est condamnée par l'expérience. C'est ce que sauraient maintenant nos gouvernants, sans en pouvoir douter, si la Faculté dont nous avons demandé l'établissement s'était chargée de leur instruction;

Nous voudrions ensuite:

Que le nombre des bourses accordé par le gouvernement fût considérablement réduit, sinon entièrement supprimé, en raison de l'abus politique qu'on en fait et du déclassement social qui en est la conséquence;

Que le nombre des cours professés à Paris fût plutôt réduit qu'augmenté, attendu que ce mode d'enseignement ne profite qu'à un petit nombre d'auditeurs ; qu'il a l'inconvénient d'attirer dans la capitale, sans avantages suffisamment démontrés, beaucoup de jeunes gens qui pourraient recevoir le même enseignement sans être obligés de quitter leurs familles, si la réduction du nombre de ces cours se liait avec l'idée de la publication d'un journal créé par le gouvernement sur les bases que nous avons fait connaître ailleurs (1). Pense-t-on, par exemple, que la jeunesse studieuse des départements lirait sans intérêt et sans fruit un journal qui, ne coûtant qu'un sou par numéro, (18 fr. par an), les ferait assister chaque jour successivement au cours d'*économie politique*, de MM. Rossi et Blanqui; — d'*histoire*, de MM. Lacretelle, Guizot ou Lenormant ; — de *philosophie*, de MM. Laromiguière, Royer-Collard ou Jouffroy; — de *législature comparée*, de M. Lherminier ; — de *droit administratif*, de M. de Gérando ; — d'*éloquence*, de MM. Villemain ou Gérusez, etc. ?

Nous voudrions encore :

Que l'enseignement public et la presse périodique restassent moins étrangers l'un à l'autre ; ils ont des rapports communs qu'il importe d'établir et qu'on méconnait ;

Qu'on s'occupât sérieusement et sans retard de l'instruction des filles, au point de vue maternel que nous avons sommairement indiqué ;

---

(1) De la Presse périodique au XIXe siècle, chez A. Desrez, éditeur, à Paris.

Qu'on prit plus de soin de l'instruction des adultes. Il ne faut point confondre l'instruction élémentaire et l'instruction populaire. L'instruction des enfants n'intéresse que l'avenir, tandis que l'instruction du peuple, c'est le présent de la France, c'est l'instruction des citoyens nés sous l'empire et sous la restauration, auxquels nos institutions ont conféré des droits avant qu'ils fussent en état de les comprendre et de les définir, et que leur ignorance a laissés en arrière de tous les progrès, de tous les perfectionnements. L'instruction populaire doit partir de ce point, que les hommes à qui elle s'adresse savent déjà lire.

Elle doit comprendre :

1° L'enseignement politique et municipal ;

2° La propagation et l'application des découvertes scientifiques et industrielles, dont le résultat est d'améliorer le bien-être des classes pauvres, soit par une diminution de fatigues, soit par une augmentation de produits dans le travail ;

3° La connaissance de toutes les notions utiles de l'économie sociale et domestique.

Ses moyens d'enseignement doivent être :

1° Des cours dans les villes et dans les communes rurales faits par des amis des progrès et encouragés par le gouvernement ;

2° Des journaux spéciaux et à bon marché.

Enfin nous voudrions que le gouvernement tirât de l'enseignement public, combiné avec la presse périodique, ces deux rameaux d'une même tige, toutes les ressources puissantes qu'il offre abondamment pour étendre la moralité de l'homme, le crédit de l'État, la fertilité du sol, les perfectionnements de l'industrie, les débouchés du commerce, consolider les institutions de la France, et réduire enfin à de justes proportions le chiffre exorbitant de ses armées, en donnant à l'avenir les satisfactions qu'il réclame, et à l'Europe la sécurité sans laquelle la paix ne serait en définitive qu'un dehors mensonger, précurseur d'une épouvantable catastrophe.

Diminuer progressivement le nombre des prétentions de toutes natures, et accroître indéfiniment celui des supériorités en tous genres, corriger la superficialité des esprits par la spécialité des études ; tel doit être, en résumé, au point de vue du gouvernement français le but de l'instruction publique, car elle seule peut commencer l'ère des réformes et clore celle des révolutions, en donnant à l'éducation nationale l'unité pour base, et à l'enseignement professionnel la variété pour fondement.

FIN.

TABLE DES MATIÈRES.

INTRODUCTION.

Nécessité de mettre en harmonie l'instruction publique et la constitution politique des peuples.   Page   1

PREMIÈRE PARTIE.

Instruction publique élémentaire.

Obstacles matériels et moraux que rencontre toute loi sur l'instruction élémentaire.   21
Moyens d'y mettre un terme.   24
Nécessité d'assimiler, quant au traitement, l'instituteur au ministre du culte et de faire de l'instruction publique une dette de l'état.   26
Objets et degrés dont l'instruction élémentaire doit se composer.   34
Instruction morale et religieuse.   36
Chant.   39
Écritures sous dictée, analyses, art de parler.   40
Tenue de livres.   41
Notions d'agriculture et d'économie domestique.   42
Notions de mécanique industrielle.   43
Notions de chimie.   ibid.
Notions de physiologie et d'hygiène.   45
Notions de droit civil et public.   ibid.
Encouragements qui doivent être donnés aux perfectionnements des méthodes expéditives.   47
Nécessité de priver de l'exercice de ses droits politiques tout contribuable, âgé de moins de vingt ans, qui ne pourra pas justifier, en 18.., qu'il sait lire et écrire.   51

Motifs déterminants d'attribuer de droit, à partir de la même
année, les premiers numéros dans le tirage du recrutement, aux hommes ne sachant ni lire ni écrire. 52
Utilité de conférences régulières entre les instituteurs pour
l'amélioration des méthodes et la propagation des livres
utiles. 53
Nécessité de substituer à l'idée de la formation des deux
comités incompétents, institués par la loi du 28
juin 1833, la création d'une hiérarchie d'instituteurs :
1° communaux ; 2° cantonnaux ; 3° arrondissementaux ;
4° départementaux. 55
Nécessité d'établir dans chaque commune une école de
filles, ou au moins, à défaut d'école spéciale, une classe
distincte ; instruction des femmes. 59
Nécessité d'encourager les associations ayant pour but la
publication à bas prix de bons livres et de journaux élémentaires. 65

DEUXIÈME PARTIE.

Instruction publique et complémentaire.

I. INSTRUCTION UNIVERSITAIRE.

Enseignement secondaire. 69
Colléges royaux, communaux et de plein exercice. 70
Pensions qui doivent être payées par les parents. 75
Pensions aux frais du gouvernement ; bourses royales ;
bourses communales. 77
De l'enseignement dans les colléges royaux. 78
De l'enseignement dans les colléges communaux. 82
Collége royal de Nancy. 85
Enseignement supérieur. 88
Facultés de théologie, objet de l'enseignement, grades, bac-
calauréat, doctorat. 89
Facultés de théologie protestante de Strasbourg et de Mon-
tauban ; admission, études, examens. 90
Facultés de droit ; admission, études, examens, grades. 93
Facultés de médecine ; admission, études, examens, grades. 96

Écoles secondaires de médecine; admission, études, examens. 100
Officiers de santé. 101
Écoles de pharmacie; admission, enseignement, examens. 103
Facultés des sciences; admission, enseignement, examens, grades. 105
Faculté des lettres; admission, enseignement, examens, grades. 112
École normale; admission, enseignement. 115
Considérations générales et critiques sur l'instruction universitaire. 126

II. INSTRUCTION PROFESSIONNELLE.

AGRICULTURE. — I. *Cultivateurs et régisseurs.* — Considérations de classe et de fortune qui doivent diriger les familles; aptitude des enfants; conseils sur l'instruction qu'ils devraient recevoir; établissements d'instruction spéciale; *Écoles royales vétérinaires;* conditions d'admission; prix de la pension; bourses et places gratuites. 147

II. *Propriétaires agronomes et fermiers.* — Considérations de classe et de fortune; aptitude; instruction qu'ils devraient recevoir; établissements d'instruction spéciale; — *Institution royale agronomique de Grignon;* admission, enseignement théorique et pratique, prix de la pension. — *Institut agricole de Roville;* admission, enseignement, prix de l'enseignement. — *École royale forestière de Nancy;* admission, enseignement. Observations sur divers établissements. 164

ARTS ET MÉTIERS. — *Ouvriers et artisans.* — Considérations de classe et de fortune; aptitude; établissements d'instruction spéciale; *Cours du Conservatoire des arts et métiers;* admission, enseignement. — *Écoles royales d'arts et métiers de Châlons et d'Angers;* admission, places d'élèves boursiers, places d'élèves pensionnaires, examens et récompenses. — *École gratuite d'arts et métiers* dite *Lamartinière,* à Lyon; admission, enseignement. — *École royale gratuite de dessin, de mathématiques et de sculpture en faveur des arts mécaniques* à Paris; admission, enseignement. — *École royale, spé-*

ciale et gratuite de dessin pour les jeunes personnes, à Paris ; admission, enseignement. 188

COMMERCE. — *Commerçants et négociants.* — Considérations de classe et de fortune, aptitude, instruction professionnelle. — Etablissements d'instruction spéciale : *Ecole spéciale de commerce*, à Paris ; enseignement, examens, diplômes, prix de la pension. 201

INDUSTRIE. — *Fabricants et manufacturiers.* — Considérations de classe et de fortune, aptitude, instruction professionnelle, établissements d'instruction spéciale. — *Ecole centrale des arts et manufactures* ; admission, enseignement, diplômes et certificats de capacité, prix de l'enseignement. — *Ecole de commerce et des arts industriels* ; admission, enseignement, diplômes, prix de la pension. — *Prytanée de Menars* ; admission, enseignement, examens, prix de la pension. 215

DROIT. — *Magistrats, Avocats, Avoués, Notaires*, etc. — Considérations de classe et de fortune : — Etablissements d'instruction spéciale, facultés. Observations sur les écoles de droit. 235

MÉDECINE. — *Médecins, Officiers de santé, Pharmaciens.* — Considérations de classe et de fortune. Etablissements d'instruction spéciale : — *Facultés.* — *Ecoles secondaires.* — *Ecoles de pharmacie.* — *Ecole préparatoire de médecine.* 253

LITTÉRATURE. — *Ecrivains, érudits, professeurs.* — Considérations de classe et de fortune ; établissements d'instruction spéciale. — *Collège de France.* — *Ecole des langues orientales.* — *Ecole des chartes.* — *Cours d'antiquités.* 268

BEAUX-ARTS. — *Peintres, architectes, sculpteurs, musiciens.* — Considérations de classe et de fortune ; établissements d'instruction spéciale. — *Ecole royale et spéciale des Beaux-Arts de Paris.* — *Académie royale de France à Rome.* — *Conservatoire de musique et de déclamation.* 272

THÉOLOGIE. — *Ecclésiastiques.* — Considérations de

classe et de fortune ; établissements d'instruction professionnelle. Petits et grands séminaires. Facultés.   278

ENSEIGNEMENT PUBLIC. — *Professeurs, instituteurs.* — Considérations de classe et de fortune, établissements d'instruction spéciale. — *École normale.* — *Écoles normales des départements.*   286

ARMÉE. — *Officiers.* — Considérations de classe et de fortune ; établissements d'instruction spéciale. — *École Polytechnique.* — *École d'artillerie à Metz.* — *École d'application du corps royal d'état-major.*— *École spéciale militaire de Saint-Cyr.* — *École de cavalerie de Saumur.* — *Collége royal militaire de la Flèche.* — *Écoles régimentaires d'artillerie et du génie.*   293

GÉNIE. — *Ingénieurs constructeurs.*— *Ingénieurs des ponts-et-chaussées.* — *Officiers du génie militaire.* — *Officiers d'artillerie.* — *Ingénieurs géographes.* — *Ingénieurs hydrographes.*— *Ingénieurs des mines.* —Considérations de classe et de fortune, établissements d'instruction spéciale. — *École Polytechnique.* — *École des ponts-et-chaussées.* — *École royale des mines.* — *École des mineurs.* — *École pratique des jeunes mineurs* à la Theurée Maillot.   324

MARINE. — Considérations de classe et de fortune ; aptitude ; établissements d'instruction spéciale. — *École d'application du génie maritime.* — *École navale en rade de Brest.* — *Écoles de navigation.* — *École gratuite de novices et de mousses* fondée à Bordeaux. — *Institution préparatoire à l'École Navale.*   333

ADMINISTRATION PUBLIQUE.— *Éducation politique.* — *Fonctionnaires.* — Considérations de classe et de fortune.—*Création d'une Faculté des sciences économique, administrative et politique.*   340

CONCLUSION.

Établissements créés. Établissements spéciaux à créer. Considérations générales. Résumé.   360

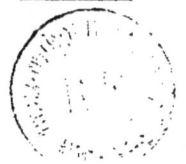

27

AVIS.

Une nouvelle édition in-12, au prix d'un franc, devant être prochainement publiée, afin de servir de GUIDE AUX FAMILLES, l'auteur de cet ouvrage accueillera tous les renseignements qui auront pour objet de rendre ses indications plus exactes ou plus complètes.

Parmi les omissions que nous aurons à réparer, nous devrons comprendre celle de l'ÉTABLISSEMENT AGRICOLE DE GRAND-JOUAN, fondé dans le département de la Loire-Inférieure par M. Jules Rieffel.

Ce jeune et laborieux agronome vient de publier sous ce titre : DES ÉCOLES PRIMAIRES D'AGRICULTURE, une notice éminemment intéressante, qui prouve, par l'expérience que l'on a faite à Grand-Jouan, que, compensation des frais de nourriture et d'entretien des élèves avec le produit de leur travail, la dépense ne s'élève pas à plus de 150 francs par élève, y compris une récompense de 75 francs.

Ainsi donc, sur cette base, l'instruction de 10,000 élèves ne coûterait à l'État ou aux départements qu'une prime d'encouragement de un million cinq cent mille francs.

L'exactitude des prévisions sur lesquelles avait été fondé l'Institut de Coëtbo, se trouve donc ainsi confirmée par le succès obtenu par M. Jules Rieffel à Grand-Jouan.

www.ingramcontent.com/pod-product-compliance
Lightning Source LLC
Chambersburg PA
CBHW060542230426
43670CB00011B/1655